ACCOMPAGNER SUR LE CHEMIN DU MARIAGE

La pastorale familiale à la lumière
d'*Amoris laetitia*

VERITAS FACIT LEGEM

Études de droit canonique

Guides et pratiques d'Officialité

Collection dirigée par Pr Yves Strickler et Pr Mélina Douchy-Oudot
Agrégés des Facultés de droit

Francisco Insa
(coordinateur)

ACCOMPAGNER SUR LE CHEMIN DU MARIAGE

La pastorale familiale à la lumière
d'*Amoris laetitia*

L'Harmattan

Traduit de l'espagnol
par José Luis Domingo et Mélina Douchy-Oudot

Titre original : Accompagnare nel cammino matrimoniale. La pastorale familiare alla luce di "Amoris laetitia", Edizioni Sant'Antonio, Riga 2019

Photographie de la page de couverture : Daniel Ibáñez

5-7, rue de l'École-Polytechnique, 75005 Paris
http://www.editions-harmattan.fr
ISBN : 978-2-336-42992-2
EAN : 9782336429922

Abréviations et acronymes

ADC	*Anuario de Derecho Canónico*
AADC	*Anuario Argentino de Derecho Canónico*
AAS	*Acta Apostolicae Sedis*
AC	*L'Année Canonique*
BOCEE	*Bulletin Officiel de la Conférence Épiscopale Espagnole*
c.	canon (avant le numéro) / *coram* (avant le nom)
cc.	canons
chap.	chapitre
CCEO	Code des Canons des Églises Orientales
CDF	Congrégation pour la Doctrine de la Foi
CDMPC	*Cours sur le Droit Matrimonial et la Procédure Canonique pour les professionnels du for*
CEC	Catéchisme de l'Église Catholique
CEE	Conférence Épiscopale Espagnole
CEF	Conférence Épiscopale Française
CIC	Code de Droit Canonique
CJC	*Recueil de Jurisprudence Canonique*
ComEx	*Commentaire exégétique sur le Code de Droit Canonique*
Comm	*Communicationes*
const. ap.	Constitution apostolique
CPI	Conseil Pontifical pour l'Interprétation des Textes Législatifs
DC	Instruction *Dignitas Connubii*
DDC	*Diccionario de Derecho Canónico, Madrid 2000*
DE	*Il Diritto Ecclesiastico*
DGCD	*Diccionario General de Derecho Canónico, Pampelune 2012*
DH	H. Denzinger - P. Hünermann, *Le Magistère de l'Église*
DPF	*Directoire de pastorale familiale (espagnol)*
EIC	*Ephémérides Iuris Canonici*
Est Ecl	*Estudios Eclesiásticos*
exh. ap.	Exhortation Apostolique
IC	*Ius Canonicum*
IE	*Ius Ecclesiæ*

m.p.	*Motu proprio*
ME	*Monitor Ecclesiasticus*
Misc Com	*Miscelánea Comillas*
MIDI	*Mitis Iudex Dominus Iesus*
PCTL	Conseil Pontifical pour les Textes Législatifs
Periodica	*Periodica de re morali, canonica, liturgica*
PJR	*Praxis juridique et religion*
QDE	*Quaderni di Diritto Ecclesiale*
QSRot	*Quaderno dello Studio Rotale*
RDC	*Revue de Droit Canonique*
REDC	*Revista Española de Derecho Canónico*
RGDCDEE	*Revista General de Derecho Canónico y Derecho Eclesiástico*
SCan	*Studia Canonica*
SRRD	*Sacræ Rotæ Romanæ Decisiones seu Sententiæ* (depuis 1988, *Rotæ Romanæ Tribunal Decisiones seu Sententiæ*)
TJ	*The jurist*
v.c.	*vetus* canon (canon issu du Code 1917)

Présentation

Francisco Insa*

Dans l'exhortation apostolique *Amoris laetitia*, le pape François parle de la pastorale du mariage comme d'une présentation de l'*Évangile de la famille*. Ceci implique de le présenter de manière positive et encourageante, en partant de la certitude que « l'annonce chrétienne concernant la famille est vraiment une bonne nouvelle » [1] qui remplit de joie le cœur et la vie tout entière [2].

Tout au long du document, le Pontife indique deux lignes directrices pour rendre la pastorale familiale efficace.

Tout d'abord, la pastorale doit être vue comme une présentation aux familles de « valeurs telles que la générosité, l'engagement, la fidélité ou la patience » [3]. Elle est donc bien plus qu'une annonce purement théorique éloignée des problèmes réels des personnes ou que la simple présentation d'un règlement [4].

Ensuite, l'exhortation souligne que pour atteindre cet objectif, il est nécessaire de poursuivre l'effort de formation des pasteurs et de tous ceux qui sont impliqués dans la pastorale familiale : prêtres, diacres, séminaristes, religieux et religieuses, catéchistes et autres agents pastoraux [5]. Tous sont appelés à faire comprendre « que l'Évangile de la famille répond aux attentes les plus profondes de la personne humaine : à sa dignité et à sa pleine réalisation dans la réciprocité, la communion et la fécondité ». En outre, ils doivent être « des signes de miséricorde et de proximité là où la vie familiale ne se réalise pas parfaitement ou ne se développe pas dans la paix et la joie » [6].

Le Centre de Formation Sacerdotale de l'Université pontificale de la Sainte-Croix, en collaboration avec le Centre d'Études Juridiques sur la Famille de l'Université pontificale de la Sainte-Croix, a voulu contribuer à la réalisation de ce désir du Pape. À cette fin, a été

---

* Professeur de bioéthique et secrétaire du Centre de formation sacerdotale à l'Université pontificale de la Sainte-Croix (Rome).

1. François, Exhortation apostolique post-synodale *Amoris laetitia*, 19 mars 2016, n° 1.
2. *Ibidem*, n° 200.
3. *Ibidem*, n° 5.
4. *Ibidem*, n° 201.
5. *Ibidem*, n° 202.
6. *Ibidem*, n° 5.

organisée, entre février et avril 2019, la deuxième édition du *Cours sur l'accompagnement pastoral sur le chemin du mariage.* Ce cours s'inscrivait dans une perspective interdisciplinaire et une approche qui combinait des aspects théoriques avec une visée éminemment pratique. Suivant les recommandations d'*Amoris laetitia*, sont intervenus non seulement des professeurs et des pasteurs, mais aussi les époux eux-mêmes [7] et des professionnels d'autres sciences utiles dans l'assistance aux familles, comme la psychologie et la thérapie familiale [8].

Les formateurs ont cherché, dans ce cours, à offrir une aide aux participants dans leur travail important de préparation et de soutien auprès des jeunes, des conjoints et des parents, afin que chacun puisse incarner non seulement l'Évangile de la famille, mais en devienne son témoin et son porte-parole.

À la demande des participants, les conférenciers ont fourni le texte de leur intervention. Nous avons souhaité les présenter dans ce volume, enrichi de quelques contributions complémentaires, afin de toucher un public aussi large que possible.

Le livre s'ouvre sur un chapitre introductif d'Hector Franceschi (professeur de droit canonique à l'Université pontificale de la Sainte-Croix et juge au Tribunal de première instance du Vicariat de Rome). Il tente d'apporter une réponse à la question posée par tant de jeunes : *pourquoi se marier à l'Église ?* À cette fin est étudiée la réalité du mariage non seulement du point de vue chrétien, mais aussi en tant que réalité humaine, puis sont analysées les difficultés qui sont comme autant d'obstacles aujourd'hui à une compréhension adéquate, ainsi que les solutions envisageables.

José María Galván (professeur de théologie morale à l'Université pontificale de la Sainte-Croix et d'anthropologie théologique à l'*Istituto di Scienze Religiose all'Apollinare*) a lui aussi une longue expérience de la préparation au mariage. Son étude est une proposition des contenus d'un cours de préparation au mariage, axés sur les points les plus importants sur lesquels il faut insister dans le contexte actuel : le dialogue, les vertus et la confiance en Dieu.

La question est complétée par les points de vue d'Annamaria Roggero (psychologue et experte en médiation familiale) et de Danilo Gentilozzi (licencié en droit et journaliste), époux et parents de quatre enfants. En tant que collaborateurs de la préparation au mariage dans leur paroisse, ils apportent une importante contribution : quels sont les éléments du cours les plus appréciés par les couples participants et quels sont ceux qui, de leur point de vue, pourraient être ajoutés.

7. *Ibidem*, n° 206.
8. *Ibidem*, n° 204.

Wenceslao Vial (professeur de psychologie et de vie spirituelle à l'Université pontificale de la Sainte-Croix et médecin) traite de la maturité des fiancés dans la préparation au mariage. Dans la réflexion menée, il donne quelques clés pour détecter un développement insuffisant de la personnalité de nature à compromettre la validité du sacrement ou à mettre en danger la fidélité à l'engagement. Il achève son analyse en offrant des outils pour favoriser un développement sain de la personnalité.

La célébration du mariage est l'objet de l'étude de Giovanni Zaccaria (professeur de théologie sacramentaire à l'Institut de liturgie de l'Université pontificale de la Sainte-Croix) et Francisco Insa (professeur de bioéthique et secrétaire du Centre de Formation Sacerdotale de la même université). Plusieurs idées concrètes sont données afin d'aider le prêtre et les futurs mariés à préparer une célébration plus digne et vécue dans toute sa profondeur.

L'accompagnement pastoral des époux dans le sacrement de pénitence et dans la direction spirituelle est étudié par Ángel Rodríguez Luño (professeur de théologie morale à l'Université pontificale de la Sainte-Croix). Ses profondes connaissances académiques, et surtout les nombreuses heures passées à écouter dans le confessionnal des personnes de toutes conditions et de tous âges donnent grande valeur à son enseignement.

Dans l'exposé suivant, Danilo Gentilozzi et Annamaria Roggero interviennent à nouveau pour exposer ce que les parents attendent des prêtres concernant l'éducation de leurs enfants pour une vie chrétienne authentique. La catéchèse y est présentée comme un lieu idéal pour favoriser la croissance des vertus humaines et chrétiennes, l'éducation éthique et les premiers pas dans la vie de prière, toujours en dialogue avec les parents, premiers responsables de l'éducation de leurs enfants.

Mariolina Ceriotti Migliarese (neuropsychiatre et psychothérapeute pour enfants, mais aussi mère et grand-mère) a une connaissance approfondie des cycles de la vie d'un couple, avec leurs moments de crise évolutive. Les connaître et savoir les gérer permet aux conjoints de maintenir une relation solide et vitale. De cette façon sont évitées les crises plus graves, qui résultent de la difficulté à comprendre la dynamique de la relation conjugale et à savoir faire preuve de flexibilité pour s'adapter l'un à l'autre.

Le discernement des situations douloureuses des familles blessées, y compris les divorcés remariés, est abordé dans la contribution de Silvia Frisulli (avocate au Tribunal de la Rote romaine et conseillère en matière familiale). L'écoute, l'intégration dans la communauté ecclésiale et les tentatives de réconciliation sont la fin de tout accompagnement pastoral et sont abordées dans une perspective d'ouverture et d'inclusion.

Le thème est repris par Miguel Ángel Ortiz (professeur de droit canonique du mariage à l'Université pontificale de la Sainte Croix). Dépassant la fausse opposition entre la miséricorde et la justice, il aborde la question de l'accès à la communion eucharistique pour les personnes divorcées remariées, en proposant un chemin d'acceptation, d'intégration et de discernement des différentes situations.

L'ouvrage s'achève sur le discernement des causes éventuelles de nullité à la lumière de la nouvelle législation récemment promulguée par le pape François. La nécessité de rechercher la vérité sur le mariage célébré est considérée, par Hector Franceschi, comme la clé de la recherche de sa validité, raison pour laquelle sont étudiées les différentes situations qui peuvent donner lieu à une nullité. L'auteur insiste sur le dialogue nécessaire entre la pastorale et le droit, car tous deux recherchent le bien de la personne et, par conséquent, de l'institution du mariage, un bien indissolublement lié à la vérité.

Je crois que la grande variété d'approches des interventions rassemblées ici reflète la richesse et la complexité de la réalité du mariage aujourd'hui. Une bonne compréhension de toutes ces dimensions de la part des agents pastoraux est d'une grande importance pour accompagner les époux et toute la famille dans l'accomplissement de leur vocation divine : celle de marcher ensemble vers Dieu.

Avant de conclure, je voudrais remercier les nombreuses personnes qui ont collaboré à la préparation du cours ayant permis ce livre, en particulier les autres membres du Comité directeur du Centre de Formation Sacerdotale : les professeurs Paul O'Callaghan, Manuel Belda et Miguel de Salis ; et ceux du Centre d'Études Juridiques sur la Famille : les professeurs Álvaro González Alonso et Jaime Abascal.

Pourquoi se marier à l'Église ? Réflexions sur le mariage dans la culture contemporaine

Héctor Franceschi*

1. Introduction

DANS CE PREMIER CHAPITRE, je voudrais aborder un certain nombre de questions préliminaires. Il s'agit de quelques interrogations que le pape François considère comme étant le cœur de son exhortation apostolique *Amoris laetitia*. Comme il le dit lui-même dans l'Introduction, le fond du texte est constitué par les chapitres IV et V : « les deux chapitres centraux, consacrés à l'amour » [1].

Dans le chapitre VI d'*Amoris laetitia,* le pape François reprend ce qu'il a développé dans ces chapitres centraux sur l'amour et sa fécondité en quelques perspectives pastorales qu'il considère comme nécessaires pour transmettre efficacement ces vérités. Ce ne sont pas, dit-il, de simples contenus doctrinaux, mais cela concerne l'être même des personnes et du mariage, et donc leur bonheur et leur véritable épanouissement en tant qu'époux et en tant que famille.

Dans ce contexte, lorsqu'il s'attarde sur le thème de la préparation au mariage, il parle de l'urgence d'une « pastorale du lien ». Ses paroles serviront de point de départ au développement de ce chapitre, qui tentera de trouver des réponses à la question suivante : *Pourquoi se marier ?* Voici les mots du pape : « La pastorale prématrimoniale et la pastorale matrimoniale doivent être avant tout

* Professeur de droit canonique à l'Université pontificale de la Sainte-Croix et juge au Tribunal de première instance du Vicariat de Rome et au Tribunal de première instance de l'État de la Cité du Vatican.

1. FRANÇOIS, Exhortation apostolique post-synodale *Amoris laetitia*, 19 mars 2016, n° 6.

une pastorale du lien, par laquelle sont apportés des éléments qui aident tant à faire mûrir l'amour qu'à surpasser les moments durs. Ces apports ne sont pas uniquement des convictions doctrinales, et ne peuvent même pas être réduits aux précieuses ressources spirituelles que l'Église offre toujours, mais ils doivent aussi être des parcours pratiques, des conseils bien concrets, des tactiques issues de l'expérience, des orientations psychologiques. Tout cela configure une pédagogie de l'amour qui ne peut ignorer la sensibilité actuelle des jeunes, en vue de les motiver intérieurement » [2].

Il ne fait aucun doute que la mobilisation dont parle le Pontife est urgente. Un article paru dans un journal italien a examiné la réalité du pays à travers les statistiques 2015, tant de l'État que de l'Église, sur le mariage. En voici les conclusions : « alors que les mariages civils ont augmenté avec 11 268 mariages supplémentaires, les mariages religieux ont continué à diminuer avec une baisse de 1 831. La clé est la suivante : les dernières années, au cours desquelles le nombre de mariages religieux a clairement diminué, ont été caractérisées par une stabilité — ou plutôt une légère augmentation — du nombre de mariages civils. Une sorte de schéma qui fait que la légère augmentation des mariages civils ne parvient pas à compenser les mariages perdus par l'Église. En le disant d'une autre manière, lorsque le nombre de mariages a enfin commencé à augmenter, ce n'était qu'au profit des mariages civils, qui ont augmenté de près de 12 %, tandis que les mariages religieux ont perdu 1,7 % » [3].

Cette réalité, comme je l'ai constaté au cours de mes voyages dans différents pays et de mes conversations avec des laïcs et des prêtres dans de nombreuses nations, en particulier en Occident, est un problème répandu dans tout le monde occidental. Comme je l'ai dit à plusieurs reprises, le grand défi de l'évangélisation aujourd'hui n'est pas tant les situations difficiles ou dites « irrégulières », mais le fait que de moins en moins de personnes se marient, même si elles sont baptisées.

Cette désaffection à l'égard du mariage est une réalité répandue dans ce que l'on appelait autrefois l'Occident chrétien — l'Europe, l'Amérique, les pays les plus développés d'Asie — mais elle ne lui est pas exclusive. Elle soulève une grande question : pourquoi de plus en plus de jeunes ne se marient-ils pas ? Je ne dis pas « ils ne se marient pas à l'Église », mais simplement « ils ne se marient pas ».

Dans ce chapitre, je tenterai d'expliquer les raisons de ce grand déclin. Parmi les nombreux sujets que nous pourrions aborder, je m'arrêterai sur deux aspects que je considère comme centraux pour

---

2. *Ibidem*, n° 211.

3. R. VOLPI, *Vocazioni e matrimoni sempre più in calo nella chiesa di Papa Francesco*, "Il Foglio", 21 luglio 2016.

comprendre la situation actuelle : d'une part, l'incompréhension et l'appauvrissement culturel de la réalité du mariage et, d'autre part, les carences de la formation humaine et chrétienne et les défis que nous devons relever pour inverser cette tendance. Nombre des questions évoquées seront traitées plus en détail dans les chapitres suivants.

2. Comprendre le mariage : qu'est-ce que le mariage ?

a) Beauté du mariage et relativisme culturel

Pour la culture d'aujourd'hui, la réalité serait ce que nous déterminons ou ce que le législateur, suivant les courants culturels ou, pire encore, sous la pression des groupes d'intérêt, détermine à un moment donné. Il n'y aurait pas de vérité, mais simplement des solutions de compromis, ou la cristallisation dans des normes juridiques de ce que pense la majorité ou même le groupe ayant suffisamment d'éléments de pression pour imposer ses opinions. La vérité, en revanche, devient inconfortable, politiquement incorrecte, voire attentatoire à la liberté des personnes. Nous vivons dans une société où il existe une sorte d'« allergie à la vérité », qui s'est manifestée de façon dramatique dans la conception du mariage. Le mariage ne serait rien d'autre que ce que chaque société décide qu'il doit être, ce qui conduit à faire du mariage ce que divers auteurs ont appelé *une coquille vide*. Le mariage est devenu un *flatus vocis* ou, comme l'affirme Martínez de Aguirre, un *mariage invertébré*[4].

En raison de ce phénomène, qui s'est fortement accéléré ces dernières années, nous en sommes arrivés à nier pratiquement tous les éléments qui définissent le mariage dans de nombreuses législations, remplaçant la vérité du mariage par le « modèle légal ». Comme le dit l'un de mes professeurs, Javier Hervada : « Dans ce domaine, il faut aller à la racine. Même si le modèle [c'est-à-dire le contrat] légal coïncide peu ou prou avec le mariage, il est clair que le mariage n'est pas, en tout état de cause, ce modèle légal. En ce sens, le mariage n'est pas un "contrat civil", terminologie signifiant, en substance, que le mariage serait un modèle légal assumé par les parties contractantes. Une telle chose n'est pas le mariage, car le mariage n'est pas cela, mais

4. J.G. Martínez de Aguirre, *El matrimonio invertebrado*, Rialp, Madrid 2012.

plutôt un "contrat naturel", une institution naturelle. Se limiter à assumer un modèle légal, reviendrait à se limiter à légaliser l'union, ce qui n'est pas, à proprement parler, contracter mariage » [5].

Le mariage n'est pas une construction de la culture. Contre ce que les législateurs veulent nous imposer aujourd'hui, soit, un mariage construit par les lois et les cultures sans qu'existe une notion "réelle" de mariage, il faut trouver les moyens de montrer que le mariage est une réalité naturelle, vécue par la majorité des couples dans toutes les cultures. Cette vision naturelle doit dépasser le réductionnisme *biologique* et l'opposition apparente entre nature et liberté. Il y a une vérité que nous pouvons connaître et que nous pouvons vivre. Le mariage est la seule façon humaine et humanisante de vivre dans sa plénitude le don de la propre condition masculine et féminine. Tout autre moyen est déshumanisant et destructeur.

Le même Hervada a écrit : « Dire que le mariage est une réalité naturelle signifie [...] qu'il est la forme humaine du développement complet de la sexualité. En effet, la sexualité est une forme accidentelle d'individuation de la nature humaine et, par là même, elle fait partie de la structure animée et corporelle de la personne humaine. En tant que tels, l'ordre et la loi de son développement sont un ordre et une loi moraux — ni physiques ni instinctifs — déterminés par la finalité de l'union entre l'homme et la femme. La forme spécifiquement humaine de cette union entre l'homme et la femme en tant que tels est ce que nous appelons le mariage [...] : toute autre forme d'union entre l'homme et la femme en tant que tels, autre que le mariage, constitue une union qui ne répond pas aux exigences de la personne humaine » [6].

De façon plus simple, cela signifie que le mariage n'est pas l'une des nombreuses façons possibles de vivre la donation sexuelle, mais la seule façon digne pour la personne humaine de donner sa condition masculine ou féminine. Le mariage n'est pas une « institution » créée par l'Église ou par l'État, mais le don et l'union entre l'homme et la femme en tant que tels.

---

5. J. HERVADA, *La identidad del matrimonio*, "Persona y Derecho" 8 (1981) 284-310 (ici 302-303).

6. *Ibidem*, p. 299-300. Il faut comprendre que Hervada utilise l'adjectif « accidentel » non pas dans le sens de quelque chose de secondaire ou de superflu, mais dans le sens aristotélicien de l'accident comme quelque chose de distinct de la substance. Il l'utilise pour souligner que l'homme et la femme sont des personnes humaines à part entière et égales, dotées de la même dignité, bien qu'elles soient différentes et complémentaires en tant qu'hommes et femmes. Je pense qu'aujourd'hui il n'aurait pas utilisé ce terme en raison du risque de confusion avec les idéologies qui considèrent la condition masculine et féminine comme quelque chose dont on peut disposer librement et non comme faisant partie de la condition personnelle qui nous est donnée en tant que personnes. À ce sujet, J. MARÍAS, *Antropología metafísica*, Alianza, Madrid 1987, p. 71-78 ; B. CASTILLA, *La complementariedad varón-mujer. Nuevas hipótesis*, Rialp, Madrid 1993, p. 102-105 ; A. MALO, *Identità, differenza e relazione fra uomo e donna. La condizione sessuata*, in H. FRANCESCHI (a cura di), *Matrimonio e famiglia. La questione antropologica*, Edusc, Roma 2015, p. 29-48.

Comme nous le savons, la littérature est l'un des modes de compréhension de la réalité dans une culture donnée. Parmi tant d'exemples possibles, j'en ai choisi un que je considère comme très clair et qui montre comment le véritable amour conjugal mène au bien des gens, tandis que l'amour égoïste — celui qui ne veut pas s'engager — mène à la destruction. Il s'agit de l'un des chefs-d'œuvre de la littérature russe, *Anna Karénine*. Dans ce roman, Tolstoï raconte deux histoires parallèles, celle d'Anna et du comte Vronsky et celle de Levine et Kitty. Il est clair que la première mène à la perfection des personnes et à leur véritable bien, tandis que l'autre mène à l'autodestruction, en revendiquant quelque chose qui n'est pas digne de la personne humaine : posséder une autre personne sans être possédé.

Il est vrai que c'est possible et que cela arrive souvent, mais l'expérience nous montre que cette attitude égoïste ne conduit pas à sortir de soi, mais crée un monologue égoïste qui ne perçoit pas la dignité et le caractère irremplaçable de l'autre. L'autre n'est pas vraiment aimé, mais utilisé à des fins individualistes. Rappelons-nous les paroles de *Gaudium et spes* selon lesquelles l'homme ne peut « trouver sa propre plénitude que dans le don sincère de soi » [7].

Entrons maintenant dans la compréhension du mariage. Un premier point sur lequel nous devons chercher des explications convaincantes est la relation entre la nature et la culture dans le mariage.

Il est nécessaire de préciser la manière dont les concepts de nature et de culture doivent être rapprochés dans le domaine du droit de la famille. À cet égard, ces paroles de saint Jean Paul II sont vraiment éclairantes et simples : « On ne peut nier que l'homme se situe toujours dans une culture particulière, mais on ne peut nier non plus que l'homme ne se définit pas tout entier par cette culture. Du reste, le progrès même des cultures montre qu'il existe en l'homme quelque chose qui transcende les cultures. Ce « quelque chose » est précisément *la nature de l'homme :* cette nature est la mesure de la culture et la condition pour que l'homme ne soit prisonnier d'aucune de ses cultures, mais pour qu'il affirme sa dignité personnelle dans une vie conforme à la vérité profonde de son être. Si l'on remettait en question les éléments structurels permanents de l'homme, qui sont également liés à sa dimension corporelle même, non seulement on irait contre l'expérience commune, mais on rendrait incompréhensible *la référence que Jésus a faite à « l'origine »,* justement lorsque le contexte social et culturel du temps avait altéré le sens originel et le rôle de certaines normes morales (cf. Mt 19, 1-9) » [8].

7. CONCILE VATICAN II, Constitution pastorale *Gaudium et spes*, 7 décembre 1965, n° 24.

8. SAINT JEAN PAUL II, Lettre encyclique *Veritatis Splendor*, 6 août 1993, n° 53.

Cette relation entre nature et culture est expliquée par C. S. Lewis à l'aide d'un exemple très clair, celui du jardin et du jardinier. Pensons à un beau jardin anglais, où la beauté est le résultat à la fois de la nature et du travail attentif du jardinier. Les deux doivent agir pour que le beau jardin existe ; dans le cas de la nature humaine, les *sujets* seraient la tendance et la volonté. Et il n'y aura pas de jardin, pas de fleurs, pas de fruits si ces éléments ne sont pas correctement travaillés, s'ils sont laissés à leur *spontanéité*. Ainsi Lewis écrit : « Quand [Dieu] crée le jardin de la nature humaine et veille à ce que les fleurs et les fruits de notre amour poussent, il engage notre volonté pour qu'elle les "cultive". Comparée à eux, notre volonté est sèche et froide, et, à moins que la grâce de Dieu ne descende, comme la pluie et le soleil, l'usage que nous pourrons en faire donnera des résultats peu satisfaisants. Malgré tout, ses services laborieux — et souvent infructueux — sont indispensables. S'ils étaient nécessaires quand le jardinier était encore au Paradis, à plus forte raison maintenant, alors que le sol est devenu acide et que seules semblent y pousser les mauvaises herbes » [9].

En conclusion, nous devons trouver des moyens convaincants et beaux pour expliquer aux jeunes la vérité du mariage comme un don de soi en tant qu'homme et femme, dans une union qui, par sa nature même, est exclusive, fidèle, indissoluble et féconde. Non pas parce que les lois de l'Église ou de l'État le disent, mais parce qu'il en est ainsi dans la réalité, dans le bien de l'homme et de la femme, dans la vérité de sa propre condition. La relation qui unit l'homme et la femme dans le mariage, précisément parce qu'elle est de personne à personne, exige *par justice* la totalité du don, aussi bien dans le temps et dans l'espace — fidélité et indissolubilité — que dans le don et l'acceptation de la paternité et de la maternité conjugales potentielles qui se concrétisent dans l'ouverture à la vie [10]. Tout autre type de relation est quelque chose de faux ou un substitut qui conduira au vide, au malheur. En définitive, il s'agit de savoir transmettre la joie du véritable amour entre l'homme et la femme : *amoris laetitia*, la véritable joie de l'amour conjugal.

9. C.S. LEWIS, *Les quatre amours*, Raphaël, Le Mont-Pèlerin 2005, p. 199.

10. J'ai développé le caractère intrinsèque de l'ordre des biens — soit des époux, soit de la progéniture — et des propriétés essentielles du mariage — l'unité et l'indissolubilité — dans divers articles, auxquels je renvoie : H. FRANCESCHI, *L'esclusione della prole nella giurisprudenza rotale recente,* in H. FRANCESCHI, M.A. ORTIZ (a cura di), *Verità del consenso e capacità di donazione*, Edusc, Roma 2009, p. 293-336 ; *idem*, *Il "bonum coniugum" dalla prospettiva del realismo giuridico*, in AA, VV, *Studi in onore di Carlo Gullo*, Libreria Editrice Vaticana, Città del Vaticano 2017, p. 433-462 ; H. FRANCESCHI, *Valori fondamentali del matrimonio nella società di oggi : indissolubilità*, in AA.VV, *Matrimonio canonico e realtà contemporanea*, Libreria Editrice Vaticana, Città del Vaticano 2005, p. 213-236 ; H. FRANCESCHI, *L'esclusione del "bonum fidei" nella giurisprudenza rotale recente*, in H. FRANCESCHI, M.A. ORTIZ (a cura di), *La ricerca della verità sul matrimonio e il diritto a un processo giusto e celere*, Edusc, Roma 2012, p. 41-96.

b) La nécessité de redécouvrir l'amour véritable (passion, eros et agape).

En continuant sur la même ligne — la difficulté de comprendre ce qu'est le mariage — nous devons garder à l'esprit que dans notre société, le mot amour a subi une profonde transformation et a souvent été déformé, l'amour étant compris comme une passion ou seulement des sentiments. Cependant, il est clair qu'un élément fondamental dans le processus de croissance des jeunes et des fiancés sera la découverte du véritable amour, qui n'est pas un amour égoïste qui pense à lui-même, mais un amour qui veut le bien de l'être aimé, le vrai bien, et non quelque chose d'éphémère. Dans le véritable amour conjugal, l'homme et la femme parviennent à intégrer les différents niveaux de leur être en tant que personnes masculines et féminines : l'instinct, les sentiments et la volonté. Il n'y a pas d'opposition entre *eros* et *agapè*, mais complémentarité et intégration.

À cet égard, les considérations de Benoît XVI dans les premières pages de *Deus caritas est*[11] sur la relation entre *eros* et *agape* sont magistrales, démonstration que le Pape François reprend dans *Amoris laetitia*[12]. Il est nécessaire de dépasser une vision de la relation homme-femme comme simple attirance ou comme affections et sentiments, car rien de durable ne peut être construit sur cette base. Ce qui est en jeu ici, c'est la compréhension du mariage et la réponse à la question de savoir pourquoi il vaut la peine de se marier, c'est-à-dire de se donner et d'accueillir l'autre comme homme ou femme, dans sa masculinité ou sa féminité, afin de constituer *une seule chair*, c'est-à-dire l'union dans la nature qui surmonte, guérit et purifie le caractère concret des différentes cultures, comme l'a rappelé saint Jean Paul II dans le texte précité *Veritatis splendor*. Dans le mariage, nous voyons l'unique manière digne de la personne humaine d'intégrer, dans l'amour entre l'homme et la femme, l'*eros* et l'*agapè*. Le mariage est cette union même qui, par nature, est exclusive, indissoluble et féconde.

c) La vision « réaliste » contre la vision « légaliste » du mariage

En troisième lieu, et ce n'est pas le moins important, la compréhension du mariage doit dépasser une vision légaliste très répandue. Selon cette vision, le mariage n'est rien d'autre que l'adhésion à un certain modèle culturel ou juridique. Aujourd'hui, pour de nombreux

11. Benoît XVI, Lettre encyclique *Deus caritas est*, 25 décembre 2005, n° 3-8.

12. François, *Amoris laetitia*, chapitre IV, en particulier les n° 142-152, qui parlent de l'amour passionné.

jeunes, le mariage n'est rien d'autre que, comme le dit Viladrich, « la légalisation des sentiments amoureux » [13].

Dans cette perspective, la différence entre la vie commune et le mariage ne serait que la célébration d'un rite ou le respect de certaines exigences formelles. Le mariage apporterait simplement l'acceptation des relations sexuelles par l'Église ou la société comme légitimes et socialement acceptables. Or, le mariage marque clairement un *avant* et un *après*. Avant la célébration, dont le cœur est le consentement conjugal qui « ne peut être supplanté par aucun pouvoir humain » [14], il y a des promesses, des espoirs et parfois un faux don de soi. À l'inverse, par le consentement, l'homme et la femme deviennent des époux, ils ne s'appartiennent plus dans leur condition masculine et féminine, car l'un appartient à l'autre et vice versa : ils sont mari et femme, ce qu'ils n'étaient pas auparavant. C'est précisément pour cela que leurs actes sexuels sont essentiellement différents, parce qu'ils sont la manifestation de cette appartenance mutuelle qui par nature — et non parce que l'Église ou l'État le dit — est exclusive, indissoluble et ouverte à la paternité et à la maternité potentielles.

À cet égard, je pense que l'un des éléments qui empêchent de comprendre la véritable nature du consentement matrimonial est le fait que les jeunes ont de plus en plus souvent des relations sexuelles fréquentes — je ne dis pas prématrimoniales, car il n'y a souvent aucune perspective de mariage — ce qui rend plus difficile la compréhension du fait qu'il y a un *avant* et un *après* qui ne se limitent pas à la cérémonie du mariage.

Ainsi, et je le dis aussi en raison de mon expérience de juge, je dois avouer que je ne suis plus surpris par la fréquence des cohabitations antérieures ou de longues fiançailles dans lesquelles il y a eu de fréquentes relations sexuelles, qui, peu après le mariage, aboutissent devant les tribunaux de l'Église. Il n'est pas rare que je rencontre un couple non marié qui, après des années de réflexion et de doutes, décide de célébrer la cérémonie pour les raisons les plus diverses : parce qu'ils sont ensemble depuis longtemps et pensent que cette situation ne peut plus durer : « soit on se quitte, soit on se marie » ; ou parce qu'ils se sentent obligés de se marier parce qu'ils pensent qu'ils ne pourraient plus trouver quelqu'un d'autre ; ou encore parce que l'insistance des proches les accable.

Mais dans beaucoup de ces cas, il y a presque une incapacité — je ne dis pas cela dans un sens technique — à percevoir la nouveauté du consentement, par lequel ce qui était un simple fait devient une réalité, une appartenance réciproque, un lien de justice au sens le

13. P. J. Viladrich, *Agonía del matrimonio legal. Una introducción a los elementos conceptuales básicos del matrimonio*, Eunsa, Pamplona 1984.
14. CIC, c. 1057, §1.

plus profond du terme. Je ne veux pas dire par là que ces mariages sont toujours nuls, mais simplement que les relations sexuelles avant le mariage ne sont pas une garantie de succès et que, d'autre part, aborder la relation de cette manière comporte un risque réel de ne pas comprendre la signification humaine profonde du consentement matrimonial, qui est réduit à une simple cérémonie ou formalité qui ne change pas l'essence de la relation entre l'homme et la femme.

Les situations peuvent être très diverses. La pastorale du mariage, suivant le conseil du pape François, devra faire l'effort d'aller à la rencontre de ces couples qui, pour les raisons les plus diverses, vivent ensemble sans être mariés, en les aidant à lever les obstacles — parfois internes, parfois externes — qui les empêchent d'atteindre le don sincère de soi dans le mariage, à comprendre que se marier, c'est se donner et s'accepter dans une union qui, par sa nature même, est exclusive, indissoluble et ouverte à la fécondité, ce qui n'était pas le cas auparavant. Plutôt que d'essayer de les convaincre de se plier à une formalité, il s'agit de les accompagner sur un chemin qui mène à la perfection de cette union à travers un processus de purification, d'élévation et de don sincère de soi.

Ainsi, l'un des grands défis de notre culture est d'expliquer que le mariage n'est pas une structure juridique extrinsèque à la relation amoureuse. Cela nécessite une distinction claire entre « légalité » et « légalité intrinsèque ». Hervada l'explique très bien dans les termes suivants : « Il est clair, d'après ce qui a été dit, que le mariage n'est pas une structure extrinsèque, imposée de l'extérieur par le législateur, une sorte de canal extrinsèque par lequel le législateur entendrait ordonner, selon certains critères, l'union entre l'homme et la femme. Certes, il existe une légalité matrimoniale, qui est l'institution matrimoniale propre à chaque ordre juridique : allant de la forme du mariage jusqu'aux effets de la filiation. Mais cette légalité n'est pas le mariage et ne fait pas partie de sa structure juridique intrinsèque. À ce stade, il est important de distinguer, afin d'éviter toute confusion, entre la légalité du mariage et le mariage lui-même. Le mariage a une structure juridique formée par le lien entre l'homme et la femme qui les rend mari et femme, par les droits et les devoirs conjugaux, par les principes qui régissent la vie conjugale » [15].

Enfin, dans cet effort pour dépasser la vision légaliste du mariage, je crois qu'il est fondamental de découvrir la dimension vocationnelle du mariage qui, chez les baptisés, signifie sacramentellement l'union entre le Christ et son Église. Comme le rappelle le pape François dans *Amoris laetitia* : « Le sacrement du mariage n'est pas une convention sociale, un rite vide ou le simple signe extérieur d'un engagement. Le

15. J. HERVADA, *La identidad del matrimonio*, p. 300.

sacrement est un don pour la sanctification et le salut des époux, car "leur appartenance mutuelle est une représentation réelle, à travers le signe sacramentel, de la relation du Christ avec l'Église. Les époux sont donc pour l'Église un rappel permanent de ce qui s'est passé sur la croix ; ils sont l'un pour l'autre et pour leurs enfants les témoins du salut auquel le sacrement les fait participer" (saint Jean Paul II, *Familiaris consortio*, n° 94). Le mariage est une vocation, en ce sens qu'il est une réponse à l'appel spécifique à vivre l'amour conjugal comme un signe imparfait de l'amour entre le Christ et l'Église. C'est pourquoi la décision de se marier et de fonder une famille doit être le fruit d'un discernement vocationnel »[16].

3. Comment transmettre la beauté du mariage aux nouvelles générations ?

Outre les questions que j'ai soulignées jusqu'à présent, il y a d'autres défis que nous devons relever pour surmonter la désaffection — et parfois même la peur — à l'égard du mariage que nous trouvons dans notre société. Nombreux sont les défis, mais je me limiterai à quelques-uns que je considère comme très importants dans ce travail de reconstruction culturelle du mariage auquel le pape François a consacré beaucoup d'espace dans *Amoris laetitia.*

Dans cette section, nous verrons quelles pourraient être, à mon avis, les réponses à apporter, les raisons et les moyens d'ouvrir les yeux des jeunes pour qu'ils redécouvrent la *beauté et la nouveauté de l'amour conjugal.*

a) Enseigner à faire des projets de vie. La génération de l'immédiat et l'influence des nouvelles technologies

Le pape François, avec beaucoup de réalisme, nous montre combien il est difficile de réaliser des projets de vie ambitieux lorsque nous sommes immergés dans une culture du provisoire et de l'immédiat, où l'on ne cherche qu'à satisfaire ses besoins et à atteindre un bonheur qui ne demande pas d'efforts ni de sacrifices. Dans cette perspective, la personne ne comprend pas et n'assume pas un amour fort, qui est

16. FRANÇOIS, *Amoris laetitia*, n° 72.

avant tout un engagement, comme l'est par nature l'amour conjugal. Lisons ses mots : « Un amour faible ou malade, incapable d'accepter le mariage comme un défi qui exige de lutter, de renaître, de se réinventer et de toujours recommencer jusqu'à la mort, ne peut soutenir un haut niveau d'engagement. Il cède à la culture du provisoire, qui empêche un processus constant de croissance. Mais "promettre un amour pour toujours est possible lorsque nous découvrons un projet qui dépasse nos propres projets, qui nous soutient et nous permet de donner totalement notre avenir à la personne que nous aimons" (François, Lettre encyclique *Lumen fidei,* 29 juin 2013, n° 52) »[17].

Il faut savoir transmettre cette vérité aux jeunes : le mariage n'est pas un but, ce n'est pas la fête, encore moins le banquet, mais c'est un projet de vie qui engage toute la personne et toute sa vie. Les biens du mariage sont des biens ardus, qui requièrent pour leur réalisation les vertus : force d'âme, générosité, prudence, magnanimité, charité surtout[18].

C'est pourquoi la pastorale familiale doit être très claire et aussi exigeante, sans se contenter de montrer les lois comme s'il s'agissait de quelque chose d'extrinsèque, mais en sachant transmettre la beauté du mariage : « les couples mariés sont reconnaissants lorsque les pasteurs leur offrent des motivations pour un engagement courageux dans un amour fort, solide, durable, capable d'affronter tout ce qui se présente à eux »[19].

Il est également essentiel d'apprendre aux jeunes — et aussi aux adultes — à savoir attendre, car dans le mariage, les choses ne s'obtiennent pas immédiatement ou automatiquement. Dans *Amoris laetitia,* le pape François donne un conseil très pratique qui, je crois, peut servir de guide dans un processus éducatif pour les jeunes et leur apprendre à faire des projets à long terme : « En ces temps où règnent l'anxiété et la précipitation technologique, une tâche très importante pour les familles est de les éduquer à la capacité d'attendre. Il ne s'agit pas d'interdire aux enfants de jouer avec des appareils électroniques, mais de trouver des moyens de générer chez eux la capacité de différencier les différentes logiques et de ne pas appliquer la vitesse numérique à tous les domaines de la vie. Le report ne consiste pas à nier un désir, mais à en différer la satisfaction. Lorsque les enfants ou les adolescents ne sont pas éduqués à accepter que certaines choses doivent attendre, ils deviennent des personnes pressées qui soumettent tout à la satisfaction de leurs besoins immédiats et grandissent avec le vice du "je le veux donc je l'ai". Il s'agit d'une grande tromperie qui ne favorise pas la liberté, mais la rend malade »[20].

17. *Ibidem,* n° 124.
18. *Ibidem,* chapitre IV.
19. *Ibidem,* n° 200.
20. *Ibidem,* n° 275.

b) Le courage de l'engagement comme antidote à la liberté comprise dans un sens absolu et autoréférentiel

La liberté est toujours finalisée, elle n'est pas une fin en soi. Ce n'est qu'en s'y engageant que l'on peut se réaliser en tant que personne. Celui qui fait de la liberté une fin en soi devient esclave de sa « liberté », qui n'est plus la liberté de choisir le bien de manière autonome, mais une indétermination totale et absurde, c'est-à-dire non pas une vraie liberté, mais une liberté illusoire, un substitut de la vraie liberté.

Mais pour grandir dans la liberté, il faut un processus de formation efficace. Comme le dit le pape François : « La liberté est une grande chose, mais nous pouvons la gâcher. L'éducation morale est une culture de la liberté à travers des propositions, des motivations, des applications pratiques, des stimuli, des récompenses, des exemples, des modèles, des symboles, des réflexions, des exhortations, des révisions de la manière d'agir et des dialogues qui aident les gens à développer ces principes intérieurs stables qui les poussent à agir spontanément pour le bien. La vertu est une conviction qui est devenue un principe intérieur stable d'action. La vie vertueuse construit donc la liberté, la renforce et l'éduque, en évitant que la personne ne devienne l'esclave de penchants compulsifs, déshumanisants et antisociaux. En effet, la dignité humaine elle-même exige que chaque personne « agisse selon un choix conscient et libre, c'est-à-dire mû et déterminé par une conviction personnelle » (*Gaudium et spes*, n° 17) »[21].

À la lumière de ces paroles, je voudrais souligner la centralité de l'éducation aux vertus dans le processus de préparation au mariage compris dans toute sa richesse. C'est un thème dont saint Jean Paul II a parlé dans *Familiaris consortio*[22] et qui a été repris par François dans *Amoris laetitia*[23]. Cela sera mieux compris dans la mesure où le développement des vertus est découvert comme quelque chose de naturel, c'est-à-dire comme le juste développement des tendances inscrites dans la nature humaine qui nous permettent d'atteindre la perfection à laquelle notre nature personnelle est appelée, et non comme la simple acquisition d'une habitude qui pose des limites à une liberté qui serait autrement absolue[24].

---

21. *Ibidem*, n° 267.

22. Saint JEAN PAUL II, Exhortation apostolique post-synodale *Familiaris consortio*, 22 novembre 1980, n° 66.

23. FRANÇOIS, *Amoris laetitia*, n° 28, 206, 267.

24. Au sujet de la centralité des vertus dans le développement de la vie droite, v not. S.T. PINCKAERS, *Les sources de la morale chrétienne. Sa méthode, son contenu, son histoire*, Fribourg-Paris, Éditions universitaires de Fribourg-Cerf 1993^3 ; J. PIEPER,

La famille est le lieu le plus efficace pour l'éducation aux vertus, non pas tant en tant qu'enseignements théoriques, mais en tant que bonne façon de vivre : don désintéressé aux autres, générosité, partage, sacrifice, sens de la justice, force morale, chasteté, surtout si les enfants voient ces vertus incarnées dans leurs parents. Comme le dit saint Josémaria Escrivá : « Si je devais donner un conseil aux parents, je leur donnerais surtout celui-ci : que vos enfants voient (ils voient tout depuis tout petits et ils jugent tout : ne vous faites pas d'illusions) que vous essayez de vivre selon votre foi, que Dieu n'est pas seulement sur vos lèvres, mais dans vos œuvres ; que vous vous efforcez d'être sincères et loyaux, que vous vous aimez vous-mêmes et que vous les aimez vraiment »[25].

c) Lutter contre le pessimisme anthropologique, selon lequel l'homme n'est pas capable d'être bon

Dans de nombreuses discussions qui ont surgi au cours des Assemblées synodales — l'extraordinaire de 2014 et l'ordinaire de 2015 — et aussi après la publication d'*Amoris laetitia*, un profond pessimisme anthropologique est évident, comme s'il n'était pas possible aujourd'hui de demander aux fiancés et aux couples de vivre fidèlement les exigences d'un véritable amour. Ce pessimisme s'exprime d'ailleurs non seulement à l'égard des personnes, mais aussi à l'égard de la puissance de la rédemption opérée par le Christ, comme si elle n'avait pas été vraiment efficace et que l'homme était resté le même qu'auparavant. En pratique, on admet un bon exemple et une belle doctrine transmis par le Christ, mais pas un homme nouveau racheté par la grâce. En ce sens, on ne peut pas abaisser les exigences intrinsèques du mariage, don de Dieu à l'humanité, pour en faire une « institution » — et non une réalité — qui serait plus à la portée des pauvres mortels.

Je crois que le remède le plus efficace contre ce pessimisme anthropologique est de rapprocher les fiancés d'une vie de foi authentique et cohérente. D'où l'importance que les cours de préparation au mariage ne se limitent pas à la transmission de contenus, même très beaux, mais qu'ils prennent au sérieux l'importance de la redécouverte de la foi et de la vie chrétienne, gage de la réussite de la vocation conjugale des fidèles.

Über *die Hoffnung*, J. Hegner, Leipzig 1935 ; A.C. McIntyre, *After Virtue. A Study in Moral Theory*, University of Notre Dame Press, Notre Dame (IN) 2007^3 ; A. Rodríguez Luño, *Scelti in Cristo per essere santi. I : Teologia Morale Fondamentale*, Edusc, Roma 2016^3.

25. Saint Josémaria Escrivá, *Quand le Christ passe* (homélie Le *mariage, une vocation chrétienne*), Le Laurier, Paris 1989, n° 28.

Voici un fait qui l'illustre. Il y a quelques mois, je discutais avec un curé romain qui me racontait que dans sa paroisse, depuis plus de 30 ans, on organise des cours de préparation auxquels participent chaque année une trentaine de fiancés. Dès le début, ils ont abordé ces cours de préparation comme un parcours de redécouverte de la foi et de renaissance de la vie sacramentelle. Sur les quelque 900 couples qui ont suivi le cours au fil des ans, ceux dont le mariage a échoué se comptent sur les doigts d'une main [26]. L'aide de la grâce, que le Christ ne refuse à aucun homme de vie droite [27], est nécessaire pour vivre fidèlement l'amour conjugal, même à travers les épreuves et les crises que tout couple peut traverser. De plus, dans le cas du mariage des baptisés, nous avons la certitude que, si l'on ne met pas volontairement d'obstacle, la grâce de Dieu agit toujours efficacement, parce que le Christ est présent dans la vie du couple. C'est cette conscience qui évite de tomber dans le pessimisme anthropologique auquel j'ai fait référence.

d) Vaincre l'hédonisme et la promiscuité qui en découle

La banalisation de la sexualité, conséquence de divers phénomènes des dernières décennies — la mentalité contraceptive, l'éducation sexuelle déviante et idéologique, la promotion de modèles libertaires de sexualité, la diffusion de la pornographie, etc. — rend difficile pour les jeunes la compréhension de ce que signifie le respect de leur propre masculinité et féminité, ordonnées par nature au don total de soi dans la condition masculine et féminine.

Dans nos sociétés, il existe différents problèmes à prendre en compte dans le parcours de formation des jeunes : les relations sexuelles précoces, la promiscuité, la forte présence de la pornographie, en particulier sur Internet. Ces difficultés doivent être abordées sur la base d'une véritable éducation sexuelle qui se traduit par une éducation aux vertus, en particulier à la vertu de chasteté, comprise non pas comme une liste d'interdits, mais comme une « affirmation joyeuse » [28] qui rend la personne maîtresse d'elle-même et non pas esclave de ses passions et de ses sentiments.

Le pape François l'a expliqué très clairement dans *Amoris laetitia*, sous le titre *Oui à l'éducation sexuelle* [29]. Le Pontife y parle avec beaucoup de réalisme de la responsabilité des parents et des éducateurs dans un monde où la sexualité a été banalisée et où l'on

26. FRANÇOIS, *Amoris laetitia*, n° 67, 73, 124.
27. Saint JEAN PAUL II, *Familiaris consortio*, n° 84.
28. Saint JOSÉMARIA ESCRIVÁ, *Amis de Dieu*, Fayard-Mame, Paris 1981, n° 182.
29. FRANÇOIS, *Amoris laetitia*, n° 280-286.

présente souvent des modèles qui ne répondent pas à la dignité de la personne humaine, qui devient un objet de plaisir et cesse d'être une personne irremplaçable qui doit être respectée, soignée, vraiment aimée et jamais *utilisée*. Dans cette éducation, qui n'est pas une simple information, mais une formation qui prend en compte les différentes étapes de la maturité de la personne, le Pape souligne à nouveau le rôle fondamental des vertus, parmi lesquelles il cite la chasteté, la modestie, le respect des autres, la générosité, le tout éclairé et informé par la charité, qui est expliquée dans le chapitre IV, le cœur de l'exhortation.

4. En conclusion

Je ne voudrais pas que tout ce qui a été dit jusqu'à présent conduise au pessimisme. Certes, les défis sont grands, mais nous avons tous les moyens d'y faire face. L'optimisme du chrétien ne se fonde pas sur le fait que tout va bien, mais sur la certitude de l'efficacité de la rédemption effectivement réalisée par Jésus-Christ et sur la conscience que, également dans le domaine de l'évangélisation de la famille, nous sommes ses instruments. Face à cette culture qui remet en question ou nie directement les fondements du mariage et de la famille, nous sommes certains d'être du côté de la raison et non de l'erreur.

La situation actuelle, que Benoît XVI n'a pas hésité à qualifier d'« urgence éducative » [30] également en ce qui concerne les jeunes, est pour tous un appel à la responsabilité personnelle et institutionnelle : unir les forces pour influencer l'ambiance, pour la changer. Le fondateur de l'Opus Dei conseillait : « Le milieu ambiant a tellement d'influence ! » m'as-tu dit. — Il m'a fallu te répondre : sans doute. C'est pourquoi votre formation doit être telle que vous portiez en vous avec naturel votre propre « ambiance », afin de donner ensuite « votre ton » à la vie en société. — Alors, si tu as bien saisi cet esprit, je suis certain que tu me diras stupéfait comme les premiers disciples devant les prémices des miracles qu'ils opéraient au nom du Christ : « Nous avons tellement d'influence sur le milieu ambiant ! » [31].

30. BENOÎT XVI, *Discours d'ouverture de la Convention du diocèse de Rome*, 11 juin 2007.
31. SAINT JOSÉMARIA ESCRIVÁ, *Chemin*, Le Laurier, Paris 1996, n° 376.

Cette certitude nous conduira à rechercher tous les moyens possibles pour diffuser la beauté du mariage, que ce soit à travers l'apostolat personnel, un thème souvent souligné par le pape François, ou à travers des initiatives culturelles, académiques et sociales qui contribuent à la nouvelle évangélisation de la famille, ou encore à travers l'accompagnement des familles et la prière dans la famille et pour les familles.

Je crois que nous aussi, en tant qu'Université pontificale, nous sommes appelés à être en première ligne en ces temps d'« urgence éducative ». Nous pouvons compter sur divers instruments en tant que centre d'étude et d'enseignement : la promotion de la recherche interdisciplinaire, la collaboration avec la société civile, les divers services que nous pouvons offrir à l'Église universelle et aux Églises locales. Comment pouvons-nous le faire ? Par des publications, par un travail *sur le terrain*, en trouvant des moyens de faire connaître nos travaux de recherche non seulement à nos étudiants, mais aussi à un public plus large. À l'Université Pontificale de la Sainte-Croix, il existe déjà de nombreuses réalités à encourager : le projet *Famille et Médias*, le cours *Amore, famiglia ed educazione*, le *Centre d'Études Juridiques sur la Famille*, le *Cours sur l'Accompagnement Pastoral dans le procès matrimonial* organisé par le *Centre de Formation Sacerdotale* qui a donné lieu à ce livre, et bien d'autres initiatives des différentes Facultés.

Il s'agit de chercher les moyens de relever le défi proposé par notre Grand Chancelier : « Il conviendra d'étudier les modalités pratiques visant à renforcer la préparation au mariage, à soutenir à la fois l'amour mutuel entre les époux et la vie chrétienne dans les familles, à stimuler la vie sacramentelle des grands-parents, parents et enfants, particulièrement la confession fréquente. Le Christ embrasse tous les âges de l'homme ; personne n'est inutile ni superflu » [32]. Et, dans ce défi, il signale aussi quelques instruments qui nous concernent directement en tant que centre universitaire : « le travail de groupes d'études sur le rôle éducatif, social et économique de la famille, en vue de créer dans l'opinion publique un climat favorable aux familles nombreuses » [33].

Comme je l'ai expliqué tout au long de cette présentation, pour inverser la tendance négative dans la compréhension de la réalité du mariage, il est nécessaire de mettre en place des programmes de formation authentiques et efficaces pour les jeunes, les fiancés engagés et les familles. Cela signifie qu'il faut être clair sur les forces et les faiblesses de la culture dans laquelle nous vivons, ce qui nous permettra

32. F. Ocáriz, *Lettre pastorale*, 14 février 2017, n° 21, à l'adresse : https://opusdei.org/fr/article/lettre-pastorale-14-fevrier-2017 (01.12.2019).
33. *Ibidem*.

de trouver des moyens de répondre à l'urgence éducative à laquelle je viens de faire référence.

Je ne peux résister à l'envie de transcrire une citation du pape Benoît XVI, peut-être un peu longue, mais qui résume tout ce que j'ai essayé de transmettre dans ce chapitre : « En réalité, toute tâche éducative semble aujourd'hui de plus en plus ardue et précaire. C'est pourquoi on parle d'une grande "urgence éducative", de la difficulté croissante de transmettre aux nouvelles générations les valeurs fondamentales de l'existence et d'un comportement correct, difficulté qui existe aussi bien à l'école que dans la famille, et l'on pourrait dire dans toutes les autres instances qui ont une finalité éducative. Nous pouvons ajouter qu'il s'agit d'une urgence inévitable : dans une société et dans une culture qui ont trop souvent le relativisme comme credo — le relativisme est devenu une sorte de dogme — la lumière de la vérité manque, en effet, il est considéré comme dangereux de parler de vérité, cela est considéré comme "autoritaire", et l'on finit par douter de la bonté de la vie — est-il bon d'être humain ?, est-il bon de vivre ? — et de la validité des relations et des engagements qui composent la vie. Comment alors proposer aux plus jeunes et transmettre de génération en génération quelque chose de valable et de certain, des règles de vie, un sens authentique et des objectifs convaincants pour l'existence humaine, aussi bien en tant qu'individus qu'en tant que communautés ? C'est pourquoi, en général, l'éducation tend à se réduire à la transmission de certaines compétences ou capacités à faire, tout en cherchant à satisfaire le désir de bonheur des nouvelles générations en les comblant d'objets de consommation et de gratifications éphémères. Ainsi, tant les parents que les enseignants sont facilement tentés d'abdiquer leurs tâches éducatives et ne comprennent même plus leur rôle, ou plutôt la mission qui leur est confiée. Mais c'est précisément de cette manière que nous n'offrons pas aux jeunes, aux nouvelles générations, ce que nous sommes tenus de leur transmettre. C'est aussi à eux que nous devons la transmission des vraies valeurs qui fondent la vie »[34].

Nous, universitaires, ne pouvons pas abdiquer nos responsabilités à cet égard. Nous devons être conscients d'être des « formateurs de formateurs ».

Le défi peut sembler énorme, mais si nous commençons par former correctement les prêtres, les fidèles laïcs et les religieux qui fréquentent nos salles de classe, nous serons un instrument efficace pour changer notre culture, conscients que l'Église est déjà faite, mais qu'elle doit être faite à chaque génération, y compris en ce qui concerne la découverte de la beauté de l'amour conjugal, du mariage

34. Benoît XVI, *Discours d'ouverture de la Convention du diocèse de Rome.*

et de la famille fondée sur lui, une réalité qui est inscrite dans les profondeurs de l'être homme et femme, comme Viladrich l'explique si bien : « Les fins, les biens et les propriétés du mariage sont intimement liés. Si nous appliquons au mariage la structure et la dynamique de l'amour, cette imbrication devient très claire. Ceux qui s'aiment vraiment le savent déjà sans avoir besoin d'un discours académique, parce qu'ils font l'expérience de cette imbrication inséparable tous les jours dans leur vie quotidienne »[35].

35. P.J. Viladrich, *Il consenso matrimoniale*, Edusc, Roma 2019, p. 79.

Structure et contenu d'un cours de préparation au sacrement du mariage

José M. Galván*

1. Introduction

La réception d'un sacrement exige toujours une préparation adéquate de la personne qui le reçoit et du ministre qui le confère. Dans le mariage, où le ministre et le sujet coïncident [1], cette préparation est encore plus nécessaire. Le Magistère l'a indiqué non seulement à notre époque, mais aussi bien avant la crise historique de l'amour humain qui a caractérisé la culture occidentale depuis la prétendue révolution sexuelle.

L'exemple le plus évident se trouve peut-être dans *Casti connubii de* Pie XI [2]. Cette encyclique contient de nombreuses références à la préparation à la réception des sacrements, à tel point qu'elle anticipe presque les différentes étapes qui seront indiquées dans *Familiaris consortio*, en commençant par la phase lointaine [3]. Pie XI a

* Professeur de théologie morale ordinaire à l'Université pontificale de la Sainte-Croix et d'anthropologie théologique à l'*Istituto di Scienze Religiose all'Apollinare*. Cette contribution est une reprise partielle du contenu de mon intervention au Congrès " Matrimonio e Famiglia, la questione antropologica" à l'Université pontificale de la Sainte-Croix (2015), publiée sous le titre *I corsi di preparazione al matrimonio*, in H. Franceschi (ed.), *Matrimonio e famiglia. La questione antropologica*, Edusc, Roma 2015, p. 323-333.

1. Comme on le sait, les ministres du sacrement sont les époux eux-mêmes ; l'assistant demande et reçoit le consentement au nom de l'Église.

2. « Que les futurs époux, bien disposés et bien préparés, s'approchent de l'état de mariage, et ils pourront ainsi s'aider mutuellement, comme il convient, dans les circonstances prospères et adverses de la vie, et, ce qui est encore plus important, atteindre la vie éternelle et la formation de l'homme intérieur jusqu'à la plénitude de l'âge du Christ (cf *Ep* 4, 13) », (Pie XI, Lettre encyclique *Casti connubii*, 31 décembre 1930, III).

3. « Tout cela, Vénérables Frères, dépend en grande partie d'une bonne préparation au mariage, qu'il soit proche ou lointain. On ne peut nier, en effet, que les fondements solides d'un mariage heureux et la ruine d'un mariage malheureux sont préparés et posés chez les jeunes gens des deux sexes dès leur enfance et leur jeunesse. Il est donc à craindre que ceux qui, avant le mariage, n'ont cherché qu'eux-mêmes et leurs propres affaires, et ont cédé à leurs désirs même lorsqu'ils étaient impurs, soient dans le mariage ce qu'ils étaient avant le mariage, c'est-à-dire qu'ils récoltent ce qu'ils ont semé » (*ibidem*).

également été précis sur la préparation immédiate, de sorte que son enseignement est toujours d'actualité[4].

Ainsi, à la raison fondamentale qui découle de la nature sacramentelle du mariage, s'ajoute la difficulté significative pour l'homme — dans cette société moderne qui a tant de mal à aimer — de vivre cet amour authentique et pur qui devrait être la base du mariage. Malheureusement, il arrive trop souvent que ceux qui sont appelés au double rôle de ministre et de sujet du sacrement ne soient pas suffisamment préparés à la nature de cette alliance naturelle que le Christ a élevée à la dignité sacramentelle.

Puisque le Christ est l'auteur des sacrements et la source de leur efficacité surnaturelle, la préparation spécifique au mariage doit précisément consister à favoriser la plus grande identification possible des époux avec Lui. De cette façon, les futurs époux pourront puiser plus pleinement à la source de la grâce divine pour poursuivre leur vie conjugale comme un chemin de sainteté.

Comment faire comprendre à de jeunes baptisés, qui n'ont pas ou qui n'ont que peu de pratique de leur foi et qui sont immergés sans esprit critique dans la culture contemporaine, qu'il est opportun de s'engager sur un chemin de foi — vécu précisément comme une identification au Christ — qui n'a guère de place dans leur vision du monde ? La seule voie possible est de mettre l'accent, au cours de la préparation au mariage, sur les raisons pour lesquelles il « vaut la peine » de fonder leur amour sur l'aide de la grâce divine. La tâche pastorale et théologique est de lire dans cette clé les exigences essentielles de la nature sacramentelle et de les faire comprendre, en tenant compte des indications magistérielles.

L'exhortation apostolique post-synodale *Familiaris consortio*[5] peut être considérée comme le point culminant des recommandations de l'Église, du moins du point de vue de l'exhaustivité et du caractère concret des indications pratiques. Nous pouvons résumer brièvement

4. « À la préparation d'un bon mariage appartient tout particulièrement la diligence dans le choix du conjoint, car le bonheur ou le malheur du futur mariage en dépend en grande partie, l'un des conjoints pouvant être d'un grand secours à l'autre pour mener chrétiennement la vie conjugale, ou au contraire lui créer de graves dangers et difficultés. Afin donc de ne pas subir toute leur vie les conséquences d'un choix imprudent, que ceux qui veulent se marier délibèrent sérieusement avant de choisir la personne avec laquelle ils vivront ensemble pour toujours ; et dans cette délibération, qu'ils aient à l'esprit les conséquences qui découlent du mariage : avant tout pour la vraie religion du Christ, mais aussi pour eux-mêmes, pour l'autre conjoint, pour leur future descendance, et pour la société humaine et civile, qui naît du mariage comme d'une source qui lui est propre. Qu'ils implorent avec ferveur l'aide divine pour qu'ils choisissent selon la prudence chrétienne, non pas sous l'impulsion aveugle et effrénée de la passion ni pour des raisons de gain ou d'autres motifs moins nobles, mais guidés par un amour juste et vrai et par une affection loyale pour le futur conjoint, recherchant dans le mariage précisément les fins pour lesquelles Dieu l'a institué » (*ibidem*).

5. Saint Jean Paul II, Exhortation apostolique post-synodale *Familiaris consortio*, 22 novembre 1980.

le numéro 66 du document en disant que saint Jean Paul II soutient que la préparation au sacrement du mariage commence bien avant la cérémonie : d'abord par la formation dans la famille, puis dans la communauté ecclésiale et dans la société. C'est ce qui ressort clairement de ses paroles : « les changements survenus dans presque toutes les sociétés modernes exigent que non seulement la famille, mais aussi la société et l'Église soient impliquées dans l'effort pour préparer les jeunes de manière adéquate aux responsabilités de leur avenir ». Une préparation qui consiste en définitive à encourager les futurs époux à réaliser leur appel à être l'image de Dieu dans le don sincère d'eux-mêmes, l'un à l'autre.

Cette préparation se déroule en trois étapes. La première, la *préparation lointaine*, commence dès l'enfance et a pour agent fondamental la famille. À la famille s'ajoute, dans la phase suivante de *préparation prochaine*, une « nouvelle catéchèse de tous ceux qui se préparent au mariage chrétien [...] afin que le sacrement soit célébré et vécu avec les bonnes dispositions morales et spirituelles ». Une partie fondamentale de cette phase est la formation des futurs époux à tout ce qui concerne l'amour conjugal dans toutes ses expressions, la vie commune et la parentalité. Enfin, il y a l'indispensable *préparation immédiate*, qui consiste en l'examen canonique des *nubendi*. C'est une occasion très utile pour les curés de vérifier si la préparation des fiancés est suffisante et de détecter à temps d'éventuelles lacunes pour y remédier.

Les indications spécifiques, tant au niveau du Magistère universel[6] qu'au niveau de chaque Conférence épiscopale, sont abondantes. Je m'y réfère donc en ce qui concerne l'organisation concrète des cours de préparation au mariage. Dans ces pages, je présenterai quelques suggestions pour adapter le contenu substantiel de la préparation sacramentelle — la foi de l'Église dans les sacrements et, en particulier, dans le mariage — aux demandes et aux préoccupations présentes dans le cœur des jeunes qui souhaitent unir leur vie dans l'alliance conjugale. Il s'agira de leur faire comprendre qu'une vie de foi plus complète, fondée sur la grâce divine, peut être bénéfique pour leur amour et leur communion personnelle. En ces temps où la notion d'amour est au centre des besoins personnels au point d'être vidée de son contenu, il est essentiel qu'ils soient convaincus que pour assurer un bonheur véritable et durable, les affections sincères et profondes du cœur humain ne suffisent pas, mais qu'il est nécessaire de s'aimer avec l'amour de Dieu qui est dans le cœur du croyant.

6. Outre *Familiaris consortio*, v. également PONTIFICIO CONSIGLIO PER LA FAMIGLIA, *Preparazione al Sacramento del Matrimonio*, 13 mai 1996 ; CIC, cann. 1036-1072 ; FRANÇOIS, Exhortation apostolique post-synodale *Amoris laetitia*, 19 mars 2016, n° 205-216.

Le pape François, dans son exhortation *Amoris laetitia*, affirme également qu'une bonne préparation des jeunes au mariage est bénéfique non seulement pour eux, mais aussi pour toute la communauté ecclésiale : « J'invite les communautés chrétiennes à reconnaître qu'accompagner le chemin d'amour des fiancés est une bonne chose pour elles-mêmes. Comme l'ont dit à juste titre les évêques italiens, ceux qui se marient sont pour leur communauté chrétienne "une ressource précieuse, car, en s'engageant avec sincérité à grandir dans l'amour et dans le don réciproque, ils peuvent contribuer à renouveler le tissu même de tout le corps ecclésial" : la forme particulière d'amitié qu'ils vivent peut devenir contagieuse et faire grandir en amitié et en fraternité la communauté chrétienne dont ils font partie" (Conférence épiscopale italienne, Commission pour la famille et la vie, *Orientations pastorales pour la préparation au mariage et à la famille*, 22 octobre 2012, 1) » [7].

À partir de ces prémisses, je propose un ensemble de thèmes qui, à mon avis, devraient être traités dans tout cours de préparation à la réception du sacrement de mariage. J'essaierai ensuite de justifier chacun des thèmes qui composent le cours en fonction des exigences de la culture d'aujourd'hui. Voici le schéma du contenu :

Thème 1. Sacramentalité du mariage :

- mariage dans le plan de Dieu.
- fondement biblique.
- le mariage en tant qu'institution naturelle.
- le mariage comme sacrement de la nouvelle loi.
- l'institution et la nature des sacrements en général.
- le signe sacramentel du mariage.
- ministres du sacrement de mariage.
- le mariage par rapport aux autres sacrements.

Thème 2. La nature du signe sacramentel du mariage :

- l'importance d'assurer la véritable « matière » du sacrement.
- caractéristiques de la véritable alliance d'amour qui devient sacrement.
- unité : don total et exclusif de la personne.
- l'indissolubilité : don de toute la dimension temporelle de la personne.
- procréation : amour personnel et fécond, expression du don total.
- comment vivre l'unité et l'indissolubilité au quotidien. Les difficultés de la culture actuelle.

7. François, *Amoris laetitia*, n° 207.

Thème 3. Moralité du mariage par rapport à la procréation :

— la nature oblative de la sexualité humaine.
— dans l'espèce humaine, la valeur première de la sexualité est la personne et non l'espèce.
— rôle et place de la sexualité dans l'amour conjugal.
— des conceptions erronées du rôle de la sexualité dans l'individu et dans le couple.
— critères moraux sur la sexualité humaine.
— la positivité et le caractère sacré de la sexualité conjugale.
— la sexualité et la procréation : la parentalité responsable.
— les critères de jugement éthique des méthodes visant à limiter ou à empêcher la procréation.

Thème 4. Les vertus de la vie conjugale :

— la nature des vertus et leur rôle dans une vie pleine et heureuse.
— la nécessité de grandir et d'« ajuster » sa propre vie vertueuse au contexte du mariage.
— les vertus théologales dans la vie conjugale.
— la foi comme certitude de la vocation au mariage.
— l'espérance comme confiance et sécurité dans l'avenir de l'histoire.
— la charité comme forme et aboutissement de l'amour conjugal.
— les vertus cardinales dans la vie conjugale.
— la prudence conjugale : discerner et prendre les bonnes décisions pour maintenir et nourrir l'amour.
— la justice conjugale : donner et recevoir la plénitude de la vérité personnelle. Sincérité et transparence.
— la force d'âme conjugale : affronter sans crainte les difficultés inhérentes à la faiblesse de la créature humaine. Magnanimité et patience.
— la tempérance matrimoniale : la juste recherche du plaisir dans l'amour des époux et dans la famille. La vertu d'humilité.

Thème 5. Informations générales sur le rôle des conjoints en tant que parents.

Thème 6. Préparation liturgique à la célébration du sacrement.

Bien entendu, l'ordre des thèmes (à l'exception des deux derniers) peut et doit être modifié en fonction des besoins des participants. Souvent, tout dépendra de leur familiarité avec les vérités de la foi, il sera plus approprié de parler d'abord de la nature de l'amour (thèmes 2 et 4), puis de son origine divine et de sa dimension sacramentelle (thème 1) et de ses aspects moraux (thème 3).

2. La préparation au mariage dans le contexte contemporain

À la lumière de la nécessité de s'aimer les uns les autres avec l'Amour de Dieu qui est dans notre propre cœur, les mots de Anselm Günthör nous viennent à l'esprit : « Pour comprendre la révélation de l'Amour de Dieu pour l'homme et la vocation de l'homme à y répondre par l'amour, il est nécessaire d'avoir d'abord fait l'expérience d'un amour interhumain authentique, même s'il n'est que naturel » [8]. Non seulement l'amour humain a besoin de l'Amour divin, mais l'Amour de Dieu a besoin d'un cœur naturellement capable d'aimer. On pourrait dire que cette capacité naturelle devrait être considérée comme innée. Tout être humain sait en définitive que seul l'amour est la raison pour laquelle il vaut la peine d'exister. Mais le mot amour lui-même se prête à une multitude de significations [9] ; il est peut-être le terme doté du plus grand nombre de significations. C'est pourquoi la citation de Günthör ci-dessus se termine par cette affirmation : « Une époque donnée crée des conditions favorables ou défavorables en ce sens, selon la place qu'elle attribue ou refuse à l'amour interpersonnel » [10].

La modernité a progressivement sapé l'idée d'amour en attribuant à ce mot, au-delà des « bonnes intentions » subjectives, un sens réel où le référent n'est pas la personne aimée, mais le plaisir qu'elle peut me procurer : nous aimons plus le fait d'être aimés que la personne qui nous aime. L'oubli de la personne, conséquence de la mentalité rationnelle du monde actuel, conduit à réduire l'amour interpersonnel à un échange d'opérations affectives dans lequel l'autre personne est nécessaire, mais pas essentielle ou irremplaçable. La tendance à limiter la considération de la personne à la dimension fonctionnelle

---

8. A. GÜNTHÖR, *Chiamata e risposta. Vol. 2. Morale speciale : le relazioni del cristiano verso Dio*, San Paolo, Cinisello Balsamo 1998^{6}, p. 241 (original : *Anruf und Antwort. Eine neue Moraltheologie.* Band 2. Spezielle Moral : Die Beziehungen des Christen zu Gott, Patris-Verlag, Vallendar-Schönstatt 1993).

9. « Rappelons en premier lieu le vaste champ sémantique du mot « amour » : on parle d'amour de la patrie, d'amour pour son métier, d'amour entre amis, d'amour du travail, d'amour entre parents et enfants, entre frères et entre proches, d'amour pour le prochain et d'amour pour Dieu. Cependant, dans toute cette diversité de sens, l'amour entre homme et femme, dans lequel le corps et l'âme concourent inséparablement et dans lequel s'épanouit pour l'être humain une promesse de bonheur qui semble irrésistible, apparaît comme l'archétype de l'amour par excellence, devant lequel s'estompent, à première vue, toutes les autres formes d'amour. Surgit alors une question : toutes ces formes d'amour s'unifient-elles finalement et, malgré toute la diversité de ses manifestations, l'amour est-il en fin de compte unique, ou bien, au contraire, utilisons-nous simplement un même mot pour indiquer des réalités complètement différentes ? » (BENOÎT XVI, Lettre encyclique *Deus caritas est,* 25 décembre 2005, n° 2).

10. GÜNTHÖR, *Chiamata e risposta*, Vol. 2, p. 241.

signifie que l'autre n'est vu qu'en fonction de son propre bénéfice ; en ce sens, il est substituable dans la mesure où d'autres réalités, personnelles ou non, peuvent apporter des bénéfices plus importants[11].

Ce paradigme moderne ne satisfait pas le cœur des jeunes, qui voient dans leur amour le sens unique de leur existence et veulent donc qu'il soit éternel, mais qui, en même temps, ne disposent pas des ressources nécessaires pour assurer la durée de l'amour en tant que signe de l'histoire. Ils sont convaincus de « combien ce serait beau » d'aimer pour toujours, mais peu se sentent capables de réaliser ce rêve ; beaucoup sont même convaincus que c'est tout à fait impossible. La menace de la fin de l'amour étant de toute façon perçue comme une cause de souffrance, il est fréquent qu'ils considèrent l'engagement matrimonial comme quelque chose de très onéreux dont, en fin de compte, il vaut mieux se tenir à l'écart. Bien que le mariage soit la condition la plus normale et la plus naturelle de la condition humaine — de sorte que chacun devrait y être suffisamment apte et prédisposé — il est très fréquent de trouver chez les individus une forte peur qui se manifeste par la conviction qu'ils ne sont jamais prêts à franchir cette étape. Le mariage nécessite une bonne dose d'espoir.

Cette difficulté est aggravée par le lien entre le mariage et la famille, et par le fait que la culture contemporaine permet de jouir, sans s'engager dans le mariage, de nombreux avantages personnels qui n'étaient auparavant accessibles que par le mariage. En conséquence, de nombreux jeunes qui considèrent que la voie du mariage est très difficile se sentent libres de s'engager dans une vie sexuelle pleinement active, souvent sans penser positivement à la finalité procréatrice naturelle de l'amour. Beaucoup d'entre eux considèrent que la séparation de la sexualité et du mariage est naturelle et considèrent

11. « Qui pourrait nier que notre époque est une époque de grave crise qui se manifeste en premier lieu sous la forme d'une profonde « *crise de la vérité* » ? Crise de la vérité, cela veut dire d'abord *crise des concepts.* Les termes « amour », « liberté », « don désintéressé », et même ceux de « personne », de « droits de la personne », expriment-ils vraiment ce que par nature ils signifient ? [...] Le développement de la civilisation contemporaine est lié à un progrès scientifique et technologique réalisé de manière souvent unilatérale, présentant par conséquent des caractéristiques purement positivistes. Le positivisme, on le sait, produit comme fruits l'agnosticisme dans les domaines théoriques et l'utilitarisme dans les domaines éthiques et pratiques. À notre époque, l'histoire se répète, en un sens. *L'utilitarisme* est une civilisation de la production et de la jouissance, une civilisation des « choses » et non des « personnes », une civilisation dans laquelle les personnes sont utilisées comme on utilise des choses. Dans le cadre de la civilisation de la jouissance, la femme peut devenir pour l'homme un objet, les enfants, une gêne pour les parents, la famille, une institution encombrante pour la liberté des membres qui la composent. Pour s'en convaincre, il suffit d'examiner *certains programmes d'éducation sexuelle,* introduits dans les écoles souvent malgré l'avis contraire et même les protestations de nombreux parents ; ou bien *les tendances à favoriser l'avortement* qui cherchent en vain à se dissimuler sous le soi-disant « droit de choisir » (« *pro choice* ») de la part des deux époux, et particulièrement de la part de la femme. Ce ne sont là que deux exemples parmi tous ceux que l'on pourrait évoquer » (saint JEAN PAUL II, Lettre aux familles *Gratissimam sane*, 2 février 1994, n° 13).

qu'il va de soi qu'il en soit ainsi. Depuis les années 50, avec l'avènement de la pilule de Pincus et la révolution sexuelle de Marcuse, cette conviction n'a cessé de croître dans la culture contemporaine. En effet, la découverte de la contraception hormonale a pour la première fois doté l'humanité d'un instrument technique permettant à ce qui était auparavant confiné à la sphère privée de prendre les connotations d'une théorie anthropologique et sociologique d'abord, puis d'une forme culturelle dominante, du moins dans les pays occidentaux.

Ainsi, ce qu'il y avait de « naturel » dans l'engagement matrimonial en vue de la création d'une famille est devenu une simple question de choix personnels libres de toute attache. De ce point de vue, la condition préalable à l'« union » serait la compréhension sexuelle mutuelle, et donc la seule préparation nécessaire serait la formation aux techniques contraceptives. Paradoxalement, une chose aussi peu naturelle que l'irruption des méthodes de contrôle des naissances a conduit de nombreuses personnes à considérer comme « naturelle » une vie sexuelle antérieure, active et indépendante du mariage. Pour ceux qui ont grandi dans des catégories aussi limitées, il n'est pas facile de comprendre la nécessité de se préparer à ce dont nous sommes tous apparemment bien dotés par la nature.

À cela s'ajoute le fait que de nombreux jeunes d'aujourd'hui ont tendance à concevoir l'amour conjugal uniquement en termes de sentiments, ce qui conduit à un manque d'engagement de toute la personne dans le don mutuel. L'amour affectif étant fondamentalement « centripète », il n'y a pas besoin d'une grande préparation pour procéder à ce type d'union : il suffit de sentir l'appel, d'« essayer » et d'aller de l'avant tant que cela se passe bien.

3. L'exigence postmoderne d'un amour authentiquement humain

À côté des limites de la modernité, il existe aujourd'hui une forte demande de changement, une prise de conscience généralisée de la nécessité radicale d'emprunter une autre voie. La postmodernité relationnelle redécouvre la personne comme élément fondamental pour interpréter la réalité et pour affirmer que la relation elle-même est à l'origine de tout. La nécessité d'une véritable relation avec soi-même, avec les autres et avec le monde exige une nouvelle attitude, largement absente dans la modernité, d'amour de l'homme et du cosmos. Il ne s'agit pas seulement d'aimer pour la recherche de son propre plaisir, mais d'assurer le bien stable et durable de ce qui est considéré comme le destin de son propre épanouissement : l'amour « centrifuge » de la bienveillance, qui veut le vrai bien de l'autre en tant qu'autre. De ce point de vue, resplendit avec force l'idée biblique et chrétienne de l'amour conjugal comme fondement à toute autre possibilité d'amour : être créé homme et femme à l'image de Dieu est la réponse révélée à l'aspiration postmoderne de trouver un fondement pour l'être relationnel.

Le paradigme de la relation met l'accent sur la condition personnelle et la situe au-dessus des exigences de la simple nature. Dans l'amour véritablement humain, la première valeur est la personne et non la nature. La distinction entre nature et personne signifie également que l'amour électif « personnel » se distingue de l'amour « naturel », mais sans oublier que la condition véritablement humaine exige l'unité et la pleine harmonie entre les deux dimensions. En définitive, la distinction entre nature et personne ne peut pas être considérée comme une opposition : nous sommes des êtres naturellement personnels ! Malheureusement, à notre époque, il n'est pas difficile de constater que pour beaucoup de personnes cette harmonisation ne va pas de soi, soit parce que les deux éléments à harmoniser ne sont pas distingués (l'amour est compris uniquement comme « naturel »), soit parce que l'harmonisation est tentée par le bas (l'amour naturel l'emporte sur l'amour personnel).

Une anthropologie correcte exige que l'amour personnel soit le principe intégrateur de l'harmonie de la personne ; ce n'est que lorsqu'on est capable d'aimer d'un amour personnel, électif et bienveillant que l'amour naturel et affectif atteint sa plénitude. Il est vrai que l'homme ne peut vivre sans affections, mais ces affections doivent être formalisées dans l'amour de bienveillance, sans lequel elles ne deviennent pas vraiment humaines. Au contraire, c'est souvent l'amour de bienveillance qui fait naître des affections là où « naturellement » elles ne devraient pas naître : une personne peut ressentir une véritable affection envers une autre qui n'est pas digne de mériter un tel sentiment, comme c'est le cas d'une mère envers un enfant abject, ou d'un ami envers l'ami indigne.

Les jeunes qui se sentent « personnellement » appelés au mariage peuvent considérer qu'ils sont amoureux d'un amour d'affection et pas tellement d'un amour de bienveillance. Si cela est vrai dans de nombreux cas, il est également vrai que seuls ceux qui sont capables d'un amour bienveillant peuvent expérimenter l'émergence d'un amour « naturel » comme une véritable affection qui les conduit à voir la personne dont ils tombent amoureux comme quelque chose de bon « en soi » avant de la voir comme quelque chose de bon « pour soi ». Tomber amoureux conduit à un amour électif, mais seuls ceux qui sont capables d'un amour électif peuvent tomber amoureux d'une manière véritablement humaine. En général, l'expérience des jeunes correspond d'abord à ce modèle, et c'est dans les phases ultérieures du premier amour que le pouvoir de l'attirance sexuelle peut fausser la relation ; cependant, tous s'accordent à dire que le véritable amour ne commence pas à considérer l'autre comme un partenaire sexuel. L'attirance n'est pas entre les sexes, mais entre les personnes sexuées.

Tels sont les présupposés qui, à mon avis, peuvent convaincre les jeunes de l'opportunité d'approfondir le premier thème du programme proposé : l'amour humain dans le plan de Dieu et son élévation au niveau sacramentel dans la Nouvelle Loi.

Dans la même perspective, le deuxième thème devrait être proposé en soulignant l'identité entre la condition de validité du sacrement et la nature de l'amour authentique, qui est une réponse à l'aspiration la plus profonde du cœur humain. En définitive, le véritable amour interpersonnel et de don de soi que l'Église indique aux *nubendi* n'est pas seulement une condition de validité du sacrement qu'ils cherchent à administrer et à recevoir, mais aussi l'élément pour lequel, comme nous l'avons dit au début du paragraphe précédent, « cela vaut la peine » de s'unir dans le lien sacré du mariage.

Pour maîtriser l'impulsion qui conduit les jeunes à rechercher l'épanouissement affectif à travers le mariage, il faut donc relier ce désir affectif à ce qui peut conduire à vivre l'amour dans sa plénitude. La troisième Assemblée générale extraordinaire du Synode (5-19 octobre 2014), dont *Amoris laetitia est* issue, a indiqué un moyen spécifique pour atteindre cet objectif : « Le défi pour l'Église est d'aider les époux à la maturation de la dimension émotionnelle et au développement affectif en promouvant le dialogue, la vertu et la confiance dans l'amour miséricordieux de Dieu » [12].

Trois éléments sont donc considérés comme essentiels dans cette tâche pastorale : le dialogue, la vertu et la confiance en Dieu.

12. *Relatio Synodi* de la IIIe Assemblée extraordinaire du Synode des évêques, n° 9.

4. Les exigences de l'amour authentique : le dialogue

Le premier de ces trois éléments, le dialogue, n'est pas simplement la communication d'un contenu intellectuel, mais il est lié à la nature même de l'amour bienveillant. Il n'est pas facile à notre époque de passer de l'amour affectif « entre deux », qui reste « centripète », au véritable amour conjugal qui est un don « centrifuge », d'où naissent la véritable affection humaine et le véritable dialogue. Ce dialogue est le fruit d'un don total de soi au niveau de la dimension intellectuelle de l'homme, qui rend les époux unis dans la vérité et dans l'amour, et leur permet ainsi de devenir « une seule chair ». Même l'amour purement affectif exige une grande communication vitale, mais sa dynamique est celle de l'échange et moins celle du don de soi.

L'amour humain des époux est complet lorsqu'il « intègre » ces deux amours, affectif et bienveillant, dans une seule expérience de vie commune. Comme nous l'avons vu plus haut, l'intégration de ces deux amours se fait de manière descendante : alors que l'amour de bienveillance engendre et augmente l'amour affectif, l'amour affectif n'engendre pas l'amour de bienveillance. Il est certes possible de passer de l'*amor sensibilis* à l'*amor rationalis*, mais ce passage est le résultat d'une action libre et élective. La conscience de cette vérité doit être acquise par une formation adéquate de la liberté, qui a normalement lieu au cours de la *préparation lointaine* au mariage. Il faut toutefois tenir compte du fait que la pression culturelle visant à considérer l'amour comme un simple sentiment, et donc comme quelque chose de romantiquement « subi » plutôt que « choisi », est si profondément enracinée dans la civilisation moderne qu'elle semble être dominante. À cela s'ajoute le poids spécifique de la charge culturelle négative présente chez de nombreux jeunes, qui rend ce thème central et urgent dans la préparation *immédiate* et à *venir*. En effet, le Magistère de l'Église insiste depuis longtemps sur ce point [13].

13. On peut considérer comme particulièrement prophétique la mise en garde de saint Paul VI dans son encyclique *Humanae vitae* (25 juillet 1968), lorsqu'il indique comme élément essentiel de la pleine humanité de l'amour conjugal le fait que « Ce n'est donc pas un simple transport d'instinct et de sentiment, mais aussi et surtout un acte de la volonté libre, destiné à se maintenir et à grandir à travers les joies et les douleurs de la vie quotidienne, de sorte que les époux deviennent un seul cœur et une seule âme et atteignent ensemble leur perfection humaine » (n° 9). Plus récemment, saint Jean Paul II a insisté dans la Lettre aux familles *Gratissimam sane* : « Le soi-disant « *amour libre* » est indéniablement *opposé à la civilisation de l'amour;* il est d'autant plus dangereux qu'il est habituellement proposé comme la traduction d'un sentiment « vrai », alors qu'en réalité il détruit l'amour. Tant de familles ont été brisées à cause de cet « amour libre » ! Suivre en toute circonstance la « vraie » pulsion affective au nom d'un amour « libre » de toute contrainte, cela signifie, en réalité,

Dans la ligne de la transmission des contenus ci-dessus, les futurs époux, se sentant mutuellement attirés l'un vers l'autre (*amor sensibilis*), prennent conscience que la valeur première est la personne et non l'espèce, comme chez les animaux ; que leur amour est électif, c'est-à-dire causé par un choix mutuel libre et inconditionnel, par lequel chacun se destine à l'épanouissement personnel de l'autre en donnant et en recevant la parole (dialogue) qui exprime ce destin réciproque. Les *nubendi* doivent donc être certains de leur vocation « personnelle » et de leur accomplissement mutuel dans la *communio personarum*, c'est-à-dire dans le fait que cette *communio* requiert comme condition les trois *bona* : unité, indissolubilité et procréation. Il n'est pas facile aujourd'hui de considérer ces éléments non pas comme simplement désirés ou simplement pratiques (ce qui est très courant dans la présentation traditionnelle des *bona*), mais comme les conditions d'un amour personnel authentiquement humain. Je crois que c'est l'un des points centraux qu'il faut illustrer dans la catéchèse de préparation au mariage. En effet, la demande actuelle d'épanouissement affectif n'est satisfaite de façon durable que lorsque l'amour électif présente ces conditions [14].

D'autre part, c'est précisément l'amour interpersonnel avec ces caractéristiques qui est le fondement du signe sacramentel du mariage. L'*unité* de deux individus exige la fidélité, non pas comme exclusion de l'infidélité, mais comme réalisation du don total et réciproque de la personne : aucun des deux ne se réserve rien de sa propre personne et ne peut donc en disposer à la première personne du singulier. De même, l'*indissolubilité* n'est pas la négation du divorce, mais l'expression du fait que le don qu'une personne fait, par sa nature historique,

---

rendre l'homme esclave des instincts humains que saint Thomas appelle « passions de l'âme » (*Summa Theologiae*, I-II, q. 22). L'« amour libre » exploite les faiblesses humaines en leur offrant une certaine respectabilité avec l'aide de la séduction et avec l'appui de l'opinion publique. On cherche ainsi à « apaiser » la conscience en créant un « alibi moral ». Mais on ne prend pas en considération toutes les conséquences qui en découlent, spécialement lorsque doivent payer, outre le conjoint, les enfants privés de leur père ou de leur mère et condamnés à être en fait *orphelins de leurs parents vivants* » (n° 14). L'importance de transmettre ces contenus aux *nubendi*, avec les mots et les moyens appropriés, est évidente.

14. L'enseignement d'*Humanae vitae* n° 9 reste pertinent à cet égard : « Dans cette lumière apparaissent clairement les notes et les exigences caractéristiques de l'amour conjugal [...]. C'est avant tout un amour pleinement *humain,* c'est-à-dire à la fois sensible et spirituel. Ce n'est donc pas un simple transport d'instinct et de sentiment, mais aussi et surtout un acte de la volonté libre, destiné à se maintenir et à grandir à travers les joies et les douleurs de la vie quotidienne, de sorte que les époux deviennent un seul cœur et une seule âme et atteignent ensemble leur perfection humaine. C'est ensuite un amour *total,* c'est-à-dire une forme toute spéciale d'amitié personnelle, par laquelle les époux partagent généreusement toutes choses, sans réserves indues ni calculs égoïstes. C'est encore un amour *fidèle* et *exclusif* jusqu'à la mort. C'est bien ainsi, en effet, que le conçoivent l'époux et l'épouse le jour où ils assument librement et en pleine conscience l'engagement du lien matrimonial. [...] C'est enfin un amour *fécond,* qui ne s'épuise pas dans la communion entre époux, mais qui est destiné à se continuer en suscitant de nouvelles vies ».

exige le don de toute sa propre temporalité ; la *communio* est toujours une tâche à accomplir pour que la personne dispose de temps, un temps non pas « à donner », mais « déjà donné ». Enfin, la *procréation* est une manifestation appropriée du fait que le don mutuel, sans négliger aucune dimension spatio-temporelle, se réalise dans la plus grande intimité possible des époux ; elle montre que la réalité somato-spirituelle de l'être humain est liée par nature à la transmission de la vie.

De ce point de vue, il sera facile de souligner que la sexualité dialogique et complète à laquelle les époux sont appelés est avant tout la manifestation et la réalisation du don réciproque de leur propre vérité et de leur propre amour, qu'ils mettent à la disposition de l'autre pour atteindre, dans l'expression la plus haute de la communion, la perfection mutuelle en tant que personnes : la personne se réalise dans la communion. C'est ce but que les époux recherchent dans leur vie sexuelle, sans exclure — et même en favorisant — le plaisir individuel que la sexualité comporte naturellement ; mais il est important que cette dimension plus « individuelle » soit au bas de l'échelle des valeurs. Les futurs époux doivent savoir que cet ordre — d'abord le don et l'acceptation de sa propre identité en tant que personne sexuelle, ensuite la recherche du plaisir pour son conjoint qui s'ajoute naturellement à ce don, et enfin la recherche du plaisir pour soi-même — non seulement assure le maximum de bonheur dans leur don, mais fait aussi de leur vie sexuelle un instrument de valorisation, de préservation et de réparation de l'amour conjugal. Une inversion de l'ordre, par contre, ferait que la sexualité du couple commencerait à devenir un acte de domination.

5. L'amour authentique exige la vertu

Après avoir constaté la nature dialogique de l'amour personnel total, il est clair qu'il n'est pas facile d'atteindre et de maintenir ses exigences dans le temps. En effet, dans la culture contemporaine, ces aspects ne sont souvent pas considérés comme les valeurs pour lesquelles ce chemin « vaut ». En outre, ils requièrent des conditions personnelles qui ne sont pas fournies par la nature, mais qui ne s'acquièrent que par l'engagement et la formation, par des actes libres d'autodétermination. On n'est pas « prêt » pour la vie de couple, et il ne suffit certainement pas de célébrer le mariage pour s'y préparer.

Sentir que l'amour « en vaut la peine » exige une croissance dans la vertu, qui est discutée dans le quatrième thème que nous avons proposé dans le cours.

Il est clair que le concept de vertu morale dans la tradition socratique aristotélicienne n'est pas très présent dans la culture contemporaine, il est donc nécessaire d'en inculquer le contenu aux jeunes en adaptant le langage et les formes de transmission de manière appropriée. En tout état de cause, il est essentiel qu'ils comprennent que les vertus morales sont l'interface par laquelle la liberté personnelle, orientée vers des objectifs positifs non encore atteints, conduit à la perfection de l'être humain lui-même. Les vertus intellectuelles, en revanche, sont également nécessaires à la vie conjugale, mais elles ne conduisent à la perfection que des aspects spécifiques de l'action. Cette perfection ou excellence de la personne vertueuse exige un engagement dans de *bonnes habitudes opérationnelles* et est la clé d'une vie heureuse qui s'obtient en atteignant la plus grande harmonie possible entre soi-même, les autres et le monde.

La vie vertueuse est une unité, c'est pourquoi le cours de préparation, plutôt que de se concentrer sur certaines vertus considérées comme les plus nécessaires pour la vie conjugale future, tentera de faire comprendre aux jeunes les aspects spécifiques pour lesquels chacune des facultés dans lesquelles la vie vertueuse est classiquement structurée (les vertus cardinales) coopère à l'amélioration de la vie conjugale. On peut souligner que c'est une chose de vivre une certaine vertu en tant que célibataire et une autre de la vivre et de la développer comme fondement d'une vie partagée [15].

La détermination de la meilleure façon de transmettre ce contenu dans la catéchèse prénuptiale dépend de nombreux facteurs. Sans négliger la dimension communautaire de la préparation, elle requiert en priorité une attention personnelle à chacun des futurs époux, comme

15. Les déclarations bien connues d'Augustin, qui associent chacune des vertus cardinales à l'amour, peuvent servir de guide : « Puisque la vertu nous conduit au vrai bonheur, j'affirme que la vertu n'est autre que l'amour suprême de Dieu. Et le fait de dire que la vertu est quadripartite est dit, comme je le comprends, en considération de la variété des dispositions que l'amour lui-même assume. Ces quatre fameuses vertus, dont le ciel voudrait qu'elles soient dans toutes les âmes aussi fortes que leurs noms le sont dans leurs bouches, je n'hésiterais pas à les définir aussi ainsi : la tempérance est l'amour qui se donne tout entier à ce qui est aimé ; la force d'âme est l'amour qui supporte tout pour ce qui est aimé ; la justice est l'amour qui sert exclusivement ce qui est aimé et qui, à cause de cela, gouverne avec droiture ; enfin, la prudence est l'amour qui distingue avec sagacité ce qui est utile de ce qui est préjudiciable » (saint AUGUSTIN, *De moribus Ecclesiae catholicae et de moribus Manichaeorum*, I, 15). Dans ce texte, il n'est pas difficile de sentir la présence de l'hymne de 1 Cor 13, dont le contenu est développé et systématisé en référence à la charité, l'amour de Dieu, comme fondement de toute vertu ou négation du vice : « La charité est patiente, la charité est bonne ; elle n'est pas envieuse, elle ne s'enorgueillit pas, elle ne se vante pas, elle n'est pas ambitieuse, elle ne cherche pas son intérêt, elle n'est pas irritable, elle ne considère pas le mal, elle ne se réjouit pas de l'injustice, elle ne se réjouit pas de la vérité... ». FRANÇOIS, *Amoris laetitia*, n° 90-119.

l'exige le deuxième paragraphe du canon 1063 du Code de droit canonique lorsqu'il parle de « la préparation personnelle au mariage, par laquelle les fiancés se préparent à la sainteté et aux obligations de leur nouvel état ».

Dans certaines occasions, il sera préférable de faire un exposé plus « scolaire » des vertus morales, en recourant au schéma classique des quatre vertus cardinales appliquées à la vie conjugale ; dans d'autres, il sera préférable de faire un exposé plus vital-existentiel, en insistant sur les vertus qui favorisent le plus la communion personnelle, comme la sincérité ou l'humilité, pour passer ensuite à des vertus plus pratiques comme la magnanimité ou la patience.

Il est clair en tout cas que les vertus de la vie conjugale se développeront surtout à partir de la célébration du mariage. C'est pourquoi il serait peut-être plus important, d'un point de vue pastoral, d'organiser des cours « post-mariage » pour aider les jeunes couples mariés à les développer [16]. Dans ce sens, le paragraphe 4 du canon mentionné ci-dessus insiste sur la tâche des pasteurs après la célébration du mariage : « par l'aide apportée aux couples mariés, afin que, en maintenant et en défendant fidèlement l'alliance conjugale, ils parviennent à une vie toujours plus sainte et plus épanouie au sein de leur propre famille ».

Nous avons déjà dit que l'aide à la croissance des vertus conjugales sera plus nécessaire après la célébration du mariage. Par conséquent, une idée importante à transmettre au couple est que s'il existe un véritable dialogue entre eux, avec les caractéristiques indiquées dans le paragraphe précédent, chacun sera pour l'autre le meilleur guide vers une vie vertueuse capable de se développer au fil des années. De même, dans la mesure où la croissance des vertus améliore les personnes, elle rendra possible et facilitera la tâche du don mutuel. Chaque conjoint sera donc le meilleur instrument possible pour amener l'autre à la perfection. Le dialogue mène à la vertu et la vertu renforce le dialogue.

6. Pour que l'amour dure, il faut faire confiance à Dieu

La naissance de l'amour exige l'exercice de l'espérance. Mais pour qu'elle ne reste pas un simple désir, mais devienne une confiance

16. *Ibidem*, n° 217-230.

ferme et inébranlable, l'espérance doit être théologale. En d'autres termes, l'espérance humaine de l'amour éternel ne peut atteindre sa perfection qu'à travers la grâce sanctifiante. La réflexion lucide de Josef Pieper peut également s'appliquer à l'espérance d'une pleine réalisation de l'amour conjugal : soit elle est théologale, soit elle n'est pas vertueuse[17]. Le dialogue et la vertu exigent de se confier à la grâce aidante de Dieu. [18]

C'est le moment de rappeler aux futurs époux les paroles de saint Jean Paul II : « Vous réfléchissez au choix de votre affection et j'imagine que vous êtes d'accord : ce qui compte vraiment dans la vie, c'est la personne avec laquelle vous décidez de la partager. Mais attention ! Chaque personne est inévitablement limitée, et même dans le mariage le plus réussi, il faut tenir compte d'une certaine dose de déception. Eh bien, mes chers amis, n'y a-t-il pas là quelque chose qui confirme ce que nous avons entendu de l'apôtre Pierre ? Tout être humain, tôt ou tard, se retrouve à s'exclamer avec lui : "À qui irions-nous ? Tu as les paroles de la vie éternelle". Seul Jésus de Nazareth, le Fils de Dieu et de Marie, le Verbe éternel du Père, né il y a deux mille ans à Bethléem de Juda, peut satisfaire les aspirations les plus profondes du cœur humain » [19].

Avec cette idée, les *nubendi* apprennent que leur amour et les vertus avec lesquelles ils doivent le construire ne dépendent pas de leurs forces limitées ; leur engagement humain est nécessaire, mais pas suffisant, et seul, ils seraient soumis à la déception et à l'usure de l'histoire. La certitude de la durée de leur amour est assurée par le fait qu'il se fonde sur une parole donnée et acceptée, une parole qui n'est pas humaine : ils doivent être conscients qu'ils doivent emprunter au Christ les *paroles de la vie éternelle* pour vivre leur amour réciproque. C'est précisément la réalité sacramentelle du mariage.

Cette participation sacramentelle à la puissance du Christ se traduit dynamiquement par une nouvelle dimension vertueuse qui est reçue et non acquise : la vie théologale. La parole de vie éternelle de Jésus, accueillie dans la foi, devient le motif d'une espérance théologale ; ce n'est plus seulement un désir humain, mais une confiance

---

17. « Denn die Hoffnung ist entweder theologische Tugend, oder sie ist überhaupt nicht Tugend » (J. PIEPER, *Über die Hoffnung*, J. Hegner, Leipzig 1935, p. 27).

18. Les paroles de saint Paul VI dans *Humanae vitae*, cette fois au numéro 8, sont encore significatives : « La vraie nature et la noblesse de l'amour conjugal se révèlent lorsqu'on le considère dans sa source suprême, Dieu, qui est Amour (cf. *1 Jn* 4,8), "le Père de qui procède toute paternité au ciel et sur la terre" (*Ep* 3,15). Le mariage n'est donc pas l'effet du hasard ou le produit de l'évolution de forces naturelles inconscientes ; c'est une sage institution du Créateur pour réaliser dans l'humanité son projet d'amour. Les époux, par leur don mutuel, qui leur est propre et exclusif, tendent à la communion de leurs êtres pour atteindre une perfection personnelle réciproque, afin de collaborer avec Dieu à la génération et à l'éducation de nouvelles vies ».

19. Saint JEAN PAUL II, *Homélie pour la clôture des XVe Journées mondiales de la jeunesse*, Tor Vergata, 20 août 2000.

inébranlable qui conduit à un amour sponsal qui est une véritable charité : pour les époux, foi, espérance et charité envers Dieu, mais aussi foi, espérance et charité dans leur mariage. Les vertus théologales sont présentées comme la capacité dynamique accordée par la grâce pour mener à bien la logique opératoire des vertus morales. Celles-ci, à leur tour, sont présentées aux futurs époux comme la réalisation pratique d'un amour pleinement humain.

En revanche, il me semble que centrer le discours sacramentel sur les trois vertus théologales a l'avantage de considérer la préparation immédiate à la liturgie (thème 6) non pas comme une simple « répétition de la cérémonie », mais comme une participation active au mystère du Christ, dont l'amour de Dieu est répandu dans le cœur des époux par la Croix, en vertu de l'Esprit qu'ils reçoivent (cf. *Rm* 5, 5).

L'aide et l'expérience des laïcs dans les cours de préparation au mariage

Annamaria Roggero, Danilo Gentilozzi*

1. Avez-vous un bon souvenir du cours de préparation au mariage ?

Les cours de préparation au sacrement de mariage sont l'occasion pour le couple de venir à la paroisse. Ils peuvent le faire avec plus ou moins de bonne volonté et avec le désir d'approfondir les thèmes abordés.

Afin d'identifier les besoins des laïcs dans ce domaine, nous avons demandé à quelques couples de répondre à un bref questionnaire sur le cours qu'ils ont suivi. Les questions étaient les suivantes :

— Avez-vous de bons souvenirs du cours de préparation au mariage ?
— En quoi cela vous a-t-il aidé et qu'avez-vous appris ?
— Comment auriez-vous aimé que les choses se passent ?
— Où auriez-vous aimé aller plus loin ? Aspects spirituels ? Aspects psychologiques des relations ? Questions liées à la sexualité et à la vie émotionnelle ?

La plupart des personnes interrogées gardent un bon souvenir du cours de préparation au mariage et le considèrent comme une période de formation importante. Elles ont déclaré qu'il les avait rendues plus conscientes de l'étape qu'elles s'apprêtaient à franchir et des responsabilités qu'elles allaient assumer.

* Annamaria Roggero (annamaria.roggero@gmail.com) est psychologue et experte en médiation familiale. Danilo Gentilozzi (d.gentilozzi@fondazionerui.it) est avocat et journaliste ; il travaille à la Fondation Rui. Ils sont mariés et parents de cinq enfants.

Sur le second point, de nombreux couples ont exprimé leur satisfaction sur les questions doctrinales et de foi. Cependant, ils regrettent un manque de préparation pour faire face aux moments difficiles du mariage, aux problèmes et difficultés qui peuvent survenir et à l'importance de chercher un soutien dans ces moments dans leur relation avec Dieu et dans la disponibilité des prêtres.

En ce qui concerne les deux dernières questions, plusieurs personnes ont suggéré l'opportunité d'un cours plus ouvert sur des aspects spécifiques de la vie conjugale, notamment les questions psychologiques et, plus spécifiquement, l'éducation à l'affectivité. Elles ont également souligné l'opportunité d'avoir des moments de dialogue avec d'autres couples mariés qui peuvent apporter un témoignage sur la vie familiale. Dans ce domaine, il serait souhaitable que les cours soient aussi l'occasion pour les différents couples de se connaître, de passer du temps ensemble et de nouer une amitié qui peut être durable.

2. Les fiançailles, une période propice pour apprendre à se connaître

Le pape François a souvent parlé des fiançailles comme d'une occasion unique d'apprendre à se connaître et à connaître le projet de Dieu pour le couple. « Les cours de préparation au mariage sont une expression particulière de la préparation. Et nous voyons de nombreux couples, qui arrivent à ce cours peut-être un peu de mauvais gré, « mais ces prêtres nous font suivre un cours ! Mais pourquoi ? Nous ne savons pas ! »... et ils y vont de mauvais gré. Mais après, ils sont contents et ils remercient, car ils ont trouvé là l'occasion — souvent l'unique ! — de réfléchir sur leur expérience en termes qui ne sont pas banals. [...] C'est pourquoi il faut réévaluer les fiançailles comme un temps de connaissance réciproque et de partage d'un projet. Le chemin de préparation au mariage doit être organisé dans cette perspective, en se servant également du témoignage simple, mais intense des conjoints chrétiens » [1].

Ces paroles du Pontife soulignent avant tout l'importance des fiançailles, une étape qui ne doit pas être considérée comme une simple préparation au mariage, mais qui doit être redécouverte et vécue pleinement dans sa dimension vocationnelle.

1. FRANÇOIS, *Audience générale*, 27 mai 2015.

Nous pouvons souligner quelques dimensions de cette période[2] :

— C'est une *période de croissance* au cours de laquelle le couple grandit ensemble dans la connaissance et l'acceptation de l'autre avec ses caractéristiques particulières, dans la découverte de la façon de penser et de voir la vie de l'autre et dans le dépassement de l'égoïsme et de l'égocentrisme dans une perspective de don de soi. Il grandit également avec l'expression d'idées divergentes, avec des moments de dialogue et même de désaccord qui peuvent renforcer et faire mûrir la relation.

— C'est un *temps de responsabilité*, surtout en termes de vocation. Chacun s'interroge de manière plus consciente sur sa propre vocation au mariage et sur le choix de l'autre pour la vie. C'est la responsabilité de donner une stabilité à une relation qui a d'autres caractéristiques que la simple amitié et qui doit donc être préservée dans un contexte d'exclusivité et de fidélité.

— C'est enfin un *temps de grâce*, caractérisé par une spiritualité propre et une participation spécifique à la vie de l'Église. C'est un don reçu de Dieu qui doit grandir et mûrir par Lui et près de Lui.

Tous les fiancés ne sont certainement pas conscients de l'importance de cette période. Une partie du rôle du prêtre est d'éveiller en eux le désir de la découvrir.

3. Préparation prochaine et préparation lointaine

Pour toutes ces raisons, il nous semble très important que la pastorale des fiancés ne se limite pas à la préparation au mariage, mais prenne en compte la période des fiançailles elle-même. Il est évident qu'il y aura des situations différentes au sein de la paroisse : il y aura des couples qui fréquentent régulièrement la paroisse et beaucoup d'autres qui ne viennent que pour assister au cours de préparation au mariage.

Dans le cas des couples qui reviennent à l'Église après plusieurs années d'absence, les cours sont une excellente occasion de fournir

2. CONFÉRENCE ÉPISCOPALE ITALIENNE, *Direttorio di pastorale familiare per la Chiesa in Italia. Annunciare, celebrare, servire il "Vangelo della famiglia"*, Fondazione di religione "Santi Francesco di Assisi e Caterina da Siena", Roma 1993.

une formation non seulement en vue du sacrement du mariage, mais aussi pour inculquer des notions plus larges de la vie chrétienne, une sorte de catéchèse pour adultes.

Les prêtres veilleront à bien les accueillir. Ils seront ainsi plus facilement prédisposés à recevoir une formation adaptée à leurs besoins, à leur situation d'adultes dans un contexte social donné. Il n'est pas rare de rencontrer des personnes qui pensent que l'Église n'a « quelque chose à dire » qu'aux enfants et aux personnes âgées. En discutant avec des connaissances et des amis, on entend souvent dire que les paroisses sont des lieux où l'on a été amené par ses parents pour recevoir les sacrements de l'initiation chrétienne (baptême, communion et confirmation), mais pas une communauté à laquelle on appartient et dans laquelle on se sent chez soi, un environnement qui aide à trouver les bonnes ressources pour faire face aux défis de la société d'aujourd'hui.

À l'occasion de ces cours, il serait possible de repenser cette dimension ecclésiale, de montrer que l'Église a quelque chose à apporter à ce que les couples, et finalement tout adulte, vivent dans la réalité concrète de leur vie quotidienne. Ils pourront ainsi se sentir plus proches d'elle et entamer un nouveau cheminement spirituel, en comprenant l'importance de la relation avec Dieu dans leur propre vie.

Pour commencer ce parcours, les prêtres doivent s'approcher de ces couples, leur consacrer du temps, être à l'écoute de leurs besoins, de leurs préoccupations et de leurs doutes. Selon la situation, des moments de prière commune peuvent être proposés ou des rencontres *ad hoc* peuvent être organisées. La participation à la vie paroissiale peut être l'occasion de favoriser chez ces couples le sentiment d'appartenance à l'Église, famille des enfants de Dieu.

4. Contenu possible d'un cours de préparation au mariage

En ce qui concerne le contenu du cours, des rencontres pourraient être proposées et organisées avec des experts sur différents thèmes liés à la vie de couple, à commencer par les questions psychologiques. Nous nous sentons particulièrement obligés d'insister sur cet aspect, étant donné la formation de psychologue de l'un des auteurs de ce chapitre. Nous tenons à souligner l'importance d'une préparation spécifique sur ces questions, qui sont très importantes pour maintenir la cohésion du couple et poser des bases solides dès le début de la relation.

Nous faisons référence, par exemple, au vaste domaine de la communication interpersonnelle et à son importance dans la vie du couple et de la famille, aux relations délicates de chaque conjoint avec leur famille d'origine respective (l'équilibre entre l'appartenance et le détachement des parents lors de la création d'une nouvelle famille), à la compréhension approfondie de certains piliers de l'amour tels que la fidélité, la sincérité, l'oubli de soi, etc.

Il est évident qu'un seul cours ne suffira pas à dispenser une formation adéquate sur tous ces sujets, mais il nous semble important de proposer au moins quelques idées générales, de recommander des livres à lire ou des événements auxquels participer.

En outre, il faudrait consacrer du temps à la dimension sexuelle de la vie conjugale : de la transmission de la vie aux techniques de régulation naturelle de la fertilité, en passant par la parentalité responsable. Il n'est pas rare que les documents du Magistère de l'Église qui traitent de ces questions soient omis ou "réduits au silence" parce qu'on les considère dépassés et obsolètes. Il serait très utile pour les fiancés de redécouvrir ces textes dans toute leur valeur et leur dimension universelle, en réalisant qu'ils sont toujours à jour et adaptables aux différentes situations de la vie. À notre époque, il est très important de former le couple de manière adéquate à l'éthique chrétienne de la sexualité, avec une attention particulière au sujet délicat des relations prématrimoniales.

Ces questions peuvent déjà être discutées avec les jeunes qui participent aux différents groupes de formation, car beaucoup d'entre eux sont déjà en train de songer aux fiançailles. Lorsqu'un couple vient au cours prématrimonial quelques mois avant le mariage, il est probable qu'il ait déjà son propre point de vue sur ces questions. Par ailleurs, il est de plus en plus fréquent que des couples, déjà mariés civilement, vivant en concubinage ou même ayant des enfants commencent le cours. Il s'agira donc d'adapter le contenu à ces réalités tout en exposant clairement les enseignements de l'Église.

Chaque paroisse est appelée à s'occuper de ces couples dans un climat de collaboration active entre prêtres, catéchistes, animateurs, représentants d'associations et de mouvements, et laïcs mariés. Bien entendu, la formation sera toujours coordonnée par les prêtres, mais avec l'aide précieuse des laïcs. Ils peuvent apporter leur expérience, établir une relation d'égal à égal avec les participants au cours, recueillir leurs préoccupations et devenir un point de référence en cas de difficulté.

Les conversations régulières entre le prêtre de la paroisse et le couple sont à favoriser, car dans de nombreux cas elles peuvent conduire à une véritable direction spirituelle personnelle. Cette aide n'est pas bien connue des personnes éloignées de l'Église ou l'objectif n'en est pas bien compris. Elle peut peut-être être mieux comprise si on la compare à un *coaching* professionnel, une personne qui guide une autre personne pour accomplir une certaine fonction et qui, tout en exerçant une certaine influence sur sa capacité de décision et sa conscience, respecte toujours les choix de la personne qui lui demande conseil. Une erreur possible serait de confondre ces conversations avec un simple bavardage entre égaux, où le directeur spirituel ne serait qu'un ami avec lequel on se confie ; au contraire, le prêtre doit être considéré davantage comme un guide qui accompagne la personne dans le discernement de la volonté de Dieu pour sa vie. Puisqu'il s'agit d'une ressource que l'Église met à la disposition des fidèles, les cours de préparation au mariage peuvent être l'occasion de la faire connaître aux participants.

5. Et après le mariage ?

Il va de soi que les couples doivent continuer à être accompagnés après le mariage, tant dans leur vie conjugale que dans leur cheminement de foi. Par exemple, des rencontres de prière ou de formation pourraient être organisées en fonction des besoins qui émergent des conversations personnelles ou à l'occasion de circonstances sociales. Une autre possibilité serait de mettre en place des groupes de travail pour explorer les questions liées à la vie conjugale, à partir desquels une sorte de réseau de familles impliquées dans la vie de la paroisse pourrait être mis en place.

L'appartenance à l'Église doit être perçue par ceux qui s'adressent à elle comme un soutien et une source de vérité, mais aussi comme une base sûre à partir de laquelle commencer une mission à laquelle tous les laïcs sont appelés. C'est ce qu'a souligné le pape François dans l'une des premières interviews de son pontificat : « Comment traitons-nous le peuple de Dieu ? Je rêve d'une Église Mère et Pasteur. Les ministres de l'Église doivent être miséricordieux, prendre soin des personnes, les accompagner comme le Bon Samaritain qui lave, nettoie et réconforte son prochain. [...] Les réformes organisationnelles et structurelles sont secondaires, c'est-à-dire qu'elles viennent plus tard. La première réforme doit être celle des attitudes. Les ministres de l'Évangile doivent être des personnes capables de réchauffer le cœur des gens, de marcher avec eux dans la nuit, de savoir dialoguer et aussi de descendre dans leur nuit, dans leur obscurité, sans se perdre »[3].

3. FRANÇOIS, « Intervista condotta da Antonio Spadaro », *L'Osservatore Romano*, 21 septembre 2013.

Maturité des fiancés dans la préparation au mariage

Wenceslao Vial*

1. Introduction

UNE DAME D'ÂGE RESPECTABLE qui assistait à la messe avec des personnes de sa génération, dit un jour à son curé : « Ne nous parlez pas tant de divorce, nous ne sommes plus prêtes à cela ; si nous avons un mari, nous n'allons pas le quitter maintenant ». Si seulement les jeunes mariés, jeunes hommes et jeunes femmes, pouvaient répéter une déclaration similaire : « Si je t'ai promis l'amour pour toujours, je ne vais pas te quitter maintenant ». C'est le désir profond de ceux qui tombent amoureux. Je n'ai pas rencontré de couples qui se soient promis un *je t'aime* temporaire, un *je t'aime* avec des conditions : seulement tant que tu es jeune ou tant que tu es en bonne santé, ou jusqu'à ce que tu perdes ton attrait.

Ce *pour toujours* s'obtient sur le chemin des fiançailles qui sont un processus aussi naturel et ancien que la maturité. Mais si le temps de croissance vers la maturité permettant une personnalité harmonieuse ne se finit jamais, les fiançailles, elles, ont une fin avec deux issues possibles : soit un adieu restons bons amis, soit un pour toujours... Ce sera une période de connaissance mutuelle et de compréhension attentive, une étape pour décider de l'étape suivante, le don de l'un à l'autre. Comme dans tout événement humain, des facteurs psychologiques et spirituels interviennent lors de ce cheminement et peuvent en déterminer le succès ou l'échec.

Les fiancés doivent discerner s'ils sont en mesure de partager un projet de vie avec l'autre, s'ils sont en mesure de construire une famille ensemble, ce « lieu où la vie naît et où l'amour ne s'arrête jamais »,

* Médecin et prêtre. Professeur de psychologie et de vie spirituelle à l'Université pontificale de la Sainte-Croix.

comme on le définit parfois. Les fiançailles en sont en quelque sorte la préhistoire de l'histoire de leur couple. Comprendre la maturité nécessaire au mariage et la manière de l'acquérir est fondamental pour prévenir l'échec conjugal. Rendre la vie des couples plus sûre, avec un meilleur équilibre, une plus grande confiance et une meilleure connaissance de l'autre, conduit à un plus grand bonheur pour les époux et les enfants, avec une diminution des tensions psychologiques.

L'importance de la formation des fiancés a été fréquemment commentée. Elle figure dans un paragraphe entier de l'exhortation apostolique *Amoris laetitia*[1]. Le pape François nous a rappelé à maintes reprises que la personne humaine ne peut être considérée comme un objet jetable une fois utilisé. Il est nécessaire d'aider les fiancés à apprendre très tôt à prendre soin l'un de l'autre, à se tenir la main et à regarder l'avenir avec joie, en gardant Jésus et l'Église toujours à leurs côtés et à l'horizon.

Le tableau de Caspar David Friedrich intitulé *Sur le bateau à voile* (1819) offre une belle image de cette formation. Le peintre l'a réalisé un an après son mariage avec Caroline. Il représente un couple se tenant par la main à la proue d'un bateau à voile. Tous deux regardent l'horizon. Ceux qui l'admirent de l'extérieur sont entraînés dans la scène comme s'ils naviguaient ; il est facile de regarder à travers les yeux des protagonistes. C'est ce que nous allons essayer de faire dans ce chapitre afin de souligner les aspects les plus importants de la maturité. Nous sommes convaincus que les points que nous allons traiter aideront à briser un cercle vicieux : l'immaturité de la personnalité entraîne une augmentation des problèmes conjugaux et des maladies psychologiques, ce qui affecte les enfants qui, à leur tour, risquent d'avoir plus de difficultés dans leur couple à l'avenir.

En tant que manifestation de l'unité de la personne, dans le fait de tomber amoureux et dans l'amour qui dure dans le temps, il y a des composantes psychologiques et spirituelles qui ont un substrat physiologique ou corporel. Si nous pouvons aborder ce sujet, c'est précisément parce qu'il existe une nature humaine commune. Il y a des façons de respirer, de manger, de se comporter, d'aimer, de penser et de prier qui ne changent pas avec les époques. Il est donc possible de parler de bonnes habitudes, c'est-à-dire celles qui préservent et améliorent une société[2].

Nous n'étudierons pas ici la maturité nécessaire à la validité du consentement, mais les caractéristiques qui renforcent le lien matrimonial. Rappelons que les lois de l'Église établissent que le mariage n'est valide qu'après l'âge de 16 ans pour les garçons et de 14 ans

1. François, Exhortation apostolique post-synodale *Amoris Laetitia*, 19 mars 2016, n° 201-216.

2. G. Thibon, *Entretiens avec Christian Chabanis*, Fayard, Paris 1975.

pour les filles[3]. S'agissant de la maturité de la personne humaine, il est explicitement affirmé que les fidèles « ont droit à une éducation chrétienne par laquelle ils soient convenablement instruits » [4] et cette éducation a lieu au sein de la famille.

L'objectif de ces lignes est d'accompagner ceux qui sont sur le chemin des fiançailles et de les aider à répondre à des questions décisives : suis-je assez mûr pour franchir le pas du mariage ? Suis-je capable de me donner à un autre ? Nous commencerons par rappeler quelques aspects généraux de la maturité afin de connaître, en quelque sorte, la partition sur laquelle se dessine la croissance de l'amour, et noter à la fois les progrès et les éventuelles difficultés ou carences. Nous donnerons ensuite les clés pour atteindre une maturité qui permette de construire le mariage envisagé sur des bases solides.

2. La maturité en général

La maturité n'est pas un état, mais un processus qui dure toute la vie. Elle renvoie à la plénitude de l'être comme développement et croissance ajustés. La personne mature est capable d'élaborer son propre projet de vie. Contrairement à un fruit, l'être humain est toujours en train de mûrir et peut aussi régresser : il peut *redevenir vert.* C'est pourquoi il a besoin non seulement de soleil et de temps, mais aussi de quelqu'un qui le soutienne et lui donne une éducation, en particulier dans un foyer qui lui sert de modèle.

L'épanouissement implique un parcours dynamique, en mouvement. Et pour atteindre le but souhaité, nous avons besoin de quelqu'un qui nous accompagne. C'est ainsi que nous parvenons à une synthèse sereine, unique et inégalable, avec nos propres chemins et nos propres mondes. Nous devenons ce que Dieu veut que nous soyons. Avec saint François de Sales, nous pouvons voir la vie chrétienne

3. CIC, c. 1083. Cependant, le même Code permet aux conférences des évêques de fixer, dans leur ressort, une limite d'âge supérieure à seize ans pour l'homme et à quatorze ans pour la femme. Cette disposition a pour fin la cohérence entre la loi ecclésiastique et la loi civile. En France, l'Église doit s'aligner sur les dispositions du droit civil, puisque le mariage religieux ne doit pas être célébré s'il n'est célébré au préalable à la mairie.

4. Sur le consentement matrimonial, le canon 1095 dispose : « Sont incapables de contracter mariage les personnes : 1° qui n'ont pas l'usage suffisant de la raison ; 2° qui souffrent d'un grave défaut de discernement concernant les droits et les devoirs essentiels du mariage à donner et à recevoir mutuellement ; 3° qui pour des causes de nature psychique ne peuvent assumer les obligations essentielles du mariage ».

comme une partition et chaque chrétien comme un musicien différent qui en donne une interprétation très personnelle [5].

L'ordre, la cohérence et la primauté de l'intelligence et de la volonté sur le monde affectif, ce réseau complexe d'émotions, de sentiments, de passions et d'humeurs, sont quelques-unes des caractéristiques de la maturité. La raison éclaire l'intériorité et nous permet de saisir, par exemple, que dans la relation interpersonnelle d'un couple, il y a des saisons : tout n'est pas printemps ou fiançailles, mais il y a des automnes et des hivers...

Les animaux se débrouillent généralement très bien sans leurs parents grâce à des instincts inhérents à leur être. Les jeunes humains ne fonctionnent pas comme cela : nous avons besoin de l'expérience des personnes plus âgées pour éviter de commettre les mêmes erreurs. La maturité va au-delà du vieillissement : c'est conserver l'audace, le sourire, l'enthousiasme et la vitalité malgré la baisse de l'énergie physique. Platon n'était peut-être pas loin de dire qu'il faut 50 ans à un homme pour être capable de gouverner [6].

Mais il n'est pas nécessaire d'attendre la vieillesse pour atteindre un niveau de maturité approprié dans les différents domaines de la vie, y compris pour fonder une famille. Les femmes et les hommes mûrissent progressivement, chacun à sa manière et avec sa propre psychologie. À l'adolescence, on acquiert une plus grande identité et les années suivantes sont marquées par une augmentation progressive de l'intimité. L'identité et l'intimité sont des caractéristiques très importantes pour les futures relations interpersonnelles. Les jeunes sont censés acquérir leur propre vision du monde et d'eux-mêmes. L'influence du groupe, les modèles qu'ils se choisissent et le contrôle des forces instinctives qui s'éveillent seront déterminants. L'adolescent élabore un projet de vie, personnel [7].

Dès l'enfance on mûrit aussi vers l'extérieur de soi-même. Cette caractéristique, appelée transcendance de soi, est celle qui aura le plus d'influence sur nos relations avec les autres. Il est donc important de la favoriser dès le plus jeune âge, lorsque les petits garçons et les petites filles abandonnent peu à peu le *« C'est à moi! C'est à moi! »* caractéristique de l'enfance. C'est ainsi qu'ils acquièrent la capacité d'être fidèles et d'aimer, si nécessaire pour le mariage, qui ouvrira la voie à l'intégrité, à la capacité de prendre soin des autres et à la

---

5. « Il n'y a pas d'autre écart entre l'Évangile et la vie des saints que celui qui existe entre le fait de voir des notes de musique écrites et de les chanter » (Saint FRANÇOIS DE SALES, *Lettre à Andrea Frémyot sur la prédication*, 5 octobre 1604, in : *Lettere spirituali di san Francesco di Sales*, Vol. I, Tipografia del Pio Istituto in S. Barnaba, Brescia 1831, p. 45-46).

6. PLATON, *La République*, VII, 18.

7. J. PIAGET, B. INHELDER, *De la logique de l'enfant à la logique de l'adolescent*, Presses Universitaires de France, Paris 1955.

sagesse. La psychologie confirme que « la maturité progresse à mesure que notre vie cesse d'être centrée sur la proximité immédiate du corps et sur le moi »[8].

Dans le livre *Maturité psychologique et spirituelle*, je mentionne quelques traits de la maturité qui peuvent être résumés par ordre alphabétique de la façon suivante[9]. *Autonomie* de celui qui se sait créature et *estime de soi* unie à la charité, qui centre la valeur de soi-même et des autres sur le fait d'être enfants de Dieu. La *Bonne vie* de celui qui acquiert la liberté dans la vertu et ne devient pas esclave des vices. *Cohérence* avec les valeurs, avec le « mode d'emploi » que Dieu a mis dans l'âme. *Dialogue* avec ceux qui pensent différemment. L'*Empathie* qui me met à la place de l'autre et m'amène à le comprendre, à l'aimer avec son passé, ses sentiments, ses blessures... *La Famille* qui soutient, éduque et sert de modèle. Les *Groupes* tels que l'école, les amis, ma ville, l'Église et l'humanité entière. L'*Identité*, qui est comme une broche qui marque tout : celui qui sait qui il est, agit en fonction de cette réalité et va de l'avant.

3. Signes de maturité des fiancés

Outre ces remarques générales, les fiancés, qui doivent avoir surmonté la crise d'identité de l'adolescence, ont pour objectif de déterminer s'il y a de la place pour *un projet commun*. Pour cela, il est bon que l'*humus*, la base ou la terre sur laquelle ils veulent construire, soit similaire : la culture, la langue et la religion s'accordent et sont propices à une bonne relation. Il est important que chacun connaisse son passé, en particulier sa famille d'origine. Les rencontres s'accompagnent d'une histoire, dans laquelle il peut y avoir des blessures qui peuvent se manifester dans la relation conjugale. Il faut se demander si les valeurs et les idéaux sont les mêmes : quel est le projet de vie de l'autre, quels sont ses objectifs, quels moyens veut-il mettre en œuvre pour les atteindre ? Comme l'a écrit Saint-Exupéry, « aimer, ce n'est pas se regarder, c'est regarder dans la même direction »[10].

8. G.W. Allport, *Pattern and growth in personality*, Harcourt College Publishers, San Diego (CA) 1961.

9. Pour le développement et la maturité de la personnalité, voir : W. Vial, *Madurez psicológica y espiritual*, Palabra, Madrid 2019, p. 79-118.

10. A. de Saint-Exupéry, *Terre des hommes*, Gallimard, Paris 1939, chapitre 8, 3.

C'est la *communication dans la différence* qui rendra possible cette connaissance approfondie de l'autre et, avec elle, la réponse à tant de questions. La maturité consiste à comprendre les divergences, à ne pas chercher à les changer à tout prix ou à espérer que « ça changera quand on sera marié ». Une relation superficielle ou éblouie ne permet pas de voir les défauts de l'autre. Ce processus de connaissance mutuelle est également entravé aujourd'hui par ceux qui banalisent la sexualité ou nient toutes sortes de différences entre les hommes et les femmes : génétiques, physiologiques, psychologiques, linguistiques, etc.

La pratique de cette communication n'est pas facile. Comme le souligne John Gray, *les hommes viennent de Mars et les femmes de Vénus*[11]. Il est important de noter que les hommes sont plus orientés vers la *résolution de problèmes* et plus concentrés sur ce qui se passe aujourd'hui. Chez les femmes, en revanche, le désir de servir transparaît, tout en remarquant plus facilement ce qui manque pour une raison ou une autre. Les hommes, dans les situations de stress, recherchent l'isolement ou d'autres activités telles que le sport, la lecture du journal ou la télévision. Les femmes, dans les mêmes situations de stress, ont davantage besoin et envie de parler. Les hommes sont plus abstraits dans leur compréhension de la réalité. Les femmes l'abordent de manière plus concrète et personnelle, sont capables de voir plus de détails, même en elles-mêmes ; elles sont plus disposées à donner, plus sensibles, remarquent la présence ou l'absence de toute petite marque d'amour ou d'éloge et ont une plus grande facilité à sourire de différentes manières et avec de nombreuses significations.

Apprendre à connaître l'autre implique un profond travail d'attention et à ne pas se laisser abuser par des messages superficiels. Pour récolter de bons fruits lors des fiançailles, il est essentiel d'en *respecter les étapes*. L'amour sait attendre, cherche le bonheur et le bien de l'autre, rejette l'*utilisation* de la personne. Personne ne peut être considéré comme un objet jetable. Les couples matures savent que l'amour n'est pas seulement un plaisir physique et se rejoignent dans leur psychologie et leur spiritualité. Ainsi, l'*éros* cède la place à un amour complet qui se caractérise par la capacité de sacrifice et de don de soi. On découvre alors un paradoxe : aimer implique de souffrir. L'affectivité égocentrique du « je t'aime parce que tu me fais du bien » est dépassée. Lorsque l'intimité n'est que physique et immédiate, rien de tout cela n'est perçu. « Brûler les étapes finit par brûler l'amour »[12].

11. J. Gray, *Les hommes viennent de Mars, les femmes viennent de Vénus*, Harper Collins, New York (NY) 1992.

12. Benoît XVI, *Rencontre avec des jeunes fiancés à Ancône*, 11 septembre 2011.

La personne mûre vit sa sexualité de manière *humaine*. Elle transforme l'instinct en tendance : elle reconnaît dans la capacité de reproduction un but grand et élevé, elle transforme les actes en gestes pleins de sens. Elle ne s'arrête pas à la communication physique, mais s'ouvre à l'esprit. Pour atteindre ces sommets de l'amour, il faut la chasteté, qui est comme un vaccin contre l'égocentrisme. Celui ou celle qui est aimé(e) chastement sait qu'il ou elle est en présence d'un amour inconditionnel et qu'il ou elle ne lui fera pas de mal. Ce n'est que si cet aspect est bien vécu que l'on apprend vraiment à connaître l'autre. Cette vertu protège la liberté et la vérité et devient un joyau qui orne la personnalité. C'est ainsi que l'on peut décider de passer de l'engouement au don total de soi dans le mariage.

Il peut aussi arriver qu'après une période de connaissance suffisante, au cours de laquelle de nombreuses conversations paisibles ont eu lieu, on découvre qu'il y a peu de choses en commun, peu de points de contact sur lesquels fonder une relation stable. Ce sera alors un signe de maturité que d'interrompre le processus même si une certaine attirance persiste, car « rien n'est plus volatile, précaire et imprévisible que le désir » [13].

Les personnes qui s'aiment humainement, ce qui inclut la dimension spirituelle, se promettent un amour éternel, et « se sentent transfigurées par la magie de l'amour naissant, sauf ceux qui ne voient dans l'union des sexes qu'une occasion de plaisir et d'amusement. Pour ceux-là, comme le dit l'adage, "l'amour fait passer le temps et le temps fait passer l'amour" » [14].

Dans cette amitié particulière que sont les fiançailles, il est nécessaire de reconnaître les limites à ne pas franchir. Il faut faire attention aux drapeaux rouges qui signalent le danger. Le cinéma ignore souvent ces *lignes rouges*. Dans les films, il semble qu'à chaque occasion, après une première rencontre avec l'autre personne, tout est permis et rien n'a d'importance. On parle peu de la capacité à déclencher les tempêtes qui se cachent derrière un certain type de regard, de caresse, de baiser ou de façon de s'habiller, alors qu'il est clair qu'ils sont capables de déclencher des émotions incontrôlables et plus instinctives, comme celles d'un animal. Il serait utile de rappeler aux jeunes filles, également par respect et estime de soi, qu'elles doivent veiller à ne pas envoyer de messages qui disent plus ou moins explicitement : « Je suis disponible pour que tu m'utilises... ». Il est bon qu'elles sachent que leur langage corporel a un impact plus important sur les garçons : comme nous l'avons déjà mentionné, les garçons sont visuellement excités. Les garçons, quant à eux, doivent apprendre à

13. FRANÇOIS, *Amoris laetitia*, n° 209.
14. THIBON, *Entre l'amour et la mort*, p. 57-58.

regarder les femmes dans les yeux, avec une affection et un respect réels.

La vertu de pureté ou de chasteté dans les relations amoureuses est protégée par des formes et des attitudes concrètes. Par exemple, les rencontres doivent avoir lieu dans des lieux publics, il faut éviter de rester seul dans la maison ou dans la chambre, éviter certaines conversations, rester seuls jusqu'aux premières heures du matin, etc. On entend parfois dire que la solution aux nombreux problèmes liés à la sexualité serait d'enseigner à l'école tout ce qui se rapporte à son exercice. Mais différentes études scientifiques montrent qu'il est plus efficace d'aborder d'autres aspects tels que les avantages de l'abstinence avant le mariage, la protection de l'intimité, la modestie et les bonnes manières. Le pape François déclare : « Qui parle de ces choses aujourd'hui ? Qui est capable de prendre les jeunes au sérieux ? Qui les aide à se préparer sérieusement à un amour grand et généreux ? L'éducation sexuelle est prise trop à la légère » [15].

4. Percevoir les fausses notes

La magie dont parle Thibon ne conduit pas à *idéaliser l'autre* : l'idéalisation est un danger qui rompt l'harmonie de la relation et qui peut être perçu de l'extérieur du couple comme une fausse note. Elle peut être le résultat de multiples facteurs, comme la complicité dans le vice, qui aveugle et ne permet pas de voir les défauts. En regardant la réalité à travers le prisme du plaisir, les défauts de la personnalité restent sur un plan inaccessible. Le réalisme, en revanche, conduit à aimer l'autre avec ses défauts et pas seulement malgré eux. Il ne s'agit pas de chercher une personne parfaite et de savoir si elle m'attire, mais de comprendre que cet idéal n'existe pas et de se demander calmement : pourrai-je toujours parler à cette personne ?

Pour que la note soit juste, il faut que la corde soit correctement tendue. Parmi les signes de cette bonne tension, il y a l'amour véritable capable de sacrifice. Ceux qui s'ancrent uniquement dans le plaisir, dans une sexualité incontrôlée, peuvent trouver un certain équilibre, un semblant de sécurité instable et repliée sur elle-même.

15. François, *Amoris laetitia*, n° 284.

« Nous ne pouvons pas traiter à la légère les liens de la chair sans causer quelque blessure durable dans l'esprit » [16]. La psychologie montre qu'une relation sexuelle laisse toujours une trace indélébile. L'initiation prématurée à l'activité sexuelle peut conduire à la stérilité de l'amour, voire à l'extinction du plaisir recherché.

C'est comme une terre surexploitée, qui a besoin de plus en plus de produits chimiques pour redevenir fertile. La bonne tension de la corde assurant la note juste manque, les regards se troublent. Et, paradoxalement, de nouvelles tensions malsaines sont créées, comme un faux sentiment de fidélité, reflétant plutôt une dépendance émotionnelle, à l'égard de la personne qui a été complice des relations. Cette tension exagérée abîme les cordes de l'âme et se paie en désillusion. Elle ouvre la voie à une série de relations superficielles où tout se ressemble, à une culture du *jetable*. Il n'est pas rare de finir, comme la terre sèche et pressée, par avoir besoin de substances — d'expériences — de plus en plus fortes pour continuer à vivre en équilibre.

La priorité au plaisir occulte la finalité profonde de la sexualité et du sexe. Elle conduit à se contenter de « se sentir bien et rien de plus », à vivre déconnecté de l'éthique nécessaire à la construction de sa personnalité. L'exaltation du plaisir cherche des justifications au-delà du bien et du mal, comme le slogan enfantin « mon corps est à moi ». Cela conduit facilement au rejet de la maternité et de la paternité, et le bonheur est échangé contre un bien-être éphémère. L'esprit est incapable de voler parce qu'il a perdu ses ailes, il lui manque la tension de l'amour véritable. Il y a des personnes qui ne veulent pas aimer ou s'engager dans le mariage parce qu'elles ne peuvent pas échapper à la toile de l'hédonisme, et sont incapables de se sacrifier pour quelqu'un.

L'hédonisme, l'égoïsme et l'égocentrisme conduisent à un équilibre dangereux et instable. L'amour véritable, qui sait attendre et respecter le langage corporel, génère en revanche une tension saine. L'attention excessive portée à la sexualité, la recherche d'un plaisir artificiel dans l'autoérotisme ou la pornographie sont également des notes fausses qui nuisent à l'intimité et à l'identité. En focalisant l'attention sur la consommation anonyme du plaisir, sans respect de l'altérité, on finit par ne plus distinguer la bonne musique. Le réel se confond avec le virtuel. Même l'autre disparaît dans l'impersonnalité d'une relation obscure : on ne sait pas et on ne se soucie pas de savoir qui « il » ou « elle » est. Les jeunes qui s'engagent dans cette voie voient leurs intérêts et leurs horizons spirituels très limités : avec une

16. *Idem*, *Audience générale,* 27 mai 2015.

sexualité réduite au seul plaisir, ils « coupent les ailes de l'esprit » [17].

Mais il y a toujours une place pour l'espoir. Celui qui découvre qu'il a brûlé les étapes — par exemple en vivant avec une autre personne sans être marié — peut recommencer. Il lui faudra du temps, de la patience et surtout la grâce de Dieu pour comprendre la beauté de ce qui lui échappe. D'une certaine manière, il faudra commencer par le commencement, se recentrer sur la partition en suivant et en regardant chaque note comme si c'était la première fois. Ce chemin exige souvent de se laisser aider, d'accepter de vivre pour un temps vraiment comme des fiancés et non comme des époux. L'expérience montre que ce sacrifice est payant et permet de reprendre son envol.

S'il y a tant de facteurs, ne pourrait-on pas mesurer la maturité des fiancés comme on mesure la pureté des sons ou la saveur d'un fruit ? Il existe de nombreux tests individuels et de couple. Aucun ne surpasse cependant la connaissance que donne le temps, sans qu'il soit nécessaire de le prolonger trop longtemps, car on n'atteindra jamais la certitude absolue. La relation entre les fiancés et la maturité de chaque personne ne peut être analysée uniquement de manière expérimentale. Elle ne peut pas non plus être mesurée en « goûtant », comme on le ferait avec une pomme : si, après la première bouchée, je constate qu'elle n'est pas mûre, je la laisse ; si elle ne me plaît pas, je la jette et j'en cherche une autre. Il faut le répéter : on n'utilise pas les gens.

5. Atteindre l'harmonie

Aujourd'hui, comme toujours, il est nécessaire de faire resplendir d'une manière nouvelle la beauté de fiançailles bien vécues. En 1981, saint Jean Paul II écrivait : « De nombreux phénomènes négatifs que l'on déplore aujourd'hui dans la vie familiale proviennent du fait que, dans des situations nouvelles, les jeunes non seulement perdent de vue la juste hiérarchie des valeurs, mais, ne possédant plus de critères de comportement sûrs, ils ne savent pas comment affronter et résoudre les nouvelles difficultés. L'expérience montre cependant que les jeunes

17. H. REMPLEIN, *Tratado de psicología evolutiva. El niño, el joven y el adolescente*, Labor, Barcelona 1971, p. 564 (original : *Die seelische Entwicklung des Menschen im Kindes-und Jugendalter*, E. Reinhardt Verlag, München-Basel 1958).

bien préparés à la vie familiale s'en sortent généralement mieux que les autres »[18].

Le « *pour toujours* » est possible et ne s'improvise pas. Ces mots doivent résonner comme une note de fond. Nous devons nous rappeler que les femmes et les hommes sont capables de prendre des décisions définitives. C'est ce que le Pape a dit aux fiancés : « S'il vous plaît, nous ne devons pas nous laisser envahir par la "culture du provisoire". Cette culture qui nous envahit tous aujourd'hui, cette culture du provisoire, ça ne marche pas ! »[19].

Pour être en mesure de prendre des décisions définitives, il est nécessaire d'accepter la possibilité de se tromper. Nietzsche a averti que, contrairement aux animaux, l'être humain possède la capacité de faire des promesses. Il faut ajouter qu'il est également capable de les tenir. Et sans la foi en un destin éternel, c'est plus difficile.

L'harmonie d'une relation amoureuse n'est possible que si les *deux personnes s'efforcent d'être justes.* Elle sera meilleure si toutes les cordes sont accordées, aussi bien celles de la maturité générale que celles du message chrétien des Béatitudes. Il s'agit d'un programme centré sur l'amour, avec des suggestions pratiques pour distinguer les vrais biens des illusions, pour sonner juste à chaque instant. Jésus-Christ commence par faire l'éloge de l'âme du pauvre, car un cœur avide ou tourné uniquement vers les choses matérielles est incapable d'un véritable amour. Vient ensuite l'éloge de la douceur, avec la maîtrise de soi, la douleur pour les erreurs, les pleurs avec ceux qui pleurent et la joie avec ceux qui se réjouissent... la faim et la soif de justice, de miséricorde, la pureté d'un cœur libéré de l'égoïsme et la recherche de la paix (Mt 5, 1-12).

« Heureux les cœurs purs, car ils verront Dieu » (Mt 5,8), dit le Seigneur. Il vaut la peine que les fiancés gardent cela à l'esprit et laissent toujours Jésus entrer dans leur relation. Ce que Robert Benson conseillait à propos de l'amitié leur sera utile : la considérer comme un triumvirat, composé de soi, de l'autre et du Christ[20].

Tout au long du concert, la fatigue ne manquera pas. Il y a des moments plus difficiles et des notes difficiles à atteindre. Comme l'écrit Thibon, « les obstacles sont faits pour être surmontés. L'amour, teinté au début d'une perfection illusoire, due au désir et à l'imagination, ne peut durer sans la volonté »[21].

En parlant de la séduction, saint Josémaria disait que « comme toute école d'amour, elle doit être inspirée non par le désir de possession, mais par un esprit de don, de compréhension, de respect et

18. Saint JEAN PAUL II, Exhortation apostolique post-synodale *Familiaris consortio*, 22 novembre 1981, n° 66.
19. FRANÇOIS, *Discours aux fiancés se préparant au mariage*, 14 février 2014.
20. R.H. BENSON, *The friendship of Christ*, Scepter, London-New York 1991.
21. THIBON, *Entre l'amour et la mort*, p. 59.

de douceur »[22]. C'est un processus qui demande temps et dialogue. Parfois, de nombreux défis internes et externes le rendent difficile. Il n'est pas possible d'atteindre l'harmonie au milieu de tant de bruit : ruminer excessivement ses propres sentiments et pensées ou se laisser distraire par un désir insatiable de nouvelles et de commérages. Il est également nécessaire de se « déconnecter » des réseaux anonymes — Whatsapp, Instagram, Facebook, etc. — et de favoriser les divertissements, les intérêts et les amitiés hors ligne, afin de pouvoir entendre. La paix intérieure et extérieure et le silence sont essentiels pour jouer juste et atteindre la syntonie.

En résumé, les principales notes d'harmonie dans les fiançailles sont : considérer l'amour comme un sacrifice, respecter et aimer l'autre, passer de l'instinct à la tendance, contrôler les émotions avec intelligence, savoir attendre et s'ouvrir à un dialogue fructueux. Le temps des fiançailles ne doit pas être si court qu'il empêche de se connaître, ni si long qu'il tombe dans la routine. S'il a déjà commencé d'une autre manière, par exemple en vivant ensemble, il peut être relancé, comme je l'ai dit plus haut. L'amour, comme la musique, a quelque chose d'immatériel, qui vise le bien de la personne aimée et qui perdure.

6. Le chef d'orchestre

La clé la plus importante pour une bonne interprétation musicale est de se laisser guider. « L'alliance de l'amour de l'homme et de la femme s'apprend et s'affine. Je me permets de dire que c'est une alliance artisanale. Faire de deux vies une seule vie est aussi presque un miracle, un miracle de la liberté et du cœur, confié à la foi »[23]. Pour y parvenir, le chrétien bénéficie de l'assistance amoureuse de l'Esprit Saint, qui peut être considéré comme le *chef d'orchestre*. Lorsqu'il est à l'œuvre dans l'âme, l'harmonie est atteinte. Avec la foi, il est plus facile de se considérer comme des administrateurs et non comme des propriétaires du corps, de comprendre la sexualité dans le cadre de la personne et de contempler la beauté. L'espérance conduit à mettre les moyens au service de la fin ; la charité permet le sacrifice.

22. Saint JOSÉMARIA ESCRIVÁ, *Entretiens avec Monseigneur Escrivá de Balaguer*, Le Laurier, Paris 1987, n° 105.
23. FRANÇOIS, *Audience générale*, 27 mai 2015.

L'engagement n'est pas un aboutissement, mais une vocation qui fait avancer [24].

La maturation des fiancés est un long processus qui commence dès l'enfance. Les cours de préparation au mariage ne suffisent pas, mais une catéchèse approfondie est nécessaire, en particulier dans la famille d'origine. C'est là que l'on apprend qu'un bon projet de vie vaut la peine et que l'on acquiert des responsabilités. C'est là que l'on comprend le langage du corps, de la psyché et de l'esprit. Si nous voulons que de nombreux jeunes disent *je t'aimerai toujours et je ne te quitterai pas*, nous devons valoriser la cohérence et l'identité, encourager le dialogue et la connaissance mutuelle, la vraie sagesse de l'esprit et du cœur. Ils pourront ainsi créer de nouveaux courants ; au lieu d'aller à contre-courant, ils influenceront joyeusement beaucoup d'autres.

Dans cette aventure, ils comptent sur l'aide de la grâce de Dieu et celle des autres, pour renouveler l'amour chaque jour. Nous ne sommes pas des morceaux inertes d'ébène ou d'ivoire sur le clavier d'un piano. L'harmonie que l'on essaie d'atteindre sera imparfaite, propre aux êtres libres et imparfaits. Pendant la période de discernement des fiançailles, il sera utile de se demander, et de demander au Seigneur, si l'on est en mesure de réaliser ce projet commun avec l'autre personne. Paul McCartney soulève ces inquiétudes et dissipe des doutes dans les paroles de sa chanson :

L'ébène et l'ivoire vivent ensemble en parfaite harmonie
Côte à côte sur le clavier de mon piano,
Ô Seigneur, pourquoi pas nous ?

24. *Idem*, *Amoris laetitia*, n° 211.

La célébration du mariage

Giovanni Zaccaria, Francisco Insa*

1. Introduction

LE JOUR DE LA CÉLÉBRATION DU MARIAGE est attendu par les fiancés avec une grande excitation, non sans quelque appréhension. Ils veulent que ce soit le plus beau jour de leur vie et que tout soit pensé jusque dans les plus petits détails. Ce n'est pas facile, car il y a beaucoup d'éléments d'organisation à prendre en compte : les invitations, les tenues, les fleurs pour l'église, la réception qui suivra, etc.

Tous ces facteurs ne doivent cependant pas éclipser l'événement principal qui va avoir lieu : la célébration du sacrement. Le prêtre qui célébrera les noces a la joyeuse responsabilité d'aider les fiancés à ce qu'il en soit ainsi.

À cet égard, il peut être utile d'organiser une rencontre avec les fiancés — peut-être dans le cadre du cours de préparation au mariage — pour leur expliquer les différentes parties du rite. Un tel entretien sera une excellente occasion d'approfondir la catéchèse sur le sacrement.

Le but de ce chapitre est de mettre en lumière certains éléments théologiques présentant le rite du mariage, afin d'aider les prêtres dans leur tâche de formation.

* Giovanni Zaccaria est professeur associé de théologie sacramentaire à l'Institut de liturgie de l'Université pontificale de la Sainte-Croix. Francisco Insa est professeur de bioéthique et secrétaire du Centre de formation sacerdotale à l'Université pontificale de la Sainte-Croix (Rome).

2. À la messe ou en dehors de la messe ?

Le Rituel du mariage [1] est structuré comme suit : après les Préliminaires [2], la première partie comporte trois chapitres : le premier est consacré à la célébration du mariage pendant la messe, le deuxième à la célébration en dehors de la messe et le troisième au rituel de la célébration entre une partie catholique et une partie catéchumène ou non chrétienne. La deuxième partie est composée de cinq annexes : I : choix des lectures bibliques pour le rituel et la messe de mariage ; II : profession de foi ; III : bénédiction nuptiale ; IV : prière universelle ; et V : souvenirs offerts aux époux lors de leur mariage. Enfin, dans la troisième partie figurent quatre autres annexes : VI : rituel de bénédiction des fiancés ; VII : rituel de bénédiction des époux au cours de la messe pour l'anniversaire de leur mariage ; VIII : prière pour deux catéchumènes ou une partie catéchumène et une partie non chrétienne, après leur mariage civil ; et enfin IX : prière pour deux néophytes mariés, ou pour un néophyte et son conjoint chrétien, au jour du baptême, ou l'un des dimanches qui suivent.

La division de la première partie en chapitres répond à un critère essentiel : le mariage peut être célébré au cours de la Messe ou au sein d'une Liturgie de la Parole, en fonction de la situation des époux. Cette considération peut sembler évidente, mais il est important d'éviter que les fiancés demandent que le rite ait lieu pendant la messe pour des raisons uniquement esthétiques ou par tradition familiale, ainsi que la situation dans laquelle les deux époux ou l'un d'entre eux ne s'avanceraient pas pour recevoir la communion lors de la célébration eucharistique.

a) Le mariage dans la célébration eucharistique

i. La notion d'alliance

Dans l'Écriture Sainte, la notion d'alliance joue un rôle fondamental. Elle décrit la relation que Dieu veut établir avec son peuple ; en effet, l'histoire du salut peut être définie comme l'histoire de l'alliance entre Dieu et le peuple qu'il s'est choisi.

1. Nous nous référerons à la version française : *Rituel romain de la célébration du mariage*, Tournai-Desclée-Mame, Paris 2005, réalisé à partir de l'"*Ordo celebrandi matrimonium, editio typica altera*" de 1990 et approuvé par les évêques des Conférences épiscopales d'Afrique du Nord, de Belgique, de France, de Suisse et par l'archevêque de Luxembourg.

2. Les Préliminaires constituent une excellente synthèse des contenus théologiques concernant le sacrement du mariage et peuvent être un point de référence pour la catéchèse, y compris dans les cours de préparation au mariage.

Cette alliance est décrite de diverses manières dans les différents livres de l'Ancien Testament, mais l'une des images clés est certainement celle de la nuptialité : Dieu est décrit comme l'époux et Israël comme l'épouse. Pensez, par exemple, à l'expérience du prophète Osée, lequel par sa propre vie est appelé à montrer à Israël l'amour de Dieu : dans sa vocation prophétique, Dieu lui ordonne d'épouser Gomer, la prostituée, et d'engendrer « des enfants de prostitution, car le pays est entièrement prostitué, il s'est éloigné de Yahvé » (Os 1, 2). L'épisode a une valeur symbolique et illustre l'histoire de l'infidélité du peuple d'Israël, mais en même temps il montre l'amour inébranlable de Dieu et le décrit avec des accents de grande tendresse : « C'est pourquoi je la séduirai, je l'amènerai dans le désert et je parlerai à son cœur. [...] Elle y répondra comme au temps de sa jeunesse, comme au jour où elle monta au pays d'Égypte. [...] Je te fiancerai à moi pour toujours, je te fiancerai à moi dans le droit et la justice, dans l'amour et la compassion, je te fiancerai à moi dans la fidélité, et tu connaîtras Yahvé » (Os 2, 16, 21-22).

On trouve des images similaires dans Jérémie (Jr 3, 1-13), Ezéchiel (Ezéch, 16) et Isaïe (Is, 54).

L'intention des prophètes dans ces textes est de mettre en évidence la relation entre Dieu et Israël, qui est précisément décrite comme une alliance. Le fait qu'ils utilisent l'image de la relation conjugale révèle indirectement que l'union entre mari et femme est aussi une union d'alliance[3].

Si nous nous tournons vers le prophète Malachie et le livre des Proverbes, nous découvrons ce mariage présenté comme alliance : « Et encore, une deuxième chose que vous faites : couvrir de larmes, de pleurs et de gémissements l'autel du Seigneur, car il ne fait plus attention à l'offrande et ne désire plus recevoir ce qui vient de vos mains. Et vous dites : "Pourquoi cela ?" — C'est que le Seigneur a été témoin entre toi et la femme de ta jeunesse : tu l'as trahie, elle, ta compagne, la femme de ton alliance » (Mc 2, 13-14).

Dans ces versets, deux éléments sont soulignés : d'une part, il est dit que l'union avec la femme est une alliance[4] et, d'autre part, que Dieu est témoin de cette alliance. Il ne s'agit donc pas d'un simple accord commercial, d'un contrat, mais d'une catégorie différente de pacte dans lequel Dieu en personne est appelé comme témoin.

Il est intéressant de noter que l'expression de l'Ancien Testament pour désigner l'établissement d'une alliance est *karat berith* (littéralement « couper une alliance »). Cette locution rappelle un rite de

3. A. MIRALLES, *Teologia liturgica dei sacramenti. Matrimonio*, Rome 2011, p. 4-8 ; http://www.liturgiaetsacramenta.info/texts/tl_matrimonio.pdf (10.12.2019).

4. Littéralement en hébreu : "femme de ton alliance" (בריתך, *berîtekâ*, ton alliance).

l'Orient ancien par lequel l'alliance était stipulée : il consistait à couper en deux un ou plusieurs animaux, puis à placer les deux moitiés l'une devant l'autre. Celui qui concluait l'alliance devait passer par le milieu en disant : « Comme ces animaux sont coupés en morceaux et que les oiseaux s'en nourrissent, qu'il en soit de même pour moi si je ne respecte pas ce que je me suis engagé à faire ».

Il est clair qu'il s'agit d'une promesse très exigeante, surtout si, comme nous l'avons vu dans Malachie, Dieu est appelé à témoigner de la fidélité à cette promesse. En effet, dans la vision de l'Ancien Testament, le mariage est précisément l'une de ces alliances entre les hommes, en même temps, appelées alliances de Dieu, parce qu'il en est le garant et que la rupture de cette alliance était considérée comme une infidélité à l'égard de Dieu [5].

C'est important, car l'expression qui décrit cette relation (*berît*) est traduite en grec par *diathékekeke* et en latin par *testamentum*. Ces termes sont utilisés dans l'écriture pour décrire l'Ancienne Alliance (Ex 24, 8) et Jésus les utilise pour indiquer l'œuvre qu'il a accomplie : sa passion, sa mort et sa résurrection, qui constituent le mystère pascal. Il s'agit proprement de l'alliance nouvelle et éternelle en son sang (Lc 22, 20), annoncée par les prophètes (par exemple Ez 16, 60 et Jr 31, 31-34) et réalisée par le Christ dans sa chair.

ii. La messe, mémorial de l'alliance nouvelle et éternelle

Le mystère pascal n'est pas un événement du passé, mais un événement qui informe toute l'existence de l'Église et de tout chrétien, voire de tout être humain, puisque le Christ est mort et ressuscité pour tous, et qu'il n'y a de salut que dans le nom de Jésus-Christ (Actes 4, 12).

La présence du mystère pascal dans la vie des fidèles et dans la vie de l'Église est assurée par la Messe, qui est le *mémorial* de l'alliance nouvelle et éternelle.

Le mot mémorial évoque le terme de *mémoire* et risque ainsi de faire croire qu'il ne s'agit que d'un souvenir. L'Eucharistie serait alors simplement une manière de ne pas oublier l'événement extraordinaire du passage du Christ sur terre, une sorte de fête où les chrétiens se réunissent pour se souvenir du fondateur de leur religion. Ce serait beaucoup, mais en réalité très peu.

Mémorial est un terme technique qui désigne la nature même de la messe. Il dérive du verbe hébreu *zakir* qui, dans l'Ancien Testament,

5. Voir par exemple l'alliance de Jonathan avec David, appelée *berît* de *JHWH* (cf. *1 S* 18,3 ; 20,8), et l'alliance de Sédécias avec Nabuchodonosor, appelée serment et alliance de *JHWH*, probablement parce que son nom avait été invoqué (cf. *Ez* 17,12-20).

était utilisé pour désigner la célébration de la Pâque juive. Le peuple d'Israël y revivait sa libération d'Égypte, événement décisif pour la constitution du peuple élu en tant que nation.

Dans la Pâque juive, ce n'est pas seulement le souvenir d'un événement passé, mais l'évènement se revit : par le rite, il redevient présent pour ceux qui célèbrent le rite lui-même. Les rabbins disent que ce ne sont pas seulement leurs ancêtres qui ont été libérés d'Égypte, mais que chaque juif a été libéré. C'est pourquoi la libération est rendue à nouveau présente par le rite.

Le *mémorial* n'est donc pas un simple souvenir d'un événement passé, mais une célébration spéciale qui replace l'événement dans le présent.

Le mystère pascal du Christ conduit à leur accomplissement les préfigurations de l'Ancien Testament, en premier lieu la délivrance d'Égypte. C'est en figure ce que la Pâque chrétienne est en réalité : la libération de l'esclavage du péché et de la mort que Jésus-Christ nous a obtenue en mourant pour nous une fois pour toutes sur la Croix.

C'est précisément cet événement extraordinaire de notre salut — le sacrifice que, pour nous, le Christ a offert au Père une fois pour toutes sur la Croix — qui est rendu à nouveau présent par la Messe. La Messe est un *mémorial* de la passion, de la mort et de la résurrection de notre Seigneur Jésus-Christ.

C'est pourquoi, lorsque nous célébrons l'Eucharistie, nous nous insérons dans le mystère pascal, nous y participons et nous renouvelons l'alliance dans son Corps et dans son Sang, au point que le prêtre dit : « Ceci est le calice de mon Sang, le Sang de l'alliance nouvelle et éternelle ».

iii. Le mariage, image de l'alliance entre Dieu et son peuple

L'Eucharistie est la source du mariage. Le sacrifice eucharistique, en effet, rend à nouveau présente l'alliance d'amour du Christ avec l'Église, scellée par son sang sur la Croix, et c'est précisément ce sacrifice de l'alliance nouvelle et éternelle qui configure et anime l'alliance conjugale[6]. Le mariage des chrétiens est signe et participation à l'union sponsale du Christ avec l'Église.

C'est ce qu'affirme l'épître aux Éphésiens. Paul, parlant précisément de la relation entre les époux, déclare : « Soyez soumis les uns aux autres dans la crainte du Christ. Les femmes à leurs maris comme au Seigneur, car le mari est le chef de la femme, comme le Christ est le chef de l'Église, qui est son corps et dont il est le sauveur. Car, de même que l'Église est soumise au Christ, de même les femmes

6. Saint Jean Paul II, Exhortation apostolique post-synodale *Familiaris consortio*, 22 novembre 1981, n° 57.

sont soumises à leurs maris en toute chose. Maris, aimez vos femmes comme le Christ a aimé l'Église et s'est donné lui-même pour elle, afin de la sanctifier, en la purifiant par le bain d'eau de la parole, pour se montrer à lui-même l'Église resplendissante, sans tache, ni ride, ni rien de semblable, mais sainte et irréprochable. Il en est de même pour les maris, qui doivent aimer leurs femmes comme leurs propres corps. Celui qui aime sa femme s'aime lui-même, car personne ne hait jamais sa propre chair, mais la nourrit et la chérit, comme le Christ le fait pour l'Église, parce que nous sommes les membres de son corps. C'est pourquoi l'homme quittera son père et sa mère et s'attachera à sa femme, et les deux deviendront une seule chair. C'est un grand mystère, mais je le dis par rapport au Christ et à l'Église. En tout cas, que chacun de vous aime sa femme comme lui-même, et que la femme respecte son mari » (Ep 5, 21-33).

La richesse de ce passage mérite des commentaires approfondis, nous nous limiterons à en faire deux.

Le premier a pour objet les réflexions christologiques-ecclésiologiques incluses dans ce discours parénétique sur le mariage. Paul s'adresse aux époux chrétiens et les place devant la grandeur de leur vocation : ils sont appelés à manifester devant le monde une relation semblable à celle qui existe entre le Christ et l'Église. De même que le Christ s'est donné pour son Église, de même les maris doivent aimer leurs femmes jusqu'à se donner eux-mêmes pour elles. Et de même que l'Église est soumise au Christ, c'est-à-dire placée par lui comme fondement de la vie de chaque croyant, de même les épouses sont appelées à être le fondement de la vie chrétienne de la famille. L'idée de soumission nécessite d'être approfondie, car elle est souvent présentée de façon simpliste comme un reflet de la vision machiste de l'époque dans laquelle vivait l'Apôtre. Cette présentation ignore le verset 21 affirmant explicitement que le mari et la femme doivent être soumis l'un à l'autre, tout comme l'ensemble du passage, qui parle de la relation entre le Christ et l'Église laquelle ne peut être réduite à la mentalité d'une époque ni être rattachée aux règles sociales d'un groupe social particulier.

Le second point à aborder concerne le verset 32, verset décisif pour une exacte compréhension du mariage. Paul affirme que le mariage est un grand mystère, en utilisant un substantif qui, dans la théologie paulinienne, se réfère au plan de salut caché en Dieu, révélé en son Fils Jésus tout au long de sa vie terrestre, depuis l'Incarnation jusqu'à sa glorification à la droite du Père. Ce terme se réfère de manière particulière — comme il a été souligné plus avant — à la passion, à la mort et à la résurrection du Christ, qui constituent le mystère pascal, révélation suprême de l'amour infini du Père. Le mariage fait donc partie de ce plan de salut, révélation du plan d'amour de Dieu pour l'humanité.

On pourrait dire qu'en regardant une famille qui vit greffée sur le Christ, qui reçoit l'influence salvatrice de l'Esprit pour sa vie quotidienne, se voit le reflet de l'amour intra-trinitaire, en même temps que se voit l'effusion de l'amour divin sur chaque homme.

La logique de l'insertion de la célébration du mariage dans la Messe s'impose : la relation établie entre les époux, telle qu'elle est décrite par saint Paul dans sa lettre aux Éphésiens, est mise en relief. Si le mariage est l'alliance entre l'époux et l'épouse ayant Dieu pour témoin, et si l'Eucharistie est la célébration de l'alliance nouvelle et éternelle que Dieu a établie avec chaque homme par le Corps et le Sang du Christ, il n'y a pas de lieu plus approprié que celui-là pour la création de la relation nouvelle qui s'établit entre les époux.

La célébration du mariage à la Messe n'est donc pas une question accessoire, liée à la tradition familiale, à la beauté de la liturgie ou à la solennité du moment, mais un événement strictement théologique, qui nous parle de Dieu et de la relation qui s'établit entre les époux et Dieu.

b) Le mariage dans la liturgie de la parole

Dans les situations où il est préférable de célébrer le mariage en dehors de la Messe, le Rituel prévoit qu'il puisse avoir lieu dans le cadre d'une Liturgie de la Parole.

Plusieurs raisons peuvent justifier ce choix. Tout d'abord, en l'absence d'un prêtre pouvant célébrer l'eucharistie, un diacre ou — dans certains cas particuliers et sous certaines conditions — un laïc peut recevoir le consentement.

Un autre élément important à prendre en considération est le fait que les époux ou l'un d'entre eux peuvent ne pas être en mesure de s'approcher de la communion sacramentelle. Cela peut être dû à diverses raisons qui devront être soigneusement évaluées avant la célébration : il serait très inopportun que, précisément au moment où ils célèbrent le sacrement qui fait d'eux une seule chair, les époux soient séparés d'une manière ou d'une autre au moment de la communion au Corps et au Sang du Christ. Nous ne parlons pas ici de raisons *esthétiques*, mais précisément de la valeur intrinsèque de l'alliance que nous venons de décrire.

Un autre motif peut être constitué du manque de pratique des sacrements : il peut arriver que les fiancés demandent à se marier à l'Église pour des raisons liées à la tradition familiale ou à d'autres raisons similaires, bien qu'ils n'aient pas une pratique religieuse assidue. Certainement, il sera difficile d'obtenir en peu de temps une conversion réelle, de nature à améliorer leur vie chrétienne. Le prêtre de la paroisse peut alors leur proposer de célébrer leur mariage dans le cadre d'une liturgie de la parole.

Dans tous les cas, la demande de célébrer le mariage est toujours pour les futurs époux une belle occasion de redécouvrir la grandeur et la beauté de leur vocation baptismale. Aussi, il appartient au prêtre d'avoir une attitude faite de compréhension et d'ouverture, de se rapprocher vraiment du couple et d'essayer, dans la mesure du possible, de construire avec lui une relation d'amitié sincère. Cette façon d'agir peut aider beaucoup de personnes à transformer la demande faite pour des raisons tenant à la tradition familiale en un véritable lieu de conversion.

Lorsque le mariage a lieu entre un catholique et un baptisé non catholique, il est préférable qu'il soit célébré dans le cadre d'une liturgie de la parole. Si les circonstances justifient qu'il en soit autrement, l'évêque diocésain doit être consulté pour donner son approbation, *a fortiori* si le mariage doit être célébré entre un catholique et un catéchumène ou un non-chrétien. Dans ce dernier cas, le rituel prévoit un rite propre (cf. chapitre III) dans le cadre de la liturgie de la Parole.

Il convient de noter que le rite en dehors de la messe est plus court, ce qui, dans certaines circonstances, peut justifier ce choix.

3. Parties de la célébration

Nous allons maintenant présenter la signification théologique des différentes parties de la célébration. Dans cette section, nous traiterons spécifiquement du mariage célébré à la Messe, sans entrer dans l'analyse des parties communes à toutes les célébrations eucharistiques.

a) Les rites d'ouverture

Le rituel prévoit deux formes pour la procession d'entrée :

— Procession d'entrée : le prêtre, accompagné des assistants, se rend à la porte de l'église pour accueillir les futurs époux, les salue et ils se rendent en procession à l'endroit qu'ils ont préparé.

— Accueil des futurs époux : le prêtre, toujours accompagné de ses assistants, se rend à l'endroit préparé pour ceux-ci, où il les reçoit et les salue.

Dans les deux cas, le prêtre salue ensuite l'autel et se dirige vers son siège.

Il est important de prendre en compte et de respecter les coutumes des différentes communautés, sauf si elles contiennent des éléments contraires à la foi ou à la coutume. Par exemple, il est courant que le fiancé attende dans l'église la fiancée, qui est accompagnée à l'autel par son père.

Après l'accueil des fiancés, deux formules sont proposées pour la salutation initiale.

Une particularité de cette célébration est que l'acte pénitentiel est omis et que le Gloria est chanté.

b) La collecte ou prière d'ouverture

Le Rituel propose neuf textes différents pour la prière de la collecte[7]. La préparation du livret de la messe, qui aura été décidée avec les futurs époux, peut être l'occasion pour eux de lire ces textes, d'apprécier le contenu et les différents aspects mis en valeur dans chaque prière.

Par exemple, le premier texte pour la prière dit :

Seigneur notre Dieu,
tu as sanctifié le mariage
par un mystère si grand et si beau
que tu en as fait le sacrement
de l'alliance du Christ et de l'Église ;
Accorde à N. et N.,
qui vont recevoir ce sacrement dans la foi,
de réaliser par toute leur vie ce qu'ils expriment[8].

Ce texte est d'une grande richesse. En effet, il embrasse, avec le caractère synthétique propre à la liturgie, les grands éléments inhérents au mariage que nous avons vus jusqu'à présent. La référence à une alliance évoque l'alliance de Dieu avec le peuple d'Israël, et donc la relation entre Dieu et les époux qui s'établit à travers la célébration. La référence au sens du sacrement est une allusion à *Eph* 5,32 et donc à toute la doctrine paulinienne qui y est contenue et qui a

7. *Rituel romain de la célébration du mariage*, n° 56-64. Ces textes peuvent être utilisés dans la célébration de la Messe rituelle « pour les époux ». Toutefois, lorsque la cérémonie a lieu l'un des jours indiqués aux numéros 1-4 du tableau des jours liturgiques (Pâques, Noël, Épiphanie, Ascension, Pentecôte, Très Saint Corps et Sang du Christ ou autre solennité d'obligation), la Messe du jour est célébrée avec ses propres lectures, en conservant la bénédiction nuptiale ; dans ces cas, il est permis de prendre l'une des lectures prévues pour la célébration du mariage (*ibidem*, n° 34 et 66).

8. *Ibidem*, n° 56.

été exposée précédemment. Se retrouve également la vocation propre des époux à manifester dans leur union le mystère du Christ et de l'Église, non pas en vertu de leurs propres capacités, mais dans le cadre du plan de salut que Dieu a conçu dès l'origine. Finalement, l'aide de Dieu est demandée, c'est-à-dire la communication de la vie divine pour que les époux puissent manifester dans leur vie ce don extraordinaire.

Le second texte est ainsi rédigé :

> Seigneur notre Dieu,
> puisqu'en créant l'homme et la femme
> tu as voulu qu'ils ne fassent plus qu'un,
> attache l'un à l'autre par un amour sans partage
> N. et N. qui vont maintenant se marier :
> donne-leur de s'aimer sans aucun égoïsme,
> pour qu'ils soient les témoins de ton amour [9].

Ici, l'aspect mis en relief est l'amour des époux, qui est mis en relation avec celui qui existe au sein de la Sainte Trinité. L'unité des époux peut donc être considérée comme un reflet de l'unité des trois personnes divines.

D'autres textes sont plus simples et plus faciles à comprendre et peuvent donc être plus adaptés à des personnes ayant reçu moins de formation. Voir, par exemple, le texte de la quatrième prière proposée :

> Dieu tout-puissant,
> nous te prions pour N. et N.
> qui vont s'unir par le sacrement de mariage
> et donner ainsi le témoignage de leur foi ;
> Qu'ils grandissent dans la foi,
> et que leurs enfants soient croyants
> pour la joie de ton l'Église [10].

Ici, l'aspect mis en relief est la foi des époux, manifestée par la réception du mariage. En outre, il est fait référence à l'ouverture à la vie comme motif de joie pour toute l'Église.

---

9. *Ibidem*, n° 57.
10. *Ibidem*, n° 59.

c) Les lectures

La liturgie de la Parole est l'une des parties les plus importantes de la célébration, car elle peut aider les époux et les personnes présentes à mieux comprendre le mystère de Dieu exprimé dans le sacrement de mariage [11].

Le premier point essentiel est d'aider les époux à comprendre pourquoi les lectures sont choisies dans la Sainte Écriture et non dans d'autres textes littéraires plus ou moins pertinents. La liturgie de la Parole, en effet, n'est pas la présentation d'un passage littéraire auquel les époux ou les personnes présentes sont particulièrement attachés ni la lecture d'une partie d'un livre qui parle d'amour de façon plus ou moins poétique. La liturgie de la Parole est le moment où Dieu parle à l'homme dans l'Église : Dieu a quelque chose à dire aux personnes présentes et il le dit à travers la proclamation de sa Parole.

Le fait que des passages de l'Ancien Testament, par exemple, soient proclamés nous aide à comprendre que ce qui se passe à ce moment-là dans cette église fait partie de l'histoire du salut, c'est-à-dire du plan d'amour de Dieu pour l'humanité, qui prend en compte la vie de chaque être humain. Les époux peuvent ainsi comprendre que leur amour n'est pas laissé à la merci des événements et des circonstances de la vie, mais qu'il s'inscrit dans l'amour éternel du Père.

On comprend ainsi que la Parole de Dieu a une portée infiniment plus grande que n'importe quel texte purement humain. La Liturgie de la Parole ne parle pas de l'amour en général, mais de l'importance du mariage dans l'histoire du salut, c'est-à-dire de la manière dont Dieu voit le mariage et dont il veut que les familles chrétiennes soient.

L'abondance des textes proposés est une aide précieuse, mais peut aussi créer une certaine confusion, surtout pour les personnes moins habituées à la Parole de Dieu. Il est donc très important de guider les fiancés dans leur choix, afin qu'il soit l'occasion d'une prière sur l'Écriture et d'un dialogue entre eux. Pour cette raison, il est préférable de ne pas attendre le dernier moment, quelques jours avant le mariage.

Voici quelques critères d'orientation. Tout d'abord, la date que vous avez choisie pour le mariage sera un jour précis dans le calendrier liturgique, ce qui nous permet de faire une première sélection de textes. Si, par exemple, elle tombe au moment de Pâques, vous

---

11. Il est très utile de se laisser guider par les critères théologiques proposés dans les Préliminaires et par les versets indiqués après chacune des lectures dans l'annexe 1. Ceux-ci résument les principaux aspects qui ressortent des passages choisis, tels que la dimension ecclésiologique, l'aspect vocation-mission, le thème du Christ Époux, etc. Tout cela peut servir à mieux comprendre le sens des différents passages proposés et à aider les futurs époux dans leur choix de textes pour la célébration.

devrez choisir parmi les textes prévus pour cette période [12]. Il en va de même pour les jours 1 à 4 du tableau des jours liturgiques, bien que l'une des lectures puisse être tirée du Rituel du mariage.

En outre, l'annexe I précise qu'au moins une des lectures doit porter directement sur le mariage (marqué d'un astérisque).

Le titre (un verset entier ou une partie) accompagnant chaque lecture peut également aider au choix, car il indique le cœur du contenu théologique de ce passage.

Enfin, avant la célébration, les futurs époux doivent expliquer au prêtre les raisons pour lesquelles ils ont choisi ces lectures spécifiques, afin que le prêtre puisse guider ce choix et que le prédicateur de l'homélie en tienne compte.

d) L'homélie

Après la proclamation de l'Évangile — soit au cours de la Messe, soit en dehors — « le prêtre, dans l'homélie, explique, à partir des textes bibliques choisis et en tenant compte des personnes présentes, le mystère du mariage chrétien, la dignité de l'amour conjugal, la grâce du sacrement et les responsabilités des époux » [13].

Nous utiliserons quelques indications pratiques des deux derniers Papes sur la prédication en général et sur la prédication propre à la célébration liturgique du mariage [14]. En outre, le *Subsidium II* du Rituel offre des suggestions pour la préparation de l'homélie, regroupées en quatre thèmes principaux.

L'homélie fait « partie de la liturgie elle-même » [15] et est donc toujours prêchée par le prêtre ou le diacre. C'est une occasion catéchétique privilégiée tant pour les époux que pour les autres fidèles. Il est peut-être d'ailleurs plus nécessaire de tenir davantage compte de ces derniers : les époux ont participé aux cours de préparation au mariage et sont donc déjà familiarisés avec les contenus mentionnés ci-dessus ; en outre, leur état émotionnel pourrait logiquement faire qu'ils ne soient pas en mesure d'être pleinement attentifs. Pour les

12. Pendant la période de Pâques, des passages des Actes des Apôtres, de l'Apocalypse et de l'Évangile de Jean sont traditionnellement lus.

13. *Rituel romain de la célébration du mariage*, n° 67.

14. Il convient de relire les orientations sur l'homélie données par le pape François dans l'exhortation apostolique *Evangelii gaudium*, 24 novembre 2013, n° 135-159. Pour une étude plus large de la théorie et de la pratique de la prédication, le livre : J. RATZINGER, *Dogme et annonce*, Parole et silence, Paris 2012. Pour la préparation spécifique de l'homélie sur le mariage, les idées du pape François dans l'exhortation apostolique post-synodale *Amoris laetitia*, 19 mars 2016, en particulier les chapitres quatre, *L'amour dans le mariage* (n° 89-164), et six, *Quelques perspectives pastorales* (n° 200-258), sont très utiles.

15. CONCILE VATICAN II, Constitution dogmatique *Sacrosanctum Concilium*, 4 décembre 1963, n° 52.

invités, en revanche, l'homélie sera l'occasion de rappeler les éléments fondamentaux du mariage chrétien. Lesquels ? La connaissance personnelle que le prêtre a de la situation des époux et de leurs invités est ici d'une grande importance.

Comme précédemment indiqué, le choix des textes servira à connaître les aspects du mariage qui sont les plus importants pour les futurs époux, tant pour le sens personnel qu'ils donnent à leur mariage que pour ce qu'ils veulent transmettre à leurs proches. Ce sera aussi l'occasion d'évaluer leur vie de foi et le niveau de leur formation chrétienne, ce qui permettra d'adapter les contenus aux possibilités des auditeurs : « Celui qui prêche doit reconnaître le cœur de sa communauté pour chercher où le désir de Dieu est vivant et brûlant, et aussi où ce dialogue, qui était aimant, a été étouffé ou n'a pas porté de fruits » [16].

Une certaine *transversalité* doit être recherchée : il est logique que l'homélie s'adresse en priorité à une catégorie spécifique (autres époux, jeunes fiancés, membres de la famille plus ou moins pratiquants, etc.), mais elle doit être compréhensible et d'une certaine manière pertinente pour tous, malgré la diversité des âges et des conditions ecclésiales. Il est utile à cet effet d'insérer des phrases qui peuvent capter l'attention de ceux qui ne sont pas visés à titre principal.

Comme pour toute prédication, le point fondamental pour qu'elle porte du fruit est que les prêtres « se préparent à l'homélie par la méditation et la prière, afin de prêcher avec conviction et passion » [17]. Ainsi, à partir de leur expérience personnelle de foi, ils pourront toucher non seulement l'esprit, mais aussi le cœur des auditeurs, ce qui est le but ultime de toute prédication [18].

Le ton sera toujours positif, parce qu'ainsi « il donne toujours de l'espoir, il donne une direction pour l'avenir » [19]. Cela implique de souligner non pas tant les obligations ou les difficultés du mariage que sa beauté en tant que chemin de sainteté que les époux parcourent ensemble vers Dieu, le fait qu'il s'agit d'une authentique vocation divine [20], un don d'amour pour toute la vie, un soutien dans les moments heureux et aussi dans les difficultés de la vie. On peut souligner que la nouvelle vie commune n'est que le début d'un parcours au cours duquel l'amour entre les époux doit être préservé et

16. FRANÇOIS, *Evangelii gaudium*, n° 137.

17. BENOÎT XVI, Exhortation apostolique post-synodale *Verbum Domini*, 30 septembre 2010, n° 59 ; CONGRÉGATION POUR LE CULTE DIVIN ET LA DISCIPLINE DES SACREMENTS, *Direttorio Omiletico*, 29 juin 2014, Libreria Editrice Vaticana, Città del Vaticano 2015, n° 26-36.

18. FRANÇOIS, *Discours aux séminaristes de Lombardie*, 13 octobre 2018.

19. *Idem*, *Evangelii gaudium*, n° 159.

20. *Idem*, *Amoris laetitia*, n° 57, 69, 72, 85, 88, 211.

mûri : ils ne se marient pas seulement parce qu'ils s'aiment, mais pour grandir dans cet amour. Peut-être pouvons-nous mentionner la joie des enfants avec lesquels Dieu enrichira leur amour et la grâce avec laquelle il les aidera dans les difficultés qu'ils ne manqueront pas de rencontrer.

Le modèle de prédication du pape François, généralement structuré en trois points explicitement mentionnés au début et à la fin afin qu'au moins ces *mots clés* soient gravés dans l'esprit et le cœur de l'auditoire, peut être utile pour la préparation. Cela permet d'éviter la tentation d'aborder trop de sujets dont l'auditoire ne pourrait pas retenir au moins une idée claire.

Une autre caractéristique d'une bonne homélie, mentionnée par l'actuel Pontife en référence à un de ses anciens professeurs, est qu'elle doit contenir « une idée, un sentiment, une image » [21]. Une anecdote, un cas réel (des époux eux-mêmes ou d'autres personnes, en respectant évidemment l'anonymat des protagonistes si nécessaire) peut éclairer les idées.

Enfin, un point mentionné à plusieurs reprises par le Pape François est la durée du sermon : pas plus de 8-10 minutes [22] afin de maintenir l'attention des fidèles et d'éviter la fatigue d'une célébration un peu longue, qui pourrait nuire à l'efficacité du message à transmettre. Une bonne préparation consiste non seulement à réfléchir aux thèmes à aborder, mais aussi à s'arrêter pour examiner s'ils peuvent être développés dans un temps raisonnable.

Les fidèles sont toujours reconnaissants que l'on mentionne ceux qui n'ont pas pu participer pour des raisons de maladie, d'éloignement, etc. et surtout les parents décédés (parents, grands-parents, frères et sœurs) qui auraient tant apprécié cette journée. Il ne s'agit pas seulement d'un souvenir nostalgique, mais de replacer la célébration liturgique dans le contexte de la Communion des Saints, dans laquelle toute l'Église, et en particulier ceux qui nous sont les plus proches, sont présents dans un échange de prière et d'affection.

Après l'homélie, il convient de faire une pause avant de passer à la suite de la célébration : le silence aide à laisser agir l'Esprit Saint dans l'âme des personnes présentes et donne le temps de prendre conscience que l'on est arrivé au moment du sacrement. Ensuite, si cela convient, on récite la profession de foi ; dans l'annexe II, outre le Symbole des Apôtres et le Symbole de Nicée-Constinople, une formule est proposée sous la forme de questions adressées au peuple présent [23].

---

21. *Idem*, *Evangelii gaudium*, n° 57.

22. par exemple, *Audience générale*, 7 février 2018 ; *Rencontre avec les fidèles de Piazza Europa lors de la visite pastorale dans le diocèse de Piazza Armerina*, 15 septembre 2018 ; *Discours aux séminaristes de Lombardie*, 13 octobre 2018.

23. *Rituel romain de la célébration du mariage*, n° 280.

e) Le rite du mariage

La liturgie du mariage, composée de plusieurs éléments, commence.

i. Le scrutin

Cette partie de la célébration s'ouvre par un dialogue initial du prêtre avec les futurs époux. Elle souligne la consécration baptismale, le rôle de l'Église et de la communauté dans le mariage, et enfin l'amour fidèle et les devoirs du mariage, considérés comme la fin et la conséquence du sacrement.

Vient ensuite l'invitation faite par l'assistant — pour lequel deux formules sont proposées — aux fiancés de déclarer devant toute l'assistance la liberté avec laquelle ils contractent mariage, leur engagement de fidélité et leur ouverture à la vie[24]. Les fiancés ont déjà eu l'occasion de parler de ces questions entre eux et avec le prêtre au cours de la préparation au mariage, mais il est bon que leur volonté soit exprimée devant l'assemblée liturgique au moment de la célébration. La liberté, l'engagement de fidélité et l'accueil des enfants sont des éléments essentiels du lien matrimonial, d'où l'importance de répondre sincèrement à ces questions.

Pour chacune des questions, le prêtre interroge les futurs époux et ceux-ci répondent séparément par un *oui*, tandis que pour la dernière question, ils répondent ensemble.

ii. L'échange des consentements

Nous arrivons au moment central du rite : puisque le consentement est à l'origine du mariage, les fiancés seront mari et femme lorsqu'ils l'auront exprimé.

La déclaration a lieu pendant que les deux se donnent la main droite. Il s'agit d'un geste très ancien, qui remonte à des traditions antérieures au christianisme et que l'on retrouve également dans l'Ancien Testament (Tb 7, 13). Il exprime le désir d'union et de fidélité conjugale.

Il existe quatre formes différentes d'expression du consentement :

— Dans la première (n° 79), le fiancé s'adresse à la fiancée et prononce une formule soulignant l'acceptation mutuelle, la fidélité dans les différentes circonstances de la vie et l'amour fidèle ; la même formule est utilisée par la fiancée lorsqu'elle s'adresse au fiancé. C'est sans doute la variante la plus connue.

24. Le rite prévoit que la question sur l'accueil des enfants peut être omise si les circonstances le recommandent, par exemple si les fiancés sont âgés.

— La seconde est plus complexe, car le fiancé demande d'abord à la fiancée si elle veut être sa femme, ce à quoi elle doit répondre par l'affirmative. Ensuite, elle pose la même question à son fiancé, qui répond de la même manière. Enfin, tous deux, successivement, acceptent leur conjoint et promettent un amour fidèle pour la vie.
— Dans la troisième formule, il y a le même échange de questions que dans la formule précédente, mais tous deux finissent par faire la promesse de fidélité en même temps.
— La dernière modalité prévoit que le prêtre s'adresse d'abord au fiancé, puis à la fiancée, en leur posant une question similaire à la première formule, à laquelle ils répondent par un oui. Cette formule est généralement réservée à des situations particulières, par exemple si l'un des futurs époux a des difficultés à lire, est muet, etc.

Les fiancés doivent choisir la formule qu'ils utiliseront, en tenant compte des circonstances, de leur façon d'être et du moment. Bien que le texte puisse leur être remis lors de la cérémonie, ils doivent savoir clairement ce qu'ils auront à dire, afin d'éviter toute confusion au moment central de la célébration.

Le consentement est reçu par le prêtre, qui récite une formule (là encore, deux formules différentes sont proposées) soulignant l'intervention de Dieu dans ce don et cet accueil mutuels, la bénédiction de Dieu sur les nouveaux époux et l'indissolubilité du lien contracté : « Ce que Dieu a uni, que l'homme ne le sépare pas » [25].

iii. Bénédiction et remise des anneaux

Vient ensuite la bénédiction des anneaux, qui est une sorte de rite explicatif. L'anneau est la manifestation visible de ce qui s'est passé dans l'âme des deux époux ; il est le signe de l'amour et de la fidélité mutuels. Comme le souligne la formule, il est reçu « au nom du Père, du Fils et du Saint-Esprit ». Cette dernière référence à la Trinité n'est pas un détail anodin, mais montre que les deux époux ont enchâssé leur amour mutuel dans l'amour trinitaire, source de tout amour.

L'assemblée peut alors entonner un chant de louange en signe de reconnaissance du don du sacrement de mariage, et les époux qui le souhaitent peuvent s'exprimer par une prière, pour laquelle trois formules sont proposées.

Le rite de célébration du mariage s'achève par la prière universelle, pour laquelle quatre modèles sont proposés [26].

---

25. *Rituel romain de la célébration du mariage*, n° 83.
26. *Ibidem*, n° 98, 290-292.

f) Autres variations de la Messe

Une fois la prière des fidèles terminée, commence la liturgie eucharistique, dans laquelle sont incorporés certains éléments spécifiques, que nous évoquerons brièvement ci-dessous.

La prière sur les dons est spécifique et le Rituel propose cinq formules. Dans celle-ci, en plus de demander au Père d'accepter les dons qui ont été présentés, on intercède pour les nouveaux époux.

La préface lui est également propre. Quatre formules sont proposées qui soulignent respectivement la dignité de l'alliance matrimoniale (unité, indissolubilité et fécondité), la grandeur du sacrement de mariage (mention supplémentaire de l'alliance de Dieu avec son peuple signifiée dans le pacte conjugal), le mariage comme signe de l'amour de Dieu pour les époux, dont l'amour qu'ils ont l'un pour l'autre est une image, et la proximité continuelle de Dieu pour les époux.

Dans chacune des trois premières prières eucharistiques, il y a des embolismes spéciaux dans lesquels on demande au Père sa protection sur les nouveaux époux.

Le Rituel prévoit que les époux, les parents, les témoins et les proches peuvent recevoir la communion sous les deux espèces [27].

La prière après la communion comporte également cinq possibilités, dans lesquelles la protection divine est demandée pour les nouveaux époux.

À la fin de la célébration, il y a une bénédiction solennelle sur les époux et le peuple, pour laquelle il y a aussi six alternatives. Dans celles-ci, il est demandé à Dieu d'accorder aux époux de s'aimer et de marcher ensemble sur le chemin de cette vie jusqu'à la joie du ciel.

Enfin, si cela semble approprié, « le prêtre peut offrir aux nouveaux époux, au nom de la communauté chrétienne, une Bible, ou un crucifix, ou une icône, ou une chapelle qui se trouvera dans leur nouveau foyer en souvenir de la célébration de leur mariage avec l'Église » [28]. Les formules de bénédiction de ces objets figurent à l'annexe V.

Comme on peut le constater, il existe de nombreuses petites variations par rapport à la Messe normale, qui exigeraient que le Missel et le Rituel soient conservés sur l'autel, afin que le prêtre puisse passer de l'un à l'autre aux moments opportuns, avec le risque d'oubli qui en découle. C'est pourquoi il est plus convenable que le livret, dont nous parlerons plus loin, soit également utilisé par le prêtre tout au long de la célébration eucharistique.

---

27. *Ibidem*, n° 38 et 120.
28. *Ibidem*, n° 132.

g) La bénédiction nuptiale

Une attention particulière doit être accordée à la bénédiction nuptiale, qui est l'élément le plus caractéristique de la liturgie romaine de la célébration du mariage et qui doit toujours être donnée. Elle est normalement donnée après le Notre Père, ce qui est très approprié. En effet, elle suit les intercessions de la prière eucharistique et de l'oraison dominicale, qui nous préparent à la communion, c'est-à-dire au moment où le Christ, dans l'événement de sa mort et de sa résurrection, devient présent, où s'accomplit l'œuvre de notre rédemption. Ce contexte pour la prière de bénédiction est celui qui apparaît avoir la plus grande intensité : dans ce moment de célébration, l'Église se manifeste unie à son Époux et intercède pour les époux qui viennent d'établir leur union conjugale, laquelle naît ainsi immergée dans le mystère d'unité et d'amour entre le Christ et l'Église [29].

La bénédiction du mariage commence par une invitation à la prière au cours de laquelle le prêtre demande à toutes les personnes présentes de se tourner vers le Seigneur et d'invoquer sa grâce pour les mariés. Elle est suivie de la bénédiction proprement dite, que les mariés reçoivent à genoux.

Il y a six formules différentes, chacune accompagnée d'une invitation à la prière. Il s'agit de textes assez longs, structurés en plusieurs parties, qui sont très utiles pour une catéchèse approfondie sur le sens du mariage dans l'histoire du salut et qui peuvent ouvrir des perspectives intéressantes sur la vie conjugale comme chemin de sainteté [30]. En même temps, précisément à cause de leur complexité, ils doivent faire l'objet d'une lecture attentive et, dans la mesure du possible, d'une méditation, afin qu'ils ne restent pas de simples expressions verbales.

Dans toutes les formules, des thèmes importants pour le mariage sont soulignés, comme l'œuvre de la création, dans laquelle le projet de Dieu sur la famille, comprise comme une alliance, occupe une place très significative ; l'unité conjugale fondée sur l'enseignement du Christ ; le mystère de l'union conjugale entre le Christ et l'Église, auquel participent les nouveaux époux, etc. Il est également demandé de consacrer l'alliance conjugale, c'est-à-dire de l'insérer dans le domaine divin, de répandre l'Esprit Saint sur les époux afin qu'ils vivent leur union conformément à la vocation qu'ils ont reçue. Toutes les formules se terminent par une référence eschatologique.

Quant aux traits caractéristiques de chaque formule, on peut retenir que :

---

29. MIRALLES, *Il matrimonio*, p. 109-110.
30. Pour une analyse très complète de chaque formule, voir *ibidem*, p. 110-129.

— La première formule (n° 117) est centrée sur le mystère du Christ et de l'Église. Elle est spécialement prévue pour les époux qui communient.
— Dans la seconde (n° 285), l'élément précédent est repris, mais s'y ajoute d'abondantes références à l'Ancien Testament ; le langage est très riche et nécessite une certaine formation pour être pleinement compris.
— La troisième (n° 286) est plus courte et plus simple ; étant plus facile à comprendre, elle peut convenir à des couples ayant une moindre formation chrétienne.
— La quatrième (n° 118) se réfère à la vie commune que les nouveaux époux vont commencer et demande l'aide divine pour qu'ils puissent remplir leurs devoirs d'époux et de parents.
— La cinquième formule (n° 288) est utilisée uniquement pour le mariage avec un non-catholique baptisé. Elle met l'accent sur l'amour du Christ comme exemple de l'amour entre les époux.
— Enfin, la sixième formule (n° 289) est un dialogue entre le prêtre et le peuple. Il peut donc être utile de rendre cette partie du rite plus participative et de faciliter ainsi l'attention.

4. Quelques aspects pratiques

a) Le livret de messe

Un outil très efficace pour aider les fiancés et l'assemblée à participer plus pleinement à la célébration peut être la production d'un petit livret contenant l'ensemble de la cérémonie ou au moins les parties spécifiques du rite.

Comme le rituel offre de nombreuses options, les fiancés devront choisir entre les différentes possibilités avec l'aide du prêtre. La préparation du livret peut devenir une excellente occasion d'instruire les fiancés de manière plus approfondie sur la réalité du mariage et sur le contenu symbolique et théologique des différentes parties de la cérémonie. Cette catéchèse les aidera à se concentrer sur l'importance du moment. Les futurs époux seront également invités à prier et à méditer ensemble sur les différentes options proposées.

Il est important que le prêtre relise le livret avant de l'imprimer pour s'assurer que toutes les parties sont incluses correctement. Il peut également être utile d'inclure les éléments qui ne concernent que le prêtre, ainsi que certaines rubriques. Cela facilitera le suivi de la cérémonie par les participants et, d'autre part, le prêtre lui-même pourra utiliser le livret pour l'ensemble de la célébration, y compris la liturgie eucharistique, en évitant l'inconvénient de passer du Missel au Rituel ou du Lectionnaire au Rituel plusieurs fois au cours de la cérémonie. En outre, la présence de quelques rubriques peut être utile pour expliquer la signification des différents gestes, même à ceux qui, comme c'est souvent le cas à l'occasion d'un mariage, ne fréquentent pas l'église.

Enfin, un livret complet réduit le risque d'oublier une partie du rite, comme cela peut arriver avec la bénédiction nuptiale après le Notre Père.

b) La préparation de l'église

Le sens festif du mariage est fortement souligné par la décoration appropriée de l'église, mais il doit être équilibré avec la sobriété des célébrations liturgiques. À cet égard, il est très important de parler à la fiancée, ou à sa famille, qui est généralement responsable de toutes les questions d'organisation, et de l'aider à comprendre que la beauté est compatible avec la simplicité et la sobriété.

Par exemple, il est important de savoir comment les *fleurs* seront placées (sur l'autel, sur les bancs, dans le reste de l'église, etc.) afin d'éviter que l'église ne devienne un *étalage floral* ou que l'autel ne perde sa connotation de table de sacrifice. Dans de nombreux endroits, il est courant de placer un tapis blanc le long de la nef centrale ; il faut veiller à ce que cette coutume ou d'autres semblables ne deviennent pas une occasion d'ostentation et que les diverses décorations soient en harmonie avec le reste de l'édifice sacré.

Un *microphone*, de préférence sans fil, doit être préparé pour permettre aux futurs époux d'être entendus lorsqu'ils répondent à des questions ou échangent des consentements.

Les *alliances* sont un autre élément qui demande un minimum d'attention. Il est essentiel d'éviter de les oublier à la maison, de ne pas se rappeler qui les a apportées à l'église à la dernière minute, etc. Ce sont des détails dont on se souvient des années plus tard en riant, mais qui, sur le moment, génèrent beaucoup d'anxiété et brisent la solennité de la cérémonie. Il est nécessaire de prévoir comment elles seront portées (souvent un enfant s'en charge), en veillant à ce qu'elles ne tombent pas ; une bonne pratique consiste à les placer sur un petit coussin, en les fixant avec un ruban facile à détacher.

Il est conseillé de demander à la fiancée, toujours avec tact et délicatesse, si elle a déjà choisi la *robe*, afin qu'elle sache qu'il est conseillé de ne pas laisser les épaules découvertes, qu'elle ne soit pas trop courte, etc.

Un autre point à considérer est l'*emplacement* de ceux qui auront un rôle plus important dans la cérémonie, en premier lieu les fiancés, mais aussi ceux qui les présenteront, les garçons d'honneur, les témoins (voir paragraphe d), les demoiselles d'honneur, etc. Habituellement, les fiancés sont placés face au prêtre, avec des chaises et des agenouilloirs plus dignes, et les personnes qui les présentent sont assises à côté de chacun d'eux. Les témoins, les demoiselles d'honneur, etc. peuvent être placés dans d'autres endroits spéciaux de la nef, non loin des fiancés, ou au premier rang des bancs avec d'autres membres de la famille.

Il est habituel qu'il y ait un *photographe*, généralement un professionnel, mais parfois un ami de la famille, pour laisser un beau souvenir de la cérémonie. S'il ne s'agit pas d'une personne de confiance, il convient également de lui parler pour s'assurer qu'il ne distrait pas les personnes présentes, par exemple qu'il ne gêne pas la vue des fidèles, qu'il ne passe pas devant l'autel ou qu'il ne prenne pas de photos pendant la prière eucharistique.

c) Les chants

Les chants méritent une attention particulière, car ils font partie de la célébration. Il est bon de s'assurer qu'il s'agit de chants sacrés, et non de chants plus ou moins populaires dans un lieu donné. Il peut arriver que le couple soit particulièrement attaché à un chanteur ou à une chanson (« notre chanson ») pour des raisons liées à leur fiançailles ou à l'époque où ils se sont rencontrés. Ce genre de répertoire n'est pas approprié à l'église, car ce qui est célébré, c'est le mystère pascal du Christ et le partage de l'amour sponsal du Christ pour l'Église. Les chants choisis doivent donc être en accord avec le sens de la célébration.

C'est certainement un point important à discuter avec eux dans les semaines ou les mois qui précèdent. Un bon moment est la préparation du livret, car il est conseillé d'y inclure la partition ou au moins les textes des hymnes pour faciliter la participation de tous les fidèles.

d) Quelques exigences canoniques

Le mariage n'est pas seulement une alliance privée, mais il a une importance sociale, comme nous le verrons dans les développements ultérieurs, et aussi une importance ecclésiale. Il est donc logique que l'Église fixe les conditions d'une célébration valide. L'une d'entre elles est la nécessité d'observer la forme canonique, c'est-à-dire de *se marier à l'église*, comme on le dit dans le langage courant [31].

Pour s'assurer que les conditions requises sont remplies, le Code de droit canonique a établi que « seuls sont valides les mariages contractés devant l'Ordinaire du lieu ou le curé de la paroisse, ou un prêtre ou un diacre délégué par l'un d'eux pour y assister, et devant deux témoins » [32].

Il convient tout d'abord de préciser que le Code n'exige pas la présence de parrains et marraines à la cérémonie, contrairement aux sacrements du baptême et de la confirmation. Toutefois, rien n'empêche les deux témoins signataires d'être appelés *parrains du mariage*, comme c'est la coutume dans de nombreux pays. Il en va autrement lorsque le fiancé est *présenté* par sa mère et la fiancée par son père, car lorsque la figure du *parrain* et de la *marraine* est utilisée, ce ne sont pas les parents qui font cette *présentation.* En règle générale, un parent choisi par chacun des époux joue ce rôle. Par analogie avec les parrains et marraines du baptême et de la confirmation, il est préférable que les parrains et marraines désignés soient des personnes à la vie intègre et cohérente avec ce dont ils témoignent, c'est-à-dire avec la vérité du mariage.

D'une manière générale, le code ne donne pas d'indications sur les témoins. L'objectif est d'assurer la présence d'*au moins* deux personnes qui peuvent confirmer que le consentement a été valablement donné. On peut donc dire qu'usuellement lors de la célébration d'un mariage, tous ceux qui participent au mariage sont des témoins. À tel point que si personne ne signe le registre, le mariage sera absolument valide, car il sera évident que plusieurs témoins ont été présents.

Relativement à la personne qui célèbre le mariage, il a déjà été dit que le Code attribue ce pouvoir principalement à l'Ordinaire du lieu ou au curé de la paroisse. Si, par contre, l'assistant est un autre prêtre ou diacre (ou même un évêque autre que l'évêque du lieu), il a besoin d'une délégation [33]. Il s'agit d'une condition de validité, c'est-à-dire que si le célébrant n'a pas demandé la délégation, le mariage est nul et sans effet (si tel est le cas, il faudra alors essayer d'obtenir une *sanatio in radice*) [34].

S'il s'agit de la célébration d'un seul mariage, il suffit que la délégation soit donnée oralement au prêtre ou au diacre célébrant. Dans le cas d'une délégation générale, en revanche, elle doit être accordée

---

31. CIC, c. 1108.

32. Le canon fait également référence aux situations exceptionnelles dans lesquelles il n'est pas possible d'avoir un prêtre ou un diacre, qui sont prévues aux canons 144, 1112, §1, 1116 et 1127, §§2-3. 144, 1112, §1, 1116 e 1127, §§2-3.

33. CIC, c. 1108 et 1111.

34. CIC, c. 1161-1165.

par écrit [35]. Il est généralement prudent de demander la délégation par écrit dans tous les cas (par voie numérique éventuellement) et de la conserver.

Enfin, « les noms des époux, de l'assistant et des témoins, ainsi que le lieu et le jour de la célébration, de la manière prescrite par la Conférence épiscopale ou par l'évêque diocésain » doivent être inscrits dans le registre paroissial des mariages [36] et une mention doit être portée en marge du registre des baptêmes [37].

e) Formalités canoniques et civiles requises en France

À ce jour, le droit français ne reconnaît de valeur qu'au mariage civil. Aussi le mariage religieux, quelle que soit la religion des époux, ne possède-t-il aucune valeur légale, aux yeux du juge. Le mariage religieux en conséquence doit être précédé de la cérémonie devant l'officier d'état civil. Un ministre du culte qui procéderait « de manière habituelle » à un mariage religieux non précédé d'un mariage civil s'exposerait à six mois d'emprisonnement et une amende de 7 500 €, selon l'article 433-21 du Code pénal.

Seule exception notable à cette stricte séparation entre mariages civil et religieux : la reconnaissance par la loi de mariages religieux célébrés à l'étranger, lorsque la loi du lieu de célébration du mariage y renvoie ou donne aux époux le choix entre mariage civil et mariage religieux. L'article 170 du Code civil précise néanmoins que cette éventuelle reconnaissance doit toujours être faite en tenant compte du respect de l'ordre public.

Un décret de la Conférence épiscopale française en application du canon 1067 détermine que :

> *1. Tout mariage sera normalement précédé d'une publication des bans en vue d'informer du prochain mariage la communauté paroissiale de chacun des futurs époux et de demander à cette communauté sa prière à leur intention.*
>
> *2. La publication des bans se fera :*
>
> - *soit par affichage d'une semaine en un lieu paroissial accessible au public ;*
> - *soit par insertion à la prière universelle d'un des dimanches précédents.*

35. CIC, c. 1111, §2.
36. CIC, c. 1121, §1.
37. CIC, c. 1122, §1.

3. La publication sera faite à la demande du prêtre ou du diacre qui assure la préparation au mariage. Une attestation de son exécution ne lui sera envoyée que si une information utile peut lui être donnée[38].

Dans des circonstances particulières et pour de justes motifs, l'ordinaire du lieu peut accorder une dispense[39] de publication des bans[40].

Une fois le dossier de mariage complété, dans le cas où le mariage est célébré dans une autre paroisse que celle où l'instruction a été faite, le curé l'enverra à sa Chancellerie qui le transmettra à la Chancellerie du diocèse de célébration.

À la fin de la cérémonie, un acte de mariage est rédigé en double exemplaire. Les signatures des époux, du prêtre qui assiste au mariage et des témoins doivent être enregistrées. Les ministres ordonnés autres que l'ordinaire ou le curé de la paroisse doivent posséder une délégation générale ou spéciale pour recevoir validement les consentements. Cette délégation devra être signée dans l'acte du mariage. La mention du mariage sera portée sur les actes de baptême des fiancés. Pour cela, la notification du mariage sera envoyée par la paroisse de célébration à la Chancellerie pour transmission aux paroisses de baptême des époux.

38. BO, n°30, du 28/01/1986, p. 451-452 ; DC, n° 86 (1989), p. 76-77.

39. Cf. c. 88. Que se passe-t-il cependant si le mariage est célébré dans un diocèse autre que celui des époux ? Le c. 87 donne compétence spécialement à l'évêque pour ses sujets ou pour son territoire de dispenser des lois tant universelles que particulières.

40. Ce serait par exemple le cas d'une personnalité très connue qui souhaiterait que son mariage profite d'un minimum de discrétion. Il pourrait aussi s'agir d'un mariage de deux personnes que tous pensaient mariés alors qu'elles ne l'étaient que civilement.

Accompagnement pastoral des époux dans le sacrement de pénitence et la direction spirituelle

Ángel Rodríguez Luño*

1. Considérations générales

LE BUT DE CES RÉFLEXIONS est fondamentalement pratique : il s'agit de guider le travail des confesseurs avec les personnes mariées. La connaissance de la théologie sacramentaire et de la morale conjugale et familiale est donc présupposée [1].

Je voudrais d'abord proposer quelques considérations générales sur l'administration du sacrement de pénitence, qui revêtent des caractéristiques particulières dans le soin des époux.

1. La confession est une manifestation de l'amour et de la miséricorde de Dieu, et tous les efforts doivent être faits pour qu'elle ne soit pas odieuse. Quiconque s'approche de la confession s'attend raisonnablement à être reçu avec gentillesse et douceur. La dureté, la froideur, la précipitation, le pessimisme ou la lassitude — même s'ils sont compréhensibles dans certaines circonstances — ne vont pas de pair avec la paternité spirituelle propre au confesseur.

* Professeur de théologie morale fondamentale et vice-recteur de l'Université pontificale de la Sainte-Croix.

1. Sur la théologie du mariage, voir : A. MIRALLES, *Il matrimonio : teologia e vita*, San Paolo, Cinisello Balsamo 1996 ; J. GRANADOS, *Una sola carne in un solo Spirito : teologia del matrimonio*, Cantagalli, Siena 2014. Concernant la morale conjugale, A. RODRÍGUEZ LUÑO, *Scelti in Cristo per essere santi. III : Morale speciale*, Edusc, Roma 2012, chap. VIII.

2. On attend du confesseur qu'il montre de l'intérêt pour ce que dit le pénitent, en évitant à la fois l'indifférence bureaucratique et la curiosité envahissante. Il doit savoir se mettre à la place de celui qui parle et ne pas omettre les questions que le pénitent s'attend raisonnablement à se voir poser.
3. Le confesseur n'est ni marié ni père de famille et, surtout s'il n'a que quelques années d'expérience sacerdotale, il peut ne pas bien connaître certaines dynamiques conjugales et familiales. Il doit donc être prudent, écouter attentivement et ne pas se précipiter pour donner des recettes toutes faites, s'il n'est pas sûr d'avoir compris la situation dont il parle.
4. Le confesseur n'entend généralement qu'*un seul son de cloche*. Lorsque l'épouse parle de ses souffrances, il peut avoir l'impression d'être en présence d'une sainte qui a eu la malchance d'épouser un homme sans cœur. S'il a ensuite l'occasion d'écouter le mari, il se rendra souvent compte que la réalité n'est pas exactement celle qu'il pensait, et qu'il peut y avoir des personnes pieuses et bonnes avec lesquelles il peut être très difficile de vivre au quotidien. C'est pourquoi la prudence dans le jugement n'est jamais excessive et il est nécessaire d'écouter les *deux sons de cloche* pour se faire une idée plus précise sur ce qui se passe.
5. La confession des deux conjoints au même prêtre demande beaucoup d'attention, car il est facile de violer indirectement le secret sacramentel, presque sans s'en rendre compte. Lorsque le confesseur s'adresse à l'un des conjoints, il ne sait que ce que celui-ci lui dit et ne peut pas utiliser ce que l'autre conjoint lui a dit en confession.
6. Enfin, la chose la plus importante à retenir est que le mariage est une vocation chrétienne à vivre avec confiance dans l'aide de la grâce divine. La tâche fondamentale du confesseur est de veiller à ce que les deux époux parviennent *ensemble au terme du* voyage, en atteignant la sainteté chrétienne par l'accomplissement de leurs devoirs d'époux et d'épouse, de père et de mère. Tout le reste doit être placé dans ce contexte. Les conseils doivent être pesés très lentement afin qu'ils ne provoquent pas directement ou indirectement une détérioration ou une rupture de l'union entre le mari et la femme. Ce n'est qu'en cas de gravité extrême et avérée que l'on peut faire le contraire. Il serait très triste que, dans une procédure de divorce, l'un des époux puisse prétendre à juste titre que l'origine de leurs désaccords est le conseil que l'autre époux a reçu d'un prêtre. Il peut parfois être judicieux de *tendre un peu plus la corde*, mais il faut d'abord s'assurer qu'elle n'est ni abîmée ni rompue.

2. L'harmonie conjugale

Il suffit de penser au nombre actuel de séparations et de divorces pour comprendre que l'harmonie conjugale est peut-être le premier problème à considérer aujourd'hui. Le chapitre 4 de l'exhortation apostolique *Amoris laetitia* du pape François offre de nombreuses pistes de réflexion.

Les désaccords entre mari et femme peuvent avoir des causes complexes, qui seront abordées plus loin. Ce dont nous allons traiter maintenant voudrait être une aide pour prévenir un manque d'harmonie, de nature à causer ensuite un problème plus grave.

Pour des raisons en partie naturelles et en partie sociales, les rôles et les charges du mari et de la femme ne sont pas symétriques. La charge de l'épouse est généralement plus lourde. Il est vrai que la femme est fondamentalement plus forte et plus sacrifiée, mais elle est aussi plus sensible. C'est pourquoi, face à la paresse ou à l'inaptitude naturelle de son mari pour certaines tâches, elle court toujours le risque de tenir un raisonnement qui n'est pas exact : « il ne m'aide pas, donc il ne m'aime pas », « il ne se rend pas compte de la quantité de travail que j'ai, donc il ne se soucie pas de moi ». Cette situation se complique si le mari est très paresseux ou incapable de remarquer et de s'occuper des petits détails qui rendent le foyer agréable, ou si sa mère lui passait tous ses caprices, ou s'il a perdu son emploi, ou s'il gagne moins d'argent que sa femme.

Il est conseillé d'insister pour que le mari offre son aide à sa femme (parfois la femme est satisfaite qu'il offre simplement son aide même s'il n'arrive pas à aider beaucoup) ; d'écouter sa femme le temps qu'il faut (sans s'impatienter parce qu'il pense que la même chose pourrait être dite en moins de temps) ; de ne pas manquer une occasion de reconnaître et de louer ce que fait sa femme (louer sa façon de cuisiner, ne pas partir du principe que tout sera toujours propre et bien rangé dans la maison, etc.) Les compliments sont toujours les bienvenus, même si vous êtes mariés depuis de nombreuses années. Qui plus est, il est souvent juste de les faire, car le sacrifice de la femme les mérite. Le mari ne doit pas s'inquiéter parce que sa femme a des moments de fatigue ou de mauvaise humeur, ou parce qu'elle perd patience face aux bêtises des jeunes enfants. Ce sont ces petites ombres qui donnent tout leur éclat à ses nombreuses lumières.

À la femme, on peut conseiller de ne pas se laisser aller à juger son mari. Il y a des femmes qui se comportent comme si elles étaient la conscience morale de leur mari, lui reprochant toujours sa paresse ou son manque de propreté. Même si elles ont souvent raison, cela ne facilite pas la cohabitation. L'hypersensibilité, la facilité à grossir des choses finalement sans importance, l'obsession de certains détails sont des défauts qu'il est important d'apprendre à maîtriser.

En réalité, dans ce monde, il n'y a pas de personnes sans défauts. Mari et femme ont chacun les leurs, l'affection et la charité chrétienne doivent les amener à corriger leurs propres défauts et à faire preuve de patience et de compréhension à l'égard de ceux du conjoint. L'accomplissement en commun de certains actes de piété (prier le Rosaire en famille, aller à la Messe ensemble, s'arrêter de temps en temps pour visiter le Saint-Sacrement) sera d'une grande aide pour maintenir l'affection mutuelle toujours jeune et pour défendre l'harmonie de la famille.

La charité chrétienne et l'affection conjugale conduisent chaque époux à s'adapter aux goûts et aux préférences de l'autre. Si les fiançailles se sont bien déroulées, les époux ont élaboré ensemble un projet de vie. Ceci étant, il est normal que les époux n'aient pas en toute chose les mêmes goûts. Il peut arriver, par exemple, qu'un mari qui passe la majeure partie de la semaine loin de la maison attende le week-end pour s'asseoir dans un fauteuil et lire un livre. Si, au contraire, la femme passe la majeure partie de la semaine à la maison, elle espère profiter du samedi pour sortir, faire des courses, etc. Avec affection et compréhension, il faut trouver une solution de compromis qui permette à chacun de faire ce qu'il veut tout en consacrant une partie de son temps à faire ce que l'autre veut faire.

3. Les familles des conjoints

Lorsque l'on parle de « belle-famille », tout semble avoir été dit. C'est ce que je pensais aussi, jusqu'à ce que l'expérience me montre progressivement le contraire. Bien sûr, il faut éviter des généralisations, qui seraient fausses et injustes. Très souvent, les relations entre les conjoints et leurs parents sont excellentes, et la garde des petits-enfants par les grands-parents est une aide précieuse pour les conjoints. Mais je dois dire en même temps qu'un de mes amis, juge au tribunal ecclésiastique d'une grande ville européenne, m'a confirmé que dans un pourcentage très élevé des litiges familiaux graves qu'il a traités au tribunal, il y a eu un mauvais comportement de la part des parents des conjoints envers leurs enfants ou des enfants envers leurs parents.

Deux exemples tirés de la vie réelle peuvent servir d'illustration. Dans l'homélie d'une messe au cours de laquelle un mariage était célébré, le prêtre a cité les paroles bien connues de la *Genèse* : « C'est pourquoi l'homme quittera son père et sa mère et s'attachera à sa femme, et ils deviendront une seule chair » (Gn 2, 24). À la fin de la cérémonie, les parents de l'époux ont exprimé au prêtre leur désaccord avec ces paroles. En somme, ils n'acceptaient pas que leur fils ait désormais une autre famille, appelée à prendre la première place dans leur cœur. Une autre fois, j'ai rencontré un couple qui organisait son mariage, lequel n'a finalement jamais eu lieu parce que la fiancée s'est rendu compte que son fiancé était totalement incapable de dire *non* à sa mère. La fiancée voulait épouser son fiancé, mais pas sa mère. La « séparation » dont parle la *Genèse* doit être comprise par les parents et les enfants qui se marient.

Les beaux-parents feraient bien d'apporter au fils ou à la fille marié(e) l'aide qu'il ou elle demande. Ils peuvent également offrir discrètement leur propre aide s'ils estiment que le fils ou la fille marié(e) en a besoin. Mais ils ne doivent pas interférer, tout comme ils doivent savoir se retirer lorsqu'ils constatent que leur présence complique la relation du fils ou de la fille avec son conjoint. Lorsque le fils se marie, le rôle de sa mère change complètement. Dans chaque foyer, il ne peut y avoir qu'une seule « maitresse de maison » ; la coexistence de deux « maîtresse de maison » est insoutenable et peut provoquer des ruptures irrémédiables.

Il n'est parfois pas facile, dans la pratique, de trouver la limite entre l'absence indue, la présence bénéfique et l'intrusion odieuse de la belle-famille. Le mari et sa femme peuvent ne pas avoir la même sensibilité à cet égard. Ce qui importe, c'est que ce soit chaque époux qui, en son nom propre, fixe une limite à ses propres parents si cela s'avère nécessaire. Si c'est la femme qui doit modérer les parents du mari, ou le mari qui doit faire de même avec les parents de la femme, il y a un risque de conflit.

Il faut dire en toute honnêteté que très souvent les parents des époux veulent avant tout le bien des époux et savent adapter leur comportement à ce noble objectif. Le Pape François a parlé plus d'une fois de la richesse et de l'aide apportées par la présence des grands-parents.

4. L'affection entre époux

L'affection, avec toutes ses manifestations légitimes, ne manque pas entre les fiancés. Avec le temps, l'amour entre les époux devient plus fort et plus profond, même s'il est moins ardent en apparence. Mais il devient plus nécessaire, au fil des années, de le défendre contre l'égoïsme qui nous habite tous. L'affection conjugale doit être cultivée ; il ne suffit pas de laisser le temps passer pour qu'elle grandisse et se consolide. Elle s'améliorera si elle est cultivée avec amour et sacrifice, ce qui exige un engagement quotidien de la part des deux conjoints.

L'amour conjugal, c'est-à-dire l'amour que chacun des époux a le devoir de promouvoir et de défendre, a dans la pratique de nombreuses manifestations, en partie communes à d'autres formes d'amour : cohabitation, affection, écoute, compréhension, aide, disponibilité au service et au sacrifice, etc. Mais précisément dans la mesure où il est *conjugal*, cet amour a pour expression spécifique le don réciproque et complet qui a lieu dans les relations conjugales, qui ne sont pas seulement bonnes et saintes [2], mais aussi dues. Saint Paul parle clairement d'un devoir (1 Cor 7, 3) du mari envers la femme et de la femme envers le mari, car « la femme n'est pas propriétaire de son corps, mais le mari l'est ; de même, le mari n'est pas propriétaire de son corps, mais la femme » (1 Cor 7, 4). Il ajoute ensuite : « Ne privez pas l'autre de ce qui lui appartient, si ce n'est d'un commun accord, pour un certain temps » (1 Cor 7, 5). La morale catholique utilise le concept de « devoir conjugal » pour signifier qu'il existe un devoir moral de justice, en soi sérieux, de satisfaire le devoir conjugal lorsque le conjoint le demande sérieusement et raisonnablement [3].

Il s'agit d'une question délicate, dans laquelle chaque couple a ses propres équilibres et dans laquelle le confesseur n'interviendra avec tact et prudence qu'en cas de nécessité, soit pour répondre aux questions du pénitent, soit parce que ce que le pénitent raconte nécessite manifestement un éclaircissement de la part du confesseur.

En réalité, si les choses se passent comme il se doit dans un couple, l'amour réciproque fera généralement que les relations conjugales ne seront pas perçues dans la froide perspective du droit et du devoir. Si quelque chose doit être libre, c'est bien l'amour. Mais en même

---

2. CONCILE VATICAN II, Constitution pastorale *Gaudium et spes*, 7 décembre 1965, n° 49.

3. Pour plus de détails, voir RODRÍGUEZ LUÑO, *Scelti in Cristo per essere santi. III : Morale speciale*, p. 397-400.

temps, en se mariant, les époux se sont obligés à s'aimer. D'un point de vue moral objectif, le droit et le devoir existent, et une grave injustice peut être commise si l'un des conjoints rejette toujours ou presque toujours l'autre. Cela arrive parfois parce que chez l'un des partenaires, notamment en raison de l'âge, le désir diminue ou disparaît presque, et qu'il pense peut-être que l'autre a le même problème. Dans ce cas, on peut lui faire comprendre qu'il doit faire par amour et par charité chrétienne ce qu'il ne ferait plus par désir spontané, afin de consolider l'harmonie conjugale et d'éloigner l'autre des différentes formes d'incontinence.

En pratique, avant de porter un jugement moral ou de donner un conseil, il est utile de bien connaître les circonstances de l'affaire, car il peut y avoir des manquements ou des fautes de part et d'autre. La psychologie d'une femme est plutôt unitaire, de sorte qu'il lui est très difficile d'être disponible pour son mari si celui-ci l'a maltraitée auparavant ou s'il est habituellement indélicat à son égard. Il existe parfois des limites liées à l'âge ou à la santé.

Il est vrai que lorsque cet aspect de l'amour conjugal est bien développé, beaucoup d'autres petits problèmes de la vie quotidienne sont facilement oubliés et se résolvent d'eux-mêmes. En revanche, si la communication intime est interrompue ou difficile, il se crée un ressentiment de part et d'autre, qui se manifeste ensuite de manière explosive face à de petits contretemps ou désaccords qui, en eux-mêmes, n'expliquent pas ou ne justifient pas de telles réactions violentes. Par exemple, si un jour le dîner de la femme est trop salé, ou que le produit acheté par le mari n'est pas le bon, et que l'un dit à l'autre d'une voix forte qu'il est inutile ou qu'il n'est pas un bon mari ou une bonne épouse, il est tout à fait possible que la petite erreur dans la cuisine ou les courses ne soit pas la cause réelle de la réaction explosive. Il n'appartient pas au confesseur de rechercher les causes profondes de toutes les colères, mais il doit être conscient que de telles dynamiques existent entre les conjoints.

5. L'ouverture à la vie

À propos du nombre d'enfants, l'Église enseigne qu'il est du devoir des époux, et non des autres, de comprendre quel est le plan de Dieu pour eux et pour leur famille. Cela requiert prière et réflexion, générosité et confiance filiale dans la Providence divine, sincérité dans l'examen de ses propres motivations, évaluation des circonstances sans pessimisme et, en outre, recherche des conseils de personnes prudentes, sans toutefois se décharger sur elles de sa propre responsabilité : en cette matière, le « jugement doit en définitive être formé devant Dieu par les époux personnellement » [4].

Souvent les époux arrivent à la conclusion que leur responsabilité est d'accueillir avec générosité et joie tous les enfants que Dieu voudra bien leur confier. Dans ce sens, le Concile Vatican II considère dignes d'une mention spéciale les époux qui, d'un commun accord, « acceptent avec magnanimité une progéniture plus nombreuse pour l'élever dignement » [5]. En d'autres occasions, de graves raisons d'ordre physique, social, économique, etc. feront qu'il sera souhaitable de ne pas décider, pour le moment, d'avoir plus d'enfants. L'encyclique *Humanae vitae* affirme en ce sens : « En fonction des conditions physiques, économiques, psychologiques et sociales, la paternité et la maternité responsables se concrétisent soit par la décision réfléchie et généreuse d'avoir une famille nombreuse, soit par la décision, prise pour des raisons sérieuses et dans le respect de la loi morale, d'éviter une nouvelle naissance pour un certain temps ou pour une période indéterminée » [6].

Lorsqu'il existe des raisons sérieuses d'espacer les naissances, la paternité et la maternité responsables exigent la connaissance et le respect des processus biologiques, ainsi que le contrôle nécessaire que la raison et la volonté doivent exercer sur les tendances et les impulsions [7], afin de pouvoir adopter un comportement conjugal cohérent avec la décision prise. Il est licite « de tenir compte des rythmes naturels immanents aux fonctions génératives pour ne recourir au mariage qu'en période d'infécondité et réguler ainsi la natalité sans heurter les principes moraux » [8].

Malgré certaines campagnes de dénigrement, les données statistiques existantes montrent que le recours aux périodes infertiles, s'il est effectué correctement, est tout à fait fiable. Dans certains cas plus difficiles (par exemple, cycles irréguliers), il est nécessaire de s'adresser à un centre spécialisé où se trouvent des experts qui peuvent donner aux conjoints, outre les informations nécessaires, une meilleure confiance dans les méthodes naturelles pour la maîtrise des périodes fertiles et infertiles. Le manque de confiance des conjoints est souvent le plus grand problème.

D'autre part, il ne faut pas oublier la mentalité qui prévaut dans les pays riches — dont la population vieillit à un rythme alarmant —

4. Concile Vatican II, *Gaudium et spes*, n° 50.
5. *Ibid.*
6. Saint Paul VI, encyclique *Humanae vitae*, 25 juillet 1968, n° 10.
7. *Ibid.*
8. *Ibidem*, n° 16.

et la difficulté réelle que les structures de travail et les coutumes sociales font aujourd'hui peser sur la maternité. Il est donc souhaitable, dans la pratique, d'encourager les époux à être généreux en accueillant un plus grand nombre d'enfants que le minimum qui, malheureusement, devient la norme aujourd'hui. Les familles nombreuses sont une bonne chose pour la société, pour l'Église et surtout pour les familles elles-mêmes. Cependant, de telles décisions ne s'imposent pas, mais doivent mûrir dans le dialogue des époux entre eux et avec Dieu. Le prêtre peut, et souvent doit, éclairer et aider les époux à réfléchir sur leurs motivations et les circonstances. Mais en définitive, ce sont les époux eux-mêmes qui doivent se décider selon la conviction mûrie dans leur âme, afin d'assumer avec joie les sacrifices que peut comporter leur devoir de parents et d'éducateurs.

Du point de vue pastoral, le confesseur gardera à l'esprit la recommandation de saint Paul VI : « Ne porter atteinte en rien à la salutaire doctrine du Christ est une forme d'éminente charité envers les âmes. Mais elle doit toujours être accompagnée de la patience et de la bonté dont le Seigneur lui-même a donné l'exemple dans ses rapports avec les hommes. Il n'est pas venu pour juger, mais pour sauver. Il était certes intransigeant envers le mal, mais miséricordieux envers les hommes. Au milieu de leurs difficultés, que les époux trouvent toujours dans les paroles et le cœur du prêtre l'écho de la voix et de l'amour du Rédempteur » [9].

Comme en toute autre matière, la norme morale doit être appliquée au cas concret avec prudence et bon sens, et les problèmes doivent être affrontés avec équilibre et sens positif. Les époux peuvent pécher contre la chasteté, mais surtout s'il s'agit d'erreurs occasionnelles, il n'y a pas de raison que le confesseur leur adresse des paroles plus sévères qu'à ceux qui commettent d'autres péchés graves, ou aux célibataires qui pèchent contre la même vertu. Il serait tout à fait injuste d'adopter à l'égard d'un père ou d'une mère de plusieurs enfants, à qui l'on reproche un péché occasionnel, la même attitude qu'il conviendrait peut-être d'adopter à l'égard de celui qui mène une vie dissolue.

D'autre part, il peut parfois y avoir des circonstances exceptionnelles dues à l'âge ou à la santé physique ou mentale. Dans d'autres cas, l'un des conjoints veut simplement éviter l'incontinence de l'autre et, à cet égard, il convient de considérer que ce qu'un conjoint tolère dans le mariage pour éviter l'incontinence de l'autre est moins grave que les péchés d'une personne mariée en dehors du mariage. Enfin, il y a des difficultés liées à l'âge (la période pré-ménopausique, par exemple) qui ne durent qu'un temps, et il serait donc imprudent de

9. *Ibidem*, n° 29.

provoquer une blessure ou une rupture permanente parce qu'on n'a pas su gérer la situation avec patience.

6. Quelques situations particulièrement graves

Nous voudrions maintenant nous référer à un problème délicat qui peut surgir dans la vie conjugale [10]. Pie XI le décrivait ainsi : « La Sainte Église sait très bien qu'il n'est pas rare qu'un des deux époux subisse le péché plus qu'il ne le commet, lorsque, pour une raison tout à fait grave, il laisse se produire une perversion de l'ordre, qu'il ne veut pas lui-même ; il en reste, par suite, innocent, pourvu qu'alors il se souvienne aussi de la loi de charité, et ne néglige pas de dissuader et d'éloigner du péché son conjoint » [11]. Ces situations peuvent être provoquées par une imposition violente de la part de l'un des conjoints, ou par des menaces sérieuses d'abandon, de séparation ou de divorce, ou par le danger de conflits et de litiges qui conduiraient finalement à la violence ou à la séparation, situations qui causent également de graves préjudices aux enfants.

Ce que Pie XI a dit, et qui a été repris par le *Vademecum des confesseurs* [12], signifie en bref que, dans certaines circonstances, la coopération matérielle au péché d'un conjoint est moralement licite. La licéité requiert trois conditions :

1. Que l'action du conjoint coopérant (c'est-à-dire le conjoint innocent) soit en elle-même licite. C'est-à-dire que ce ne peut être lui qui prive l'acte de sa vertu procréatrice en se retirant (onanisme), en prenant une pilule contraceptive ou en utilisant une méthode de barrière. En revanche, la coopération n'est pas licite si l'autre partenaire utilise un moyen ayant des effets abortifs.
2. Il doit exister des raisons proportionnellement sérieuses de coopérer avec le conjoint fautif. Ces raisons peuvent être, par exemple, la prévention de violences ou de conflits graves, la rupture de la cohabitation conjugale (abandon, séparation, divorce) ou le danger imminent d'infidélité conjugale.

10. Nous présentons ici ce que nous avons écrit dans Rodríguez Luño, *Scelti in Cristo per essere santi. III : Morale speciale*, 412-413.

11. Pie XI, encyclique *Casti connubii*, 31 décembre 1930. Voir comment saint Alphonse traite ce problème dans sa *Theologia moralis*, Lib. VI, chap. II, n° 947.

12. Pontificio Consiglio per la Famiglia, *Vademecum per i confessori su alcuni temi di morale attinenti alla vita coniugale*, 12 février 1997, Libreria Editrice Vaticana, Città del Vaticano 1997, n° 3 et 13.

3. Que le conjoint innocent ne consente pas intérieurement au péché (ce qui ne signifie pas, bien sûr, qu'il n'éprouve pas le plaisir propre à l'union conjugale) et qu'il essaie d'aider son conjoint — par la prière, la charité, la disponibilité au sacrifice et le dialogue — à abandonner un tel comportement. Il doit être clair que le conjoint innocent n'approuve pas ces actes, même s'il n'est pas nécessaire qu'il le signale au moment ou à l'occasion de chaque acte. Naturellement, le conjoint innocent doit éviter d'être indirectement (par ses plaintes, sa mauvaise volonté, etc.) la cause du comportement illicite de l'autre conjoint.

Il faut tenir compte du fait que ces difficultés peuvent être temporaires, dues à diverses causes passagères, alors que la rupture de l'harmonie conjugale, la séparation, le divorce, etc. créent des situations très négatives — et souvent irréparables — pour les époux et pour les enfants. C'est pourquoi il est justifié, et parfois juste par charité, de tolérer le comportement négatif du conjoint pendant un certain temps, tout en l'aidant, avec patience et affection, à se décider à changer de comportement. La charité conjugale exige un mélange de fermeté et de souplesse tolérante, toujours pour le bien humain et spirituel des époux, la défense de la famille et la protection des enfants.

7. L'éducation des enfants

Les parents devraient se sentir responsables de l'éducation humaine et spirituelle de leurs enfants. Généralement, ils le ressentent, tout en éprouvant la difficulté que cette tâche comporte aujourd'hui. Une approche complète de ce sujet nécessiterait des connaissances spécialisées que je n'ai pas, mais il est possible de donner quelques orientations de base.

Si les petits enfants sont fatigants par leur dynamisme infatigable, les adolescents peuvent être inquiétants, voire irritants, par leur caractère rebelle et leurs sautes d'humeur. Alors que les petits enfants se sentent, d'une certaine manière, comme une partie de leurs parents, les adolescents entament un processus naturel qui aboutira à la formation d'une personnalité autonome, ce qui implique le besoin de se distinguer et de se séparer psychologiquement de leurs parents. Parfois, ils ont un besoin presque physiologique de dire non, de se rebeller. C'est normal et les parents doivent être patients et compréhensifs. Il sera plus facile pour les parents d'anticiper légèrement ce processus, en donnant progressivement plus de liberté à leurs enfants au fur et à mesure qu'ils grandissent et mûrissent. Les parents ne doivent pas toujours donner une réponse négative aux demandes de leurs enfants adolescents, ni toujours dire oui. L'habileté des parents consiste à savoir rester fermes sur les points importants et à céder sur ceux qui ne sont pas essentiels.

De nos jours, les jeunes écoutent de nombreuses voix et sont exposés à différents exemples. Parents, amis, différents enseignants, exemples de célébrités du monde du sport et du spectacle, télévision, médias sociaux, etc. Un premier pas important est que les parents (et les grands-parents) parlent d'une seule voix, ce qui implique qu'en l'absence des enfants, ils discutent et se mettent d'accord sur les critères selon lesquels ils veulent les éduquer. Il n'est pas bon que l'éventuelle disparité des critères éducatifs des parents soit remarquée par les enfants, et c'est encore pire si les enfants voient que les parents sont en conflit pour cette raison.

Il n'est pas facile d'empêcher les enfants de considérer les enseignements de leurs parents comme une opinion parmi d'autres. La meilleure façon d'éviter cela est d'établir une relation sincère et confiante entre parents et enfants. Mais la sincérité et la confiance des enfants, en particulier des adolescents, doivent être gagnées. Si, lorsque l'enfant dit quelque chose qu'il n'a pas bien fait (par exemple un mauvais résultat scolaire), les parents réagissent impatiemment ou violemment, sans comprendre, l'enfant aura tendance à se défendre en mentant : il ne dira pas à ses parents ce qu'il a réellement fait, où et avec qui il a été, etc.

Les parents seront de bons éducateurs s'ils parviennent à être les meilleurs « amis » de leurs enfants. Comme l'écrivait saint Josémaria Escrivá, « l'idéal des parents est plutôt de devenir les amis de leurs enfants : des amis à qui ils confient leurs préoccupations, avec qui ils consultent leurs problèmes, dont ils attendent une aide efficace et bienveillante » [13].

Si, par exemple, on veut éduquer ses propres enfants à la sobriété, il ne suffit pas de ne pas leur donner tous les objets (smartphones, robes, fêtes, etc.) dont disposent beaucoup de leurs camarades d'école. Il peut arriver que les enfants commencent à se sentir mal parce qu'il leur est difficile de se sentir intégrés dans un groupe d'amis qui se comportent très différemment. Il est vrai que les parents pourront guider leurs enfants en matière d'amitiés, mais ils devront surtout parler calmement avec eux pour voir s'ils comprennent les raisons

13. Saint Josémaria Escrivá, *Quand le Christ passe*, Le Laurier, Paris 1989, n° 27.

qui les poussent à agir d'une certaine manière. Ils pourront ainsi voir si leur approche éducative est une source de souffrance pour leurs enfants ou leur donne le sentiment d'être différents des autres, afin de comprendre quelle serait l'approche la plus raisonnable et la plus efficace. En effet, ce n'est pas parce que les parents ne doivent pas tout donner à leurs enfants qu'ils ne doivent rien leur donner. C'est une question de gradualité et d'équilibre. D'autre part, un dialogue sincère et confiant entre parents et enfants est particulièrement important lorsqu'il s'agit d'éducation à l'affectivité et à la sexualité. Il s'agit d'un sujet complexe qui nécessiterait un traitement spécifique.

Enfin, il convient de préciser que les éducateurs des enfants sont le père et la mère, et pas seulement l'un d'entre eux. La présence des deux est absolument nécessaire, chacun ayant son rôle spécifique. L'absence de l'un des parents — parce qu'il a beaucoup de travail, parce qu'il est habituellement inhibé, parce qu'il a des déficiences de personnalité ou pour d'autres raisons — peut avoir des conséquences négatives sur le développement des enfants, surtout en termes d'équilibre émotionnel. Le mari et la femme doivent passer du temps avec les enfants, et si la personnalité d'un parent est beaucoup plus forte et brillante que celle de l'autre, le parent le plus fort devra faire un effort pour ne pas obscurcir la personnalité et l'action éducative du parent le plus faible.

8. Situations de crise et situations irrégulières

Les crises conjugales et les situations matrimoniales dites irrégulières font l'objet spécifique d'autres chapitres de ce livre. Nous ne ferons ici qu'une brève allusion à l'attitude que le prêtre doit adopter.

La médiation familiale n'est pas une tâche proprement sacerdotale, car elle requiert des compétences spécialisées que nous, prêtres, n'avons généralement pas. Cependant, le psychologique et le spirituel sont étroitement liés et nombreux sont les couples en crise qui s'adressent au prêtre parce qu'il est la figure en laquelle ils ont le plus confiance. D'une manière générale, on peut dire que la prise en charge de ces couples n'est pas une tâche facile, qui nécessite un suivi long et patient, ainsi que beaucoup de prières. Ce serait une légèreté impardonnable que de vouloir tout résoudre en quelques minutes avec quelques conseils génériques.

Il est parfois possible de travailler d'abord avec chacun des conjoints séparément, mais il est souvent difficile de traiter les causes de la crise s'il n'est pas possible de parler aux deux conjoints en même temps, à condition bien sûr que les conjoints le veuillent librement. Comme il y a souvent une tendance spontanée à prendre le parti de la personne que l'on écoute, le fait de parler aux deux en même temps permet une compréhension du problème qui rend justice aux deux conjoints. Le prêtre doit s'efforcer d'amener chacun d'eux à repartir, à regagner l'affection et la confiance de l'autre. Pour les conjoints, il s'agit d'une tâche coûteuse qui nécessite une forte motivation, notamment religieuse. Par conséquent, tout ce que le prêtre peut faire pour renforcer la vie spirituelle des époux sera d'une grande aide.

En ce qui concerne les situations matrimoniales dites irrégulières, qui seront traitées ultérieurement par le professeur Miguel Ángel Ortiz et l'avocate Silvia Frisulli, l'enseignement du pape François est très clair. Il est important d'éviter la tentation de se débarrasser de ces problèmes par des attitudes expéditives, qui peuvent aller du rejet de ces personnes leurs problèmes étant insolubles à la simple affirmation que dans leur cas tout va bien et qu'il n'y a rien à arranger. Il est nécessaire de prendre le temps d'écouter, d'essayer de bien comprendre le problème et d'entamer un chemin progressif vers une solution possible, que le prêtre accompagnera par sa prière et sa proximité. Ces cas difficiles et lents à résoudre sont peut-être ceux qui requièrent le plus l'exercice sacrificiel de la paternité spirituelle propre au confesseur et au directeur spirituel.

Élever les enfants pour une vie chrétienne authentique : le point de vue des parents

Annamaria Roggero, Danilo Gentilozzi*

1. Introduction

En continuité avec ce que nous avons écrit dans le chapitre sur les cours de préparation au mariage, nous nous concentrerons ici sur certains aspects dans lesquels nous, parents, pouvons obtenir un grand soutien de la part des prêtres dans la tâche d'éduquer nos enfants.

Nous nous permettons de faire cette proposition à partir de notre expérience sur le terrain, en tant que parents soucieux du développement physique et intellectuel de nos enfants, pour leur bien et pour le bien qu'ils pourront apporter à la société dans laquelle ils vivront. Nous sommes une famille comme beaucoup d'autres qu'un prêtre peut trouver dans sa paroisse, mais nous voudrions aussi être la voix d'autres familles chrétiennes vivant dans le quartier de n'importe quelle ville. Et le plus important, c'est que nous voulons éduquer nos enfants à une vie chrétienne authentique.

Nous voulons aussi proposer un échange d'expériences dans lequel chaque partie (parents et prêtres) a quelque chose à apporter à l'autre. En tant que parents, nous voulons guider nos enfants vers un style de vie dans lequel ils se sentent à l'aise, qui les aide à réaliser leurs désirs et qui est vraiment orienté vers leur bien. Cela signifie essentiellement que nous nous préoccupons d'aspects tels que :

* Annamaria Roggero (annamaria.roggero@gmail.com) est psychologue et experte en médiation familiale. Danilo Gentilozzi (d.gentilozzi@fondazionerui.it) est avocat et journaliste ; il travaille à la Fondation Rui. Ils sont mariés et parents de cinq enfants.

— qu'ils soient des personnes satisfaites d'elles-mêmes;
— qu'ils réalisent leurs désirs les plus profonds;
— qu'ils soient bons et généreux;
— qui soient préparés professionnellement, physiquement et mentalement;
— qu'ils puissent décider par eux-mêmes.

Il est certain que tous les parents ne sont pas conscients qu'une vie pleinement épanouie est liée à une vie chrétienne cohérente. C'est précisément sur ce point que nous considérons que le rôle des prêtres est indispensable : ils peuvent nous aider à redécouvrir cet engagement de vie, à nous laisser guider dans cette tâche parfois ardue, dans laquelle nous subissons de nombreuses influences de la société.

Au fil des années, l'enfant fréquente différents environnements, généralement dans l'ordre suivant :

— la famille, qui est — et sera toujours — le premier domaine de l'éducation;
— l'école (travail professionnel à l'âge adulte);
— les amitiés;
— les activités sportives;
— la paroisse;
— les clubs de jeunes, associations culturelles, etc.

Comme on peut le constater, le milieu paroissial n'est pas le premier lieu que les enfants fréquentent. Par conséquent, pour pouvoir compter sur l'aide des prêtres dans l'éducation chrétienne, il faudra profiter des moments où l'élément religieux est plus présent dans la vie de l'enfant. Ce sera facile dans le cas de familles croyantes et pratiquantes, mais dans tous les cas il sera possible de profiter des cours de préparation aux sacrements de l'initiation chrétienne.

2. Le droit/devoir d'éduquer les enfants

Notre point de départ sera le suivant : il arrive souvent que des couples se marient à l'Église et fassent baptiser leurs enfants, mais ils ne sont pas au clair sur la responsabilité qu'ils ont assumée en se mariant et sur la mission éducative à laquelle ils sont appelés. Les deux engagements qui découlent du mariage — valables aussi pour ceux qui ne sont pas mariés à l'Église ou qui vivent ensemble *more uxorio* — sont essentiellement les suivants :

— fidélité : être fidèle l'un à l'autre pour le meilleur et pour le pire, ce qui implique l'unité et l'indissolubilité ;
— la mission éducative : éduquer les enfants, fruits de l'amour du couple.

Un concept fondamental, peut-être trop souvent oublié, est que les parents ont le droit/devoir d'éduquer leurs enfants. Ils ne peuvent pas « abdiquer » leur tâche d'éducateurs en pensant, par exemple, que l'école les remplace, bien qu'une collaboration fructueuse entre parents et enseignants pour atteindre certains objectifs éducatifs soit tout à fait souhaitable. De même, les parents ne doivent pas déléguer à la paroisse la tâche d'éduquer leurs enfants à une vie chrétienne authentique, puisqu'ils sont les premiers à être appelés à cette tâche importante. Il n'y a pas de discontinuité entre l'éducation au sens personnel ou social et l'éducation chrétienne : elles constituent une unité inséparable dans la mesure où elles visent à former la personne tout entière, dans sa dimension humaine et transcendante.

Sur quel modèle éducatif les parents qui se sont mariés dans l'Église et ont baptisé leurs enfants doivent-ils s'appuyer ? La réponse peut sembler évidente, bien qu'elle ne le soit pas tant que cela. Si l'on n'a pas de projet éducatif pour ses enfants, il n'est pas facile de comprendre sur quel modèle il faut s'appuyer pour les former à une vie authentique et pleine de sens. L'éducation chrétienne se fonde essentiellement sur la foi professée par au moins l'un des deux parents, une foi vivante et agissante qui ne se base pas seulement sur l'accomplissement du précepte dominical et la sanctification des jours de fête, ce qui ne serait qu'un objectif minimum.

Le dernier magistère pontifical a réaffirmé que l'éducation chrétienne doit commencer par la famille et que les prêtres, dans le cadre de leur vocation, sont appelés à s'approcher d'elle pour l'aider de manière concrète et active dans cette tâche.

Comment un prêtre peut-il aider les parents à redécouvrir la beauté de leur droit et de leur devoir ? Voici quelques suggestions tirées de notre expérience de famille engagée dans une paroisse.

En premier lieu, le prêtre ne doit pas penser que l'éducation chrétienne d'un enfant ou d'un adolescent peut se limiter aux heures hebdomadaires de catéchisme dans la paroisse. Une telle vision enlèverait le sens spécifique de la vocation sacerdotale comme appel de Dieu à porter la Bonne Nouvelle au monde entier, en la réduisant à une vision « bureaucratique » de sa mission, une sorte de charge ministérielle qui impliquerait de consacrer quelques heures à cette tâche, comme n'importe quel employé public ou privé.

Deuxièmement, il s'agit de faire prendre conscience aux parents qu'ils sont appelés à éduquer chrétiennement leurs enfants par le simple fait d'être parents, puisqu'ils sont appelés par Dieu à veiller sur la vie des enfants qu'Il leur a confiés. Cela peut se faire par une préparation sérieuse des parents au baptême de leurs enfants, en réaffirmant l'engagement que ce sacrement comporte pour eux.

Enfin, en reprenant ce qui a été dit dans le chapitre sur les cours de préparation au mariage, une autre tâche du prêtre pourrait être de maintenir le contact avec le couple après la célébration du sacrement qui les a unis pour toujours. Un objectif principal de ce suivi serait la réception meilleure et plus intense des sacrements qui animent la vie ordinaire : la réconciliation et l'Eucharistie.

3. Les vertus humaines et l'éducation éthique des enfants

En abordant la collaboration entre prêtres et parents, il nous semble fondamental d'approfondir la formation éthique des enfants, c'est-à-dire l'éducation au bien et au mal, à ce qu'il faut faire et à ce qu'il faut éviter. Il s'agit d'un domaine intéressant où convergent le naturel et le surnaturel, l'humain et le divin, qui va au-delà des notions de base de la foi et des principales prières vocales enseignées dans les premières années.

L'éthique, comme la morale, se réfère au comportement d'une personne. C'est pourquoi nous pensons qu'un aspect fondamental de l'éducation chrétienne est la formation aux vertus, en suivant un parcours qui part des vertus humaines les plus élémentaires, passe par les vertus cardinales (prudence, justice, force d'âme et tempérance) et arrive à la redécouverte des vertus théologales (foi, espérance et charité), infusées par Dieu au moment du baptême. Les prêtres peuvent partir de ces fondements humains pour parler de Dieu, puisque les vertus humaines servent de fondement aux vertus surnaturelles.

L'objectif des familles qui veulent éduquer leurs enfants à l'éthique est de leur faire acquérir de bonnes habitudes ou vertus. Celles-ci se traduiront, à l'âge adulte, par un style de vie personnel respectueux des autres et des ressources matérielles qu'ils utiliseront.

Voici quelques-unes des vertus à encourager dans la vie familiale :

— la sobriété ;
— l'esprit de service ;
— l'ardeur au travail ;
— la sincérité ;
— l'ordre ;

— la modestie ;
— la joie ;
— la paix ;
— le pardon.

Cette liste n'est pas exhaustive, mais constitue une première ébauche de l'itinéraire qui conduit les enfants vers le véritable épicentre de l'éducation éthique : la liberté personnelle et la responsabilité qui en découle. Sans liberté, il ne serait pas possible d'éduquer les enfants de manière chrétienne, car le message chrétien est entièrement orienté vers la suite du Christ « dans la liberté des enfants de Dieu » (Rm 8, 21).

Comme dans tous les domaines de l'éducation, il ne s'agit pas simplement de « parler de vertus » ou d'exiger des enfants des objectifs élevés dans le seul but d'exceller parmi les autres. Il s'agit plutôt d'être un exemple vivant, une référence : les actes comptent beaucoup plus que les paroles. Lorsque les parents ne sont pas attentifs à une certaine vertu humaine, les prêtres peuvent les encourager à grandir et à s'efforcer d'y parvenir. De même, les prêtres sont appelés par leur exemple à mettre en valeur les vertus apprises en famille. Dans ce domaine, les parents et les prêtres sont « exposés » au jugement de leurs enfants, depuis leur enfance jusqu'à la période délicate de l'adolescence.

Éduquer éthiquement les enfants pour les conduire à une vie chrétienne authentique : tel est le sens de la collaboration entre parents et prêtres. Une collaboration qui sera fructueuse si elle s'appuie sur les deux éléments actifs du comportement éthique : les paroles (conversations) et les actes (témoignage personnel).

4. Tâches spécifiques des prêtres pour aider les parents

Après ce bref aperçu des différents aspects de l'éducation chrétienne, nous verrons plus concrètement comment les prêtres peuvent soutenir les parents.

La première tâche, et peut-être la plus urgente, est d'éduquer les éducateurs en leur donnant les outils concrets pour guider leurs enfants sur le chemin de la foi. Souvent, les parents n'ont pas les bases chrétiennes nécessaires pour le faire ou ont négligé pendant un certain temps leur pratique religieuse. C'est pourquoi les prêtres essaieront d'encourager les parents avant même que leurs enfants n'atteignent l'âge de la catéchèse précédant la première communion, par exemple par une bonne préparation au baptême de leurs enfants qui mette en valeur l'engagement qu'ils prennent. Il ne s'agit pas de les effrayer ou de rendre leur tâche trop ardue, mais de souligner la beauté et l'importance de leur vocation éducative. Les prêtres peuvent aider les parents à comprendre que les racines de la foi ont une longue phase de croissance. L'enfant a un sens aigu de la transcendance dès son plus jeune âge et cette tendance doit être développée dès les premières années.

De plus, grâce à l'aide des prêtres, les parents pourront comprendre qu'il n'est pas efficace de limiter l'éducation chrétienne de leurs enfants aux heures de catéchèse de la paroisse, car l'éducation chrétienne implique nécessairement une vie de famille. Une heure de catéchisme par semaine ne sert à rien si elle n'est pas accompagnée d'une vie de famille où l'on participe à la messe dominicale et où l'on consacre du temps à la prière, personnelle et familiale. À cet égard, il convient de souligner l'importance de la participation personnelle — en particulier des parents — aux sacrements de la réconciliation et de l'Eucharistie.

La deuxième tâche, qui n'est pas moins importante et qui devrait peut-être être placée en premier, est d'écouter les parents dans leurs doutes, leurs souhaits et leurs projets pour leurs enfants, ainsi que dans leurs craintes face aux défis de notre société. Cela permettra aux prêtres de proposer, avec l'aide d'experts et de professionnels, des initiatives dans différents domaines, tels que la gestion de la technologie et des médias ou d'autres questions d'actualité comme le harcèlement et les défis bioéthiques.

Au fil des années, la possibilité d'accompagner des enfants ou des jeunes qui souhaitent se confier à un chemin de direction spirituelle, évidemment adaptée à leur âge, se présentera. Cela requiert une bonne formation des catéchistes et des autres laïcs qui collaborent à la pastorale paroissiale ; un accompagnement adéquat des enfants, des jeunes et des familles dépend en grande partie d'eux. Ce deuxième aspect implique un travail intensif de « formation des formateurs », sans déléguer ses propres tâches aux autres, mais en collaborant chacun selon son propre état de vie.

Un domaine encore peu exploré est la possibilité pour les familles de se rencontrer : des pèlerinages aux sanctuaires à d'autres moments tels que les repas et les fêtes lors d'occasions particulières. Ce sont des moments qui peuvent favoriser une connaissance plus profonde entre les prêtres et les familles, et entre les familles elles-mêmes. De cette façon, se formera un réseau solide de familles qui partagent les mêmes valeurs et ressentent plus fortement le sens d'appartenance à une communauté ecclésiale et le soutien que cela implique.

Le cas échéant, les parents peuvent s'impliquer dans les activités paroissiales, en particulier celles qui concernent leurs enfants. Il peut s'agir par exemple de l'organisation de collectes de fonds, d'activités Caritas, ou de la possibilité de mettre leurs compétences professionnelles au service de la communauté (de médecin à psychologue, cuisinier, kinésithérapeute, etc.) L'implication des laïcs dans les communautés paroissiales est fondamentale et permet aux parents de se sentir partie prenante d'un projet pour leurs enfants et pas seulement « utilisateurs » d'un service offert par la paroisse.

5. La morale sexuelle : défi ou problème ?

Lorsque l'on parle de l'éducation d'un enfant ou d'un adolescent à une vie chrétienne authentique, on ne peut omettre l'aide que les prêtres peuvent apporter aux parents sur le sujet délicat, mais important de la morale sexuelle.

Est-il opportun que les prêtres parlent de ces questions ? Nous pensons que c'est très important, car la délinquance sexuelle, comme d'autres comportements « éthiques », a pour premier point de référence la famille elle-même et en particulier les parents. Mais quelle connaissance les parents ont-ils de ces questions ? Savent-ils les expliquer ?

L'importance de la formation dans ce domaine ne doit pas être sous-estimée : c'est là que les jeunes reçoivent les bases pour aimer, pour prendre soin de leur prochain, pour respecter l'âme et le corps, temple de l'Esprit Saint. Alors, oui, les prêtres doivent aussi s'occuper de ces questions. Trop souvent, nous avons constaté une timidité excessive et une certaine précipitation à aborder ces questions dans les réunions de formation en paroisse. Et pourtant, surtout à l'adolescence, c'est un sujet qui suscite la curiosité ; dès le plus jeune âge, on commence à se demander « comment naissent les enfants ? »

Comment aborder cette question ? Sans doute en partant des questions posées par les enfants, mais il faut aussi savoir anticiper avec sensibilité pour ne pas risquer qu'ils reçoivent des informations erronées de la part d'autres personnes ou des médias.

D'un point de vue pratique, nous pensons que c'est important :

— Il faut l'aborder avec détermination, sans fausse prudence ni crainte d'inquiéter des jeunes qui sont probablement déjà à la recherche de réponses ;

— ne pas banaliser la question du sexe ;
— ne pas diaboliser le sexe comme étant incompatible avec la foi chrétienne ;
— donner une réponse adéquate aux questions des jeunes et, lorsque vous ne savez pas, demander l'aide d'experts ;
— favoriser une relation personnelle avec le jeune par le biais de la direction spirituelle et de la confession, en tenant compte de son âge et de ses intérêts. Souvent, les jeunes disent au prêtre des choses qu'ils n'osent pas dire à leurs parents.

6. Conclusions

Dans ces quelques pages, nous avons essayé de résumer notre expérience de parents dans l'éducation chrétienne de nos enfants. Nous en sommes encore à un stade très précoce, puisque nos enfants ne sont pas encore entrés dans la phase redoutée de l'adolescence. Cependant, nous connaissons de nombreuses familles qui ont déjà franchi ce seuil et d'autres qui, malheureusement, n'ont pas encore eu la joie de s'engager sur le chemin de l'Évangile pour découvrir à quel point la vie chrétienne n'est pas quelque chose d'abstrait qui ne concerne que l'intériorité du sujet, mais au contraire un moyen de se réaliser pleinement en tant que personnes libres et responsables.

Nous sommes bien conscients que les prêtres ont une lourde charge de travail. Cependant, chaque fois que nous en avons l'occasion, nous essayons de leur faire comprendre que la foi chrétienne s'épanouit avant tout dans les familles avec l'exemple de parents saints, capables de mener leur vie quotidienne, sans miracles, mais avec l'aide indispensable de la Providence et de leur propre compétence humaine.

C'est pourquoi, avec une confiance renouvelée, nous encourageons tous les prêtres et religieux à écouter les familles, à considérer l'éducation chrétienne des parents comme l'un des objectifs les plus importants de ce nouveau siècle. Nous considérons cette tâche comme indispensable pour restaurer la paix et la sérénité dans notre société de consommation, qui abandonne le sens du sacré et la beauté des dons divins pour se limiter à l'expérience d'une liberté irresponsable. C'est dans la famille chrétienne que fleurissent les vocations au mariage et au sacerdoce, qui résistent mieux aux tempêtes de la vie.

L'Église du futur passe nécessairement par la pastorale de la famille, surtout à l'heure où celle-ci est de plus en plus attaquée. Le prêtre reste pour nous une figure fondamentale pour nous aider à éduquer éthiquement nos enfants, surtout lorsqu'il sait témoigner concrètement du message pour lequel il a choisi de donner sa vie et lorsqu'il nous apprend à nous améliorer dans notre travail d'éducateur.

Aider les couples en crise

Mariolina Ceriotti Migliarese*

1. Prémisse

AVANT D'ENTRER dans les considérations humaines et psychologiques objet de ce chapitre, il me semble nécessaire de rappeler qu'il n'est pas possible de comprendre l'indissolubilité du mariage chrétien uniquement comme le fruit d'un choix et d'un engagement personnel du couple. Il est essentiel de comprendre qu'il s'agit, à toutes fins utiles, d'un *fait* : l'indissolubilité n'est pas une caractéristique que *nous* pouvons, par simple volonté, imprimer à la relation.

L'amour humain contient en lui-même une vocation à durer toujours, mais seul le sacrement *le rend* indissoluble. Avec la bénédiction du Seigneur, quelque chose se produit qui change la nature même de la relation et forme, à travers l'intention et la promesse sincère d'amour entre un homme et une femme — inévitablement limitée et fragile — une nouvelle entité qui n'existait pas auparavant. C'est là que la vocation personnelle de chacun trouvera la voie de l'épanouissement. Aujourd'hui plus que jamais, une compréhension renouvelée de cette prémisse est indispensable pour affronter les difficultés et les crises de plus en plus fréquentes et profondes dans la vie des mariages chrétiens.

Les familles de croyants souffrent d'un fort contraste entre le beau projet familial auquel elles continuent de croire et la possibilité concrète de sa réalisation. Elles vivent les difficultés, les limites

* Neuropsychiatre pour enfants, psychothérapeute et parent. Cet article reprend et développe ce que j'ai écrit dans M. CERIOTTI-MIGLIARESE, *L'integrazione marito moglie : crisi attuale e orizzonti di soluzione*, in A. GONZÁLEZ ALONSO (a cura di), *La relazione coniugale : crisi attuale e orizzonti di soluzione*, Edusc, Roma 2019, p. 115-125.

et les échecs, si communs et répandus dans notre contexte socioculturel, avec la même fréquence et la même intensité que ceux qui n'ont pas la foi. Bien qu'il ne soit pas toujours explicite, un doute subtil se répand sur la possibilité que le mariage puisse être un projet à la fois indissoluble et humainement heureux.

Dans les milieux catholiques aussi, nous sommes particulièrement conscients du manque, ou du moins de la diffusion insuffisante, d'une bonne culture des relations. Aujourd'hui, il ne suffit pas d'avoir un bon projet familial : pour qu'une relation ait les fondements nécessaires pour être durable dans le temps, il est également nécessaire de développer des compétences personnelles et de couple adéquates à travers une réflexion qui tienne compte de la complexité des éléments en jeu. Nous avons besoin d'une plus grande capacité à lire les relations, qui ne sont pas des structures stables définies une fois pour toutes, mais des corps vivants qui nécessitent une adaptation continue.

Aujourd'hui, le couple ne vit plus dans un contexte de règles « fortes » et socialement partagées. Rien n'est acquis : ni la différence entre les hommes et les femmes, ni l'attribution des tâches et des rôles, ni le projet parental.

Il existe, par ailleurs, des modes de pensée très répandus qui conditionnent souvent inconsciemment notre prédisposition à l'égard des projets affectifs. Je me contenterai d'en mentionner brièvement quelques-uns, comme simple liste provisoire et incomplète qui mériterait un approfondissement et une réflexion appropriés :

— la lecture fortement idéalisée du concept d'amour, avec une forte insistance sur la composante émotionnelle au détriment d'une planification réaliste ;
— l'idée que la relation de couple doit représenter la réponse au besoin personnel de bonheur que nous avons tous ;
— un concept de bonheur qui s'identifie au bien-être subjectif et à la réalisation de soi ;
— la conviction qu'une vie vraiment réussie coïncide avec la possibilité de réussir, en particulier dans le domaine professionnel ;
— la conviction que la valeur d'une relation se mesure à l'absence de conflit.

Après avoir posé ces prémisses, je crois qu'il est essentiel de faire une lecture de ce que représente réellement le mariage d'un point de vue psychologique. Cela nous permettra de comprendre comment soutenir les couples, jeunes ou moins jeunes, dans les différentes phases de leur vie commune et dans les inévitables moments de crise.

2. Le mariage comme lien spécifique

La première question que nous devons nous poser est la suivante : comment le mariage est-il configuré d'un point de vue psychologique ? De quel type de relation s'agit-il ?

Ce sont là, à mon avis, les points de départ :

— Le lien du mariage est un lien spécifique également sur le plan émotionnel et psychologique, car il est formé avec la ferme idée qu'il « durera pour toujours ». Le mariage chrétien, en particulier, est fondé sur la promesse du « pour toujours ». Cette spécificité psychologique représente un élément constant et immuable en continuité avec le passé. De là découlent certaines caractéristiques et difficultés inhérentes à la relation, qui sont à la base de ce que nous pouvons appeler de nouvelles difficultés, lesquelles sont liées au contexte socioculturel actuel.

— Cette spécificité (un lien « pour toujours ») exige de développer les compétences nécessaires pour faire face à d'éventuelles situations de crise sans détruire la relation. Cela implique que l'homme et la femme (individuellement et en couple) doivent passer par des moments complexes et parfois exigeants de renégociation de leur relation, qui ouvrent la voie à la régénération continue du lien.

— La relation de couple est donc nécessairement dynamique et présente une alternance de phases et de processus que l'on peut résumer par « idéalisation, désillusion et réorganisation ». Ces phases, clairement reconnaissables surtout au début de la relation, réapparaissent, avec quelques différences, tout au long de la vie du couple, en posant toujours de nouveaux défis.

C'est pourquoi les phénomènes de « crise » ne doivent pas être considérés comme exceptionnels et n'indiquent pas nécessairement un dysfonctionnement ou une pathologie du couple en tant que tel. Au contraire, chaque crise signale la nécessité d'un changement et exige que la relation soit discutée et réorganisée avec de nouveaux équilibres, en introduisant les changements nécessaires pour maintenir à la fois sa vitalité et sa stabilité.

Par souci de clarté, le reste de ce chapitre sera divisé en deux parties :

— une réflexion sur la physiologie des différentes phases de la vie d'un couple. Nous verrons ainsi l'existence de situations critiques cycliques qui ne sont pas pathologiques, ainsi que les adaptations continues qui sont nécessaires pour maintenir une relation vivante et saine ;

— une réflexion (elle aussi forcément brève et incomplète) sur le sens de ce que l'on pourrait appeler « la » crise. Il s'agit de situations dans lesquelles, pour des raisons diverses, la relation rencontre une souffrance particulière qui remet en jeu la décision de chacun à l'égard du mariage.

La santé psychique du couple requiert la capacité de maintenir la relation de manière dynamique, ce qui permet la « réalisation de l'expérience du moi dans le contexte d'une relation intime » [1]. Cela signifie que dans une relation saine, chaque partenaire doit pouvoir développer sa propre personnalité — avec ses caractéristiques personnelles, ses dons et sa vocation — de la meilleure façon possible, sans jamais perdre de vue le contact et l'échange avec l'autre. Il s'agit de maintenir dans une relation vivante deux *moi* différents, dont chacun, à son tour, recherche toujours un équilibre entre continuité et changement. Comme on le pressent, ce n'est pas un défi facile.

Cela nécessite une adaptation mutuelle continue qui implique la résolution de petites situations conflictuelles et critiques qui surviennent dans la vie quotidienne. Ce « travail psychique », fait de dialogue, de discussion, de désaccord, de médiation et d'accord, permet à la relation d'évoluer dans le temps sans perdre sa configuration spécifique de base.

Comme nous le verrons, les crises les plus graves sont la conséquence d'une difficulté prolongée à affronter et à surmonter de manière significative la criticité physiologique de la relation par le biais d'une véritable réorganisation et d'un remodelage. Dans les situations de crise, l'incapacité à comprendre les dynamiques en jeu et à changer progressivement, de manière flexible, conduit à une rigidification de la structure de la relation, parfois avec l'intention explicite de la protéger.

En l'absence d'une adaptation progressive et réciproque, qui tienne compte du changement constant dû à l'évolution de la vie, la relation tend à devenir progressivement étouffante et insatisfaisante, jusqu'à glisser vers le problème qui fera exploser la situation.

La crise grave, même lorsqu'elle ne conduit pas à la séparation, marque toujours d'une certaine manière la fin de la relation, ou plus précisément la fin de la manière concrète dont le couple a vécu sa relation. Pour que la relation se rétablisse et continue à vivre, un travail spécifique (et souvent spécialisé) de décodage et de reconstruction est nécessaire, qui ne peut commencer que par une décision consciente de reconstruire la relation sur de nouvelles bases.

---

1. P. A. RINGSTROM, *L'approccio relazionale intersoggettivo al trattamento congiunto*, « Interazioni » 2 (2008) 30-54 (ici 30).

3. Les phases de la vie du couple

a) La formation du couple, l'amour et l'idéalisation

Le modèle de fonctionnement de toute relation est ancré dans le fait d'être amoureux.

Tomber amoureux est un événement spécifique, fortement ancré dans les vicissitudes de l'histoire personnelle. Sigmund Freud disait qu'il s'agit d'une sorte de « reconnaissance » de l'objet : quelque chose chez l'autre personne attire notre attention d'une manière particulière, comme si cette personne, en réalité inconnue de nous, n'était pas complètement nouvelle pour nous, mais avait des caractéristiques qui la rendaient familière. La référence basique de cette reconnaissance, ce sont les premiers objets d'amour, tant positifs (par similitude) que négatifs (par différence).

Il ne s'agit pas seulement, comme on le croit souvent, de l'empreinte laissée par le père ou la mère du sexe opposé, mais aussi des caractéristiques du père ou de la mère du même sexe. Le modèle de couple formé par nos propres parents, qui détermine le style relationnel que nous avons connu dans notre enfance, revêt également une grande importance au niveau inconscient.

En tout état de cause, la phase amoureuse est liée à un mouvement d'idéalisation qui implique, à un niveau inconscient, le déni (au moins partiel) des aspects insatisfaisants de l'objet et de la relation. Cela donne lieu à certains modes de fonctionnement caractéristiques du couple. Tout d'abord, pour rester « idéale », la relation doit rester le plus possible en dehors de la vie temporelle contingente, avec ses enjeux potentiellement conflictuels. Les couples qui ont un fort besoin de maintenir leur relation à ce niveau (particulièrement agréable et satisfaisant) ont parfois tendance à retarder le plus possible un choix définitif comme le mariage, de peur que la vie quotidienne, avec ses moments prosaïques et la vie à deux, n'entraîne une baisse de la tension amoureuse et des aspects émotionnellement gratifiants.

Ensuite, le couple se structure à un niveau inconscient pour maintenir toutes les perceptions désagréables le concernant « en dehors » de l'espace partagé. À cela correspond une série de fantasmes, conscients et inconscients, qui tendent à lire la relation comme absolument spéciale et différente de toutes les autres. Nous pourrions l'exprimer ainsi : « Je suis bon, tu es bon, notre partenaire est bon ; nous sommes spéciaux ; notre relation est différente de toutes les autres ; notre relation n'est pas imparfaite comme celle de nos parents ».

De plus, les couples ont souvent tendance à s'isoler afin d'éviter inconsciemment de confronter l'un d'entre eux ou les deux à une réalité qui pourrait conduire à des critiques non désirées et à une crise de l'idéalisation.

b) La crise : cohabitation et désidéalisation

Lorsque le couple commence sa vie commune, la proximité constante et la nécessité de partager les espaces et les temps de la vie quotidienne, de manière plus stable, rend de plus en plus difficile le maintien d'une tension émotionnelle et d'un niveau d'idéalisation élevés en permanence.

Progressivement, l'inévitable confrontation avec la totalité de l'autre, non seulement avec ses aspects idéalisés, mais avec toute sa personnalité, avec ses mérites, ses limites et ses défauts, commence à s'opérer. C'est à ce stade qu'apparaissent clairement les sentiments de désillusion, voire de déception, qui représentent en quelque sorte un moment critique.

Il est très important de comprendre — et éventuellement de faire comprendre aux conjoints — que le processus de déception n'est pas quelque chose d'objectif (c'est-à-dire lié aux caractéristiques de l'objet), mais de *subjectif* : l'autre personne n'a pas vraiment changé, elle est toujours ce qu'elle était auparavant. Le changement perçu se réfère à l'impossibilité de garder hors de notre conscience ce que nous n'aimons pas chez lui/elle, en acceptant l'imperfection naturelle de la personne dont nous sommes tombés amoureux et que nous avons choisie.

Pour se développer de manière satisfaisante pour les deux parties, la vie d'un couple est confrontée à de nombreux carrefours à la fois psychologiques et pratiques. Je les énumérerai brièvement :

- — les problèmes d'interdépendance réciproque (abandonner l'indépendance totale de la vie précédente pour apprendre à « fonctionner » ensemble) ;
- — les problèmes de délimitation/fusion (trouver la bonne distance dans la relation pour être « nous » sans perdre son « moi ») ;
- — les difficultés de communication (fortement liées à la différence, y compris la différence sexuelle) ;
- — la nécessité de définir une relation équilibrée entre la nouvelle famille et les deux familles d'origine, afin d'obtenir la pleine légitimité du nouveau noyau familial ;
- — la redéfinition de la relation que chaque partenaire entretient avec sa propre famille ;
- — l'accord pour une vie sexuelle mutuellement satisfaisante ;

— l'accord sur le développement futur de la famille, y compris l'ouverture aux enfants et l'investissement de chaque conjoint dans son travail.

Chacun de ces points représente un défi fascinant et complexe qui se développe surtout, mais pas seulement, au cours des premières années de vie commune. En travaillant progressivement sur ces points, le couple acquiert peu à peu une forme spécifique, qui est aussi un style familial dans lequel ils se reconnaissent tous les deux.

D'un point de vue psychologique, il est nécessaire non seulement de sortir de l'idéalisation de l'autre, mais aussi d'accepter ses propres limites, dont la capacité d'aimer, qui est toujours limitée. Il faut donc dire adieu à l'objet idéalisé et au moi idéalisé et accepter l'inévitable imperfection de soi et de l'autre.

Tous ces défis et d'autres que je n'ai pas mentionnés exigent du couple qu'il apprenne à se confronter et même à entrer en conflit sans se briser ; qu'il parvienne à se réorganiser à différents niveaux sur la base de nouveaux équilibres.

c) La réorganisation du couple : la nécessité d'accepter l'ambivalence

La tâche fondamentale est donc d'accepter la déception, de la contextualiser et d'accepter l'autre personne telle qu'elle est, avec ses aspects positifs et négatifs. D'un point de vue psychologique, on parle d'« accès à une saine ambivalence ».

Pour y parvenir, il est nécessaire de repenser certaines convictions (conscientes ou inconscientes) concernant la relation et de supposer qu'elles doivent être modifiées. Je voudrais mentionner les plus significatives et les plus fréquentes :

— Contrairement aux idées reçues, la présence de conflits et de difficultés n'est pas le signe que la relation va mal ; les désaccords sont inévitables et nous devons apprendre non pas tant à éviter les conflits qu'à les gérer de manière non destructive, comme une opportunité de croissance mutuelle.
— Il est naturel d'éprouver des sentiments contradictoires à l'égard des personnes que nous aimons. Il y a des aspects de l'autre personne que nous n'aimons pas et que nous n'aimerons peut-être jamais ; mais on ne peut changer tout ce que nous n'aimons pas.
— La personne que nous avons choisie n'est peut-être pas « la meilleure » (au sens absolu) de toutes celles que nous connaissons. Cependant, tomber amoureux nous fait prendre conscience qu'il s'agit d'une personne « unique », et c'est la découverte de cette unicité que nous devons chérir, garder dans nos

cœurs et entretenir. C'est précisément cette unicité qui représente la question centrale pour le croyant : c'est précisément à travers la personne *spécifique* de l'autre, tel qu'il est, que passe le défi de notre vocation.

— Tous les besoins ne peuvent être satisfaits dans une relation de couple, aussi riche et épanouissante soit-elle.

— Être aimé n'est pas, comme on le croit parfois, un « droit » : pour être aimé, il faut apprendre à être *aimable*. Parallèlement, l'amour de l'autre est destiné à devenir un amour de patience.

— « Se comprendre » est un mot trompeur : le véritable amour n'est pas seulement celui où l'on se comprend sans difficulté. Mais il est vrai que la différence rend la compréhension difficile et il est donc nécessaire de décider si l'on veut faire l'effort de se comprendre, ce qui signifie s'écouter avec une véritable disponibilité.

— La véritable communication n'est possible qu'à partir d'une attitude de véritable « compréhension » : « Le début de toute compréhension consiste à concéder à l'autre ce qu'il est. [...] Elle suppose que l'on donne à l'autre son droit à être lui-même : qu'il ne soit pas considéré comme une partie de notre propre monde environnant, dont on use, mais comme un être qui a un centre original, son rythme vital, ses désirs et ses droits propres »[2].

— Pour parvenir à une compréhension mutuelle, chacun doit reconnaître la légitimité des expériences subjectives de l'autre, incluant le changement continu propre à l'évolution du cours de la vie.

— Nous pouvons nous laisser guider par une attitude de sincère curiosité à l'égard de la subjectivité de l'autre, en apprenant à écouter ses états affectifs sans les juger, en développant notre capacité d'introspection. Il est important de développer la dimension réflexive, car l'amour mutuel n'est pas seulement le fruit d'un sentiment spontané.

2. R Guardini, *Tugenden. Meditationen über Gestalten sittlichen Lebens*, Grünewald-Schöningh, Mainz-Paderborn 1987, p. 114.

4. Présentation d'une histoire : Anne et Luc

L'horizon culturel actuel, caractérisé par la fréquence et l'acceptation sociale des ruptures conjugales, appelle de nouvelles questions : que faire lorsque quelque chose de plus grave se produit dans le couple ? Comment agir lorsque surviennent des événements qui ne sont plus physiologiques, tels que la trahison, le fait de tomber amoureux d'une autre personne ou d'autres situations qui ébranlent gravement la confiance réciproque ? Est-il possible de reconstruire la relation après une trahison ? Est-il possible de tomber à nouveau amoureux après une profonde déception ?

Pour les croyants, une crise conjugale majeure ouvre souvent des questions plus larges qui concernent aussi la foi et le sens vocationnel du choix qui a été fait : comment conjuguer désillusion et amour ? Comment est-il possible de poursuivre une relation après la rupture de la promesse ou lorsque l'engouement disparaît ? Comment est-il possible que Dieu (le Dieu de la joie) le veuille vraiment ?

Il n'est pas rare, même chez les croyants, que de telles situations éveillent le soupçon présentant alors le maintien de la fidélité au choix effectué comme une forme de masochisme ou d'attachement aux aspects purement formels de la promesse.

Il n'est pas facile de répondre à toutes ces questions.

Je pense qu'une façon de réfléchir à ce sujet est de présenter l'histoire d'un couple que j'ai eu l'occasion de conseiller. Je raconterai le travail que nous avons effectué ensemble, en essayant de mettre en évidence à la fois les éléments qui ont conduit à une crise grave (résultat d'une longue trahison de la part de l'époux) et les mesures qui ont été prises pour tenter de rétablir leur alliance sur une base renouvelée et plus solide. Bien entendu, il ne s'agit que d'une histoire parmi d'autres, avec toutes les limites que cela comporte : chaque couple représente une histoire en soi, avec des variables qui ne sont pas toujours superposables.

Les deux personnages principaux sont Anne et Luc. Ils ont le même âge, sont mariés depuis 27 ans et ont trois enfants adultes. Ils viennent à la clinique en raison d'une crise majeure liée à la découverte de la trahison de Luc qui a commencé près de deux ans avant qu'Anne ne la découvre par hasard.

Tous deux sont croyants et, malgré la profondeur de leur douleur et de leur déception, ils expriment leur volonté de se donner les moyens de surmonter la crise et prendre un nouveau départ.

Lors de la première rencontre, Anne est très blessée et en colère, et déclare qu'elle ne sait pas s'il lui sera possible de lui pardonner. Luc, quant à lui, est confus ; il déclare regretter le mal fait à Anne et semble surtout inquiet de la possibilité d'une séparation qu'il ne souhaite pas.

Dans mon travail avec les couples, le point de départ est toujours d'accepter comme patient la relation blessée avec son histoire, ses vicissitudes, ses contradictions. C'est le sujet que nous devons tous essayer de comprendre et de guérir.

Chaque couple a une physionomie particulière et spécifique qui dépasse largement la simple somme des individus. Pour bien la comprendre, il est nécessaire de parcourir ensemble l'histoire commune telle que chacun l'a vécue. L'important n'est donc pas tant de découvrir objectivement les faits que de faire une lecture partagée des deux subjectivités qui se sont rencontrées.

J'invite généralement chacun des conjoints à parler (de soi, de son histoire, de l'histoire des deux) et à écouter, en se plaçant dans une nouvelle dimension d'ouverture et de non-jugement. Il ne s'agit pas de « justifier » des comportements objectivement négatifs (comme la trahison), qui sont reconnus comme tels sans ambiguïté, mais de partager et de comprendre les faits qui ont éloigné deux personnes qui s'aiment.

Le point de départ est souvent l'histoire qu'ils racontent sur la phase où ils sont tombés amoureux l'un de l'autre : c'est là que l'on peut déjà reconnaître à quel point ils ont senti l'unicité et la valeur de l'autre et c'est là aussi que l'on peut trouver la source de l'énergie positive qui a nourri leur vie commune jusqu'à aujourd'hui.

a) L'attrait amoureux et sa spécificité

Tomber amoureux est, comme je l'ai déjà dit, un événement complexe et très spécifique, impliquant une sorte de « reconnaissance » de l'autre, qui est ressenti comme « différent, spécial, particulier, unique ». La rencontre est unique parce qu'elle implique deux niveaux de fonctionnement de la personne en même temps :

— l'organisation libidinale : c'est l'idéal du moi, ce qui attire consciemment mon attention et ce que j'aime chez l'autre ;

— l'organisation défensive : il s'agit des caractéristiques de l'autre qui, inconsciemment, « me conviennent » ; sa façon d'être est en quelque sorte complémentaire de la mienne et me permet de me sentir stable dans mon mode de fonctionnement.

La façon la plus simple de comprendre ces deux niveaux est de se référer aux paroles d'Anne et de Luc.

En ce qui concerne l'*organisation libidinale* (ce qui a attiré l'attention, ce que l'autre a aimé), les choses sont assez simples :

> **A :** J'ai été frappée par sa gaieté et sa simplicité. Il était beau et il m'a tout de suite attirée physiquement. Ensuite, j'ai vu comment il était en relation avec les autres : j'ai aimé sa compagnie, j'ai ri avec lui et je me suis sentie bien. J'étais sereine.
>
> **L :** Elle était jolie, gentille, elle m'a donné un sentiment de famille avant même que je lui parle. J'ai immédiatement pensé : « si je ne m'en vais pas, je l'épouserai ».

La question de l'*organisation défensive* est plus complexe, car elle est liée à des éléments principalement inconscients. Ceux-ci trouvent leur origine à la fois dans l'histoire lointaine (les premières relations dans l'enfance, qui posent les bases du fonctionnement affectif) et dans des événements plus récents (connaissances, amours, expériences depuis l'adolescence) qui ont contribué à modifier positivement ou négativement le style affectif de la personne.

Examinons quelques éléments importants de l'*histoire personnelle* :

> **L :** Ma mère s'est mariée très jeune (17 ans) parce qu'elle était enceinte de moi. Papa avait 25 ans. Nous vivions avec ma grand-mère, qui m'a élevé. Papa a trompé maman et elle s'en est prise à moi. Ma mère est possessive et craintive, elle a encore tendance à me traiter comme un enfant. *J'ai toujours pensé que le mariage n'était qu'un bout de papier inutile et j'en avais peur.*
>
> **A :** J'ai une famille normale et très unie. Mes parents se disputent parfois, mais ils se réconcilient ensuite. Ils m'ont toujours laissée très libre, mais m'ont donné beaucoup de responsabilités. Lorsque j'avais 9 ans, ma mère a fait une dépression nerveuse et j'ai dû m'occuper de ma sœur. Dans ma famille, je suis la personne efficace et responsable, un soutien pour tout le monde. Lorsque j'ai rencontré L., j'avais retrouvé la foi et je me sentais prête pour un projet définitif.

Passons maintenant à quelques *événements émotionnels antérieurs* à leur relation :

> **A :** Je vivais déjà seule. J'avais d'abord eu une relation de quatre ans avec un homme un peu plus âgé que moi, avec lequel nous avions également fait des projets d'avenir. Ensuite, j'ai perdu la tête pour un autre homme de dix ans plus âgé que moi, qui vivait avec une femme et avait une petite fille. Nous avons eu une liaison intense, mais elle s'est terminée rapidement ; j'ai déménagé dans une autre ville et j'ai vécu seule.

L : J'ai vécu avec ma famille pendant que j'étudiais et que je travaillais : j'ai toujours travaillé pendant mes études. J'ai eu une petite amie de deux ans plus jeune, une histoire qui a commencé au lycée et qui s'est poursuivie avec des hauts et des bas. Nous étions toujours ensemble dans une sorte de symbiose, mais sans faire de projets. Je coupais mes amitiés pour être seul avec elle. Lorsque j'ai rencontré A., j'étais loin de chez moi pour la première fois en raison d'un stage dans l'entreprise, et j'avais donc été éloigné d'elle pendant quelques mois. J'étais fatigué de mon histoire d'amour et j'avais envie d'un peu d'air frais.

Bien que de manière schématique, ces faits racontés nous donnent déjà de nombreux éléments pour comprendre les raisons de l'attirance non seulement consciente (libidinale), mais aussi inconsciente (défensive) entre Anne et Luc.

Les *éléments conscients* de la phase amoureuse sont les qualités reconnues à l'autre :

— Luc est attiré par l'indépendance et la sécurité d'Anne (qu'il n'a pas) ;
— Anne est attirée par une façon de vivre plus légère, moins axée sur le devoir, que celle qu'elle a connue dans sa famille.

Les *éléments inconscients* de l'attraction réciproque renvoient au fait que chacun des deux est « parfait » pour favoriser la stabilisation de la structure défensive de l'autre. En d'autres termes, chacun trouve dans l'autre l'expression d'une partie manquante et/ou inachevée. Lorsqu'ils sont ensemble, tous deux trouvent la confirmation et le renforcement de leur « mode de fonctionnement ». La relation leur fait trouver le meilleur mode de fonctionnement atteint jusqu'alors, après une longue histoire de recherche d'équilibre entre leurs propres besoins et les besoins liés à leur environnement. La rencontre entre Anne et Luc est « spéciale » parce qu'elle initie une nouvelle réalité, un « esprit commun » dans lesquels les besoins de chacun sont exprimés et soutenus :

— pour Anne, la façon d'être de Luc exprime d'une part ce qu'elle ne peut ou ne sait pas exprimer (s'éloigner de son sens excessif du devoir) et d'autre part justifie et renforce son besoin d'être forte et compétente, dans la continuité de sa propre histoire. En effet, Luc lui demande de rester exactement ce qu'elle est ;
— pour Luc, de façon similaire, la façon d'être d'Anne complète ce qu'il ne peut ou ne sait pas exprimer (son besoin d'autonomie par rapport à sa mère) ; mais en même temps, elle justifie et renforce ses dimensions positives, comme le fait qu'il soit gai, simple, capable d'une sociabilité qui fait que Anne se sent bien : elle a besoin qu'il reste exactement ce qu'il est.

b) Criticité de la relation avant la crise

Cette lecture permet de lire la *spécificité* de l'attrait amoureux (une sorte de reconnaissance de l'autre comme « nécessaire »), mais elle en montre aussi les limites : c'est *précisément sur ces caractéristiques de complémentarité que s'insère la criticité potentielle de la relation.*

Pour mieux le comprendre, nous pouvons analyser ce qu'ils reconnaissent tous deux comme étant les difficultés fondamentales de leur relation dans la période précédant la crise. Laissons-les parler :

> **L :** Elle est forte, c'est une mère, elle est vaillante. *Mais* parfois, elle est « trop » et ne me fait pas confiance, elle me fait sentir sans valeur, comme si je n'étais pas important.
>
> **A :** Il est charmant, joyeux, il prend les choses avec une simplicité agréable. *Mais* parfois, il me donne l'impression de ne pas être soutenue, de ne pas être protégée.

Le circuit de renforcement des positions de chacun — qui, comme nous l'avons vu, est initialement fonctionnel pour les deux selon un modèle de complémentarité — devient progressivement rigide et dysfonctionnel, au détriment de l'un et de l'autre. On parle dans ce cas d'un *renforcement circulaire dysfonctionnel des positions.*

> **A :** Quand j'ai eu des problèmes, il s'est retiré : il n'était pas présent à mes demandes d'aide. Quand les enfants étaient petits, il a eu des difficultés au travail et a fait une dépression : j'ai dû tout prendre en charge. J'ai réduit mon implication dans le travail, auquel je tenais beaucoup, pour qu'il puisse poursuivre sa carrière : c'était un choix libre, je ne le regrette pas, mais... Il *me laisse prendre toutes les décisions importantes ; il dit : « c'est toi qui décides ». Il le fait parce qu'il dit qu'il a confiance en moi, que je suis efficace. Mais je ne peux jamais m'appuyer sur lui.*
>
> **L :** Anne a toujours été un roc pour moi, mais lorsqu'elle a besoin de moi, je ne sais pas comment l'aider : elle semble tellement indépendante qu'elle n'a jamais l'air d'avoir vraiment besoin de moi. Elle se débrouille très bien toute seule. J'ai souvent l'impression qu'elle ne me fait pas confiance, même lorsqu'il s'agit de mon travail.

Nous pouvons maintenant mentionner un autre élément important : la position différente des deux époux dans le processus de maturation de leur foi, qui suit deux vitesses différentes :

A : Je suis issue d'une famille croyante, mais je me suis éloignée de la foi pendant plusieurs années. Lorsque j'ai rencontré Luc, j'avais entamé un important chemin de rapprochement et j'étais revenue aux sacrements. Je voulais un mariage religieux.

L : Au moment de notre rencontre, j'étais très éloigné des questions religieuses ; pendant nos fiançailles, j'ai commencé à aller à la messe par amour pour Anne : l'estime et l'admiration que j'avais pour elle m'ont convaincu. Je me suis marié à l'Église, mais à cette époque la foi n'était pas au centre de ma vie.

Au cours des premières années de leur mariage, Anne a approfondi les raisons de sa foi, ce qui a progressivement modifié son approche de certaines questions liées à la vie conjugale, en particulier dans le domaine sensible de la vie sexuelle. Lorsqu'ils se sont rencontrés, Anne utilisait la pilule contraceptive, mais à la suite de son cheminement spirituel, elle a dit à Lucas qu'elle voulait arrêter de la prendre et se tourner vers des méthodes naturelles. Toujours par amour pour elle et poussé par sa détermination, Luc a essayé de suivre Anne et de partager son chemin ; il a même commencé à assister à des réunions de formation avec elle. Cependant, lorsque nous avons abordé le sujet en consultation, il a fait ce constat : « *à ce moment-là, j'ai senti que ma femme avait changé ; elle était tombée amoureuse du Seigneur et j'étais passé au second plan* ».

En ce qui concerne la décision d'arrêter d'utiliser des contraceptifs, il ajoute : « *Nous ne pouvions faire l'amour que certains jours, mais faire l'amour ces jours-là est devenu presque un devoir pour moi* ». Et encore : « *J'ai essayé de comprendre, de continuer. Mais je me suis senti trahi* ».

Cette double vitesse dans le couple (à ce niveau et à d'autres) est un élément de difficulté important qu'il faut prendre en compte et sur lequel il faut réfléchir.

c) La crise (trahison)

Luc a trahi Anne : il ne s'agit pas d'un épisode, mais d'une longue histoire, même si elle est fragmentée dans le temps.

La trahison est un acte *objectivement* grave, qui rompt le pacte de confiance librement établi dans le mariage. En tant qu'événement objectivement grave, la trahison n'est pas « justifiable » : il est très important de partager ce constat avec le couple, par respect pour la personne trahie et par respect pour la vérité.

Mais pour pouvoir travailler une relation nouvelle et un nouveau pacte, il est essentiel de donner un sens à ce qui s'est passé, et donc d'essayer d'en comprendre la dynamique.

Pour comprendre (et non justifier) le comportement de Luc, écoutons ses paroles.

> **L :** Je suis très sensible au charme féminin, j'ai un fort besoin de me sentir désiré. Elle (l'autre femme) était beaucoup plus jeune que moi, pleine d'interrogations : elle me faisait sentir indispensable, elle ne pouvait pas se passer de moi. J'étais son *Pygmalion*. Sur le plan sexuel également : c'était comme si c'était moi qui l'avais transformée en femme. Je me sentais donc très valorisé. Anne est très indépendante, elle sait se débrouiller toute seule, je ne me suis jamais senti indispensable pour elle.

C'est là que se trouve l'une des racines centrales de la crise : Anne et Luc se sont rigidifiés dans leurs positions de départ complémentaires sans trouver d'adaptations plus souples. Une circularité s'est créée dans laquelle ces positions se sont renforcées l'une l'autre :

- Anne, reconnue et « récompensée » par Luc en tant que personne « forte, capable et indépendante », n'a pas trouvé d'espace pour exprimer ses besoins et ses faiblesses ;
- Luc, quant à lui, s'est appuyé sur la force d'Anne, mais n'a pas su percevoir ses besoins. Il a fini par renforcer de plus en plus le rôle d'Anne et par se sentir peu apprécié et peu valorisé, au point de percevoir la situation comme un manque intolérable pour lui.

Pour Anne aussi, la relation devenait de moins en moins satisfaisante. Cependant, habituée à « tout faire elle-même », elle a intensifié ses activités professionnelles dans la période précédant le déclenchement de la crise, sans s'apercevoir que Luc s'éloignait de plus en plus d'elle. La communication entre eux n'est pas suffisante pour qu'ils puissent parler en toute confiance de leur fatigue réciproque. La facilité de Luc à rencontrer d'autres femmes lors de ses voyages d'affaires a fait le reste.

5. Comment aider le couple

Les situations de crise graves nécessitent souvent l'aide d'un spécialiste pour être traitées de manière adéquate. Une première condition préalable à la thérapie est que le conseiller maintienne aussi longtemps que nécessaire l'attitude de confiance en l'avenir qui fait défaut au couple dans les moments difficiles.

Il n'est pas possible d'approfondir ici les contenus et les modalités du travail thérapeutique. Je pense qu'il est utile de mentionner, au moins de manière schématique, quelques points essentiels : ce sont les questions de base qui doivent être affrontées avec le partenaire au cours du parcours d'aide, un parcours qui est toujours différent parce qu'il est lié au nombre infini des variables impliquées.

a) La décision fondamentale : ensemble ou séparément ?

Pour faire face à une crise grave, il est nécessaire de ne pas considérer son issue comme acquise : il faut prendre une position personnelle basée sur un processus de décision conscient. Pour prendre une décision vraiment libre, il est important de se poser quelques questions, dont la première est : quelle est la valeur de la relation pour moi ?

— Toute relation a une valeur subjective et une valeur objective. Dans une crise grave, il est souvent possible de s'appuyer dans un premier temps uniquement sur la valeur objective du mariage. Dans ce contexte, il est également essentiel de retrouver la valeur de la promesse faite et le poids réel de la parole et de la bénédiction de Dieu sur nous.

— Les enfants sont la valeur objective la plus importante et souvent la plus motivante pour le couple. On ne peut pas « rester ensemble uniquement à cause des enfants », mais ils sont une raison importante d'essayer de se réconcilier et de donner une nouvelle chance à la relation.

— Pour retrouver les origines de la valeur subjective perdue, il est important de lire notre histoire commune : d'où venons-nous, de qui suis-je tombée amoureuse, qu'ai-je senti lorsque je suis tombée amoureuse de ce « toi » si spécial pour moi ? C'est là que se trouve l'origine du sens que notre rencontre et notre histoire ont pour moi.

— Il est nécessaire de prendre une position décisive : rester (et rétablir la confiance) ou se séparer. La décision *ne peut être* subordonnée au comportement de l'autre : la confiance est un *don* que l'on décide librement de renouveler (ou non). La confiance est « quelque chose de plus », quelque chose de surérogatoire, elle ne peut pas être « récupérée » une fois qu'elle a été trahie : on peut seulement la donner, comme la première fois, sans aucune garantie.
— Lorsque la crise est profonde, la décision initiale est une décision de volonté raisonnablement motivée. Il s'agit d'un saut *avant* que les sentiments n'entrent en jeu.

b) Comprendre la crise : le point de rupture de la relation

Le mariage est brisé, il ne peut pas redevenir ce qu'il était. Mais est-il possible de donner vie à une relation renouvelée et vitale ? Est-il possible de se marier à nouveau avec la même personne ? Et comment pouvons-nous être sûrs que les choses changeront, que nous ne répéterons pas les mêmes erreurs ?

Pour répondre à cette question, plusieurs préalables sont nécessaires.

Tout d'abord, il est important de redécouvrir la relation dans sa spécificité et sa valeur. Nous pouvons trouver la clé pour comprendre les ressources encore contenues dans la relation en faisant une lecture profonde et partagée de son origine : la rencontre avec l'autre était vraiment unique et spéciale. Le simple fait que les deux le comprennent et le reconnaissent peut conforter leur décision de commencer à nouveau.

Ils doivent alors entamer ensemble un voyage pour comprendre la dynamique qui a conduit à la crise. Il faut commencer par découvrir que la racine des difficultés n'est pas extérieure, mais qu'elle est contenue dans l'histoire depuis son origine : ce que nous aimons chez l'autre et la raison pour laquelle nous l'avons choisi cache aussi potentiellement en soi ce qui le rendra « difficile ». Nous nous sommes choisis pour notre différence, qui nous a rendus complémentaires, mais c'est précisément cette différence qui nous a mis en difficulté. Les changements que la vie apporte exigent que nous changions progressivement notre façon d'être ensemble, en négociant des modalités et des espaces pour que chacun puisse continuer à grandir par rapport à l'autre, tout en devenant de plus en plus pleinement lui-même. En d'autres termes, l'évolution dans le temps oblige à changer le paradigme de la relation : *il faut passer de la relation initiale de complémentarité à une relation d'alliance.*

La crise trouve son origine dans l'incompréhension de cette nécessité de changer, de s'adapter les uns aux autres de manière progressive et flexible.

c) Surmonter la crise : de la complémentarité à l'alliance

Le véritable défi du mariage est la « réalisation de l'expérience du moi dans le contexte d'une relation intime » [3]. Souvent, la situation de crise amène chacun à se placer au centre : la souffrance relationnelle conduit à penser que l'autre représente un obstacle au plein épanouissement personnel et à son propre bonheur. Le défi consiste précisément à comprendre qu'il n'y a pas d'opposition nécessaire entre le lien (même s'il est difficile à maintenir) et l'accomplissement de sa vocation. Au contraire, il est possible de reconnaître l'autre, avec sa différence, comme celui qui fait ressortir *spécifiquement* nos propres limites et nos propres points vulnérables. Au-delà des difficultés, cela peut aussi être l'occasion d'une véritable croissance et d'un changement personnel : l'effort et la douleur, dans ce cas, peuvent retrouver un sens.

La voie de la guérison passe par une meilleure compréhension de soi et de l'autre : reconnaître la légitimité de l'expérience subjective en cultivant la curiosité à l'égard de l'expérience de chacun des deux.

La narration de l'histoire personnelle de l'autre (l'autre « en soi », et non l'autre « pour moi ») et de sa « signification » ouvre l'esprit à une compréhension mutuelle. La lecture partagée du passé ouvre la voie à une compréhension partagée du présent. Cela permet de lire ce qui s'est passé sous un jour nouveau et ouvre une capacité renouvelée de communication et d'écoute.

Il est très important d'observer ensemble certains modes de fonctionnement rigides et dysfonctionnels. Très souvent, les couples ont tendance à perpétuer ces modes de fonctionnement répétitifs et mutuellement induits dans le conflit. Le changement est possible à condition de comprendre les dynamiques en jeu.

Enfin, il est essentiel de donner un nouveau sens à la relation, qui peut être redéfinie comme une alliance fondée non pas sur le besoin mutuel, mais sur le partage de projets communs. Être « nous » représente un point de départ à redécouvrir : à partir de là, le couple pourra travailler à l'avenir en redécouvrant dans la relecture de sa propre histoire ce qui lui donne son unité et le rend unique au-delà de l'expérience difficile de la crise.

3. RINGSTROM, *L'approccio relazionale intersoggettivo al trattamento congiunto*, p. 30.

6. Bibliographie

M. Ceriotti Migliarese, *La coppia imperfetta*, Ares, Milano 2012.

Idem, *Erotica & materna, viaggio nell'universo femminile*, Ares, Milano 2015.

Idem, *Maschi, forza, eros e tenerezza*, Ares, Milano 2017.

Idem, *L'integrazione marito moglie : crisi attuale e orizzonti di soluzione*, in A. González Alonso (a cura di), *La relazione coniugale : crisi attuale e orizzonti di soluzione*, Edusc, Roma 2019, pp. 115-125.

François, Exhortation apostolique post-synodale *Amoris laetitia*, 19 mars 2016.

Saint Jean Paul II, *Homme et femme il les créa. Une spiritualité du corps*, Cerf, Paris 2004.

J.G. Lemaire, *Le couple, sa vie, sa mort. La structuration du couple humain*, Payot, Paris 1979.

P.A. Ringstrom, *L'approccio relazionale intersoggettivo al trattamento congiunto*, dans "Interazioni" 2 (2008) 30-54.

E. Scabini, R. Iafrate, *Psicologia dei legami familiari*, Il Mulino, Bologna 2019.

K. Wojtyla, *Amour et responsabilité*, Stock, Paris 1985.

M.T. Zattoni, G. Gillini, *Coppia fragile ? Tra virus e antivirus*, San Paolo Edizioni, Cinisello Balsamo 2015.

L'accompagnement pastoral des familles blessées à la lumière d'*Amoris laetitia*

Silvia Frisulli*

1. *Status quaestionis* : À quel accompagnement la pastorale est-elle appelée ?

Le verbe *accompagner*, au sens premier du Dictionnaire de l'Académie Royale Espagnole, signifie : « Être ou aller en compagnie d'une autre ou d'autres personnes ». Ce sens s'enrichit d'une nuance affective dans sa cinquième acception : « Participer aux sentiments de quelqu'un ».

Si nous appliquons ces significations à l'accompagnement pastoral des familles blessées, il est clair que nous parlons de proximité et d'accueil, et non de supériorité ou de jugement, et encore moins de préjugés. Un accompagnement compris dans cette perspective est un chemin que l'on parcourt aux côtés de ceux qui se trouvent dans une situation de crise familiale ou qui ont vécu l'échec de leur mariage, mais c'est toujours un chemin dans l'Église. Nous pourrions dire que toutes les histoires de ces fidèles ne sont qu'une histoire de plus de la fragilité humaine parmi les nombreuses qui sont écrites dans l'histoire unique du salut que Dieu a conçu pour tous les hommes.

Cette clarification nous semble nécessaire parce qu'elle nous permet d'identifier une prémisse fondamentale de l'accompagnement : savoir que nous sommes sous le regard miséricordieux de Dieu le Père, qui avec amour et par amour est toujours à nos côtés, accueillant et

* Avocat au tribunal de la Rote romaine. Spécialiste du conseil familial. Courriel : silviafrisulli@gmail.com.

accompagnant tous ses enfants depuis la création du monde et de l'homme.

Nous ne pouvons pas oublier cette dynamique du salut qui concerne chacun d'entre nous et dans laquelle nous inscrivons notre être de chrétiens, enfants de Dieu. Elle doit donc être le point de référence de toute la pastorale du mariage et en particulier des cas que nous allons étudier. La manière de prendre soin des familles blessées doit être en harmonie avec ce que le Pape François a défini dans *Evangelii gaudium* comme le paradigme de la miséricorde et de la tendresse, expression d'une Église qui va vers les périphéries existentielles et qui est capable d'agir comme une mère pour tous ses enfants [1].

Les familles blessées ont besoin d'une communauté ecclésiale inclusive et non excluante, attentive à leur souffrance. Pour sa part, la communauté tout entière est appelée, chacune à sa manière, comme le Bon Samaritain, à s'arrêter, à tendre la main, à prendre soin d'elles.

Dans un entretien avec le rédacteur en chef de la revue *La Civiltà Cattolica*, le Saint-Père a déclaré :

> « Je vois clairement ce dont l'Église a le plus besoin aujourd'hui : la capacité de guérir les blessures et de réchauffer le cœur des fidèles, la proximité, l'intimité. Je vois l'Église comme un hôpital de campagne après une bataille : il est inutile de demander à un blessé s'il a un taux élevé de cholestérol et de sucre dans le sang ! Il faut soigner ses blessures. Ensuite, nous pourrons parler de tout le reste [...]. Et nous devons commencer par le bas, par la condition dans laquelle les gens vivent » [2].

Appliqué à notre thème, on peut penser que le Saint-Père veut nous montrer la nécessité de prendre soin de ceux qui ont vu la fin de leur mariage en s'intéressant, en premier lieu, à leur lien blessé, à leurs affections, à la relation abîmée qui doit être traitée dans ses différentes dimensions : relation conjugale, parentale, filiale, divine.

De ces premières considérations, il ressort que le problème des couples en crise et des situations matrimoniales difficiles ou irrégulières doit être traité comme une question délicate et urgente. Il n'est pas exagéré de parler de « situation d'urgence familiale ».

Les données statistiques, tant en Italie que dans la plupart des pays de la Communauté européenne et du monde occidental, montrent que l'échec des mariages est en augmentation. La crise de

1. FRANÇOIS, Exhortation apostolique *Evangelii gaudium*, 24 novembre 2013.
2. FRANÇOIS, *Intervista condotta da Antonio Spadaro*, « *La Civiltà Cattolica* » 164 (2013) 449-477 (ici 461).

la famille devient de plus en plus évidente et se manifeste dès les premières années du mariage.

Comme le dirait le philosophe Bauman, l'idée d'un « amour liquide » est très répandue [3], un « amour jetable ». Nous sommes subjugués par les réseaux sociaux, par les relations rapides, connectés au réseau informatique, mais déconnectés du réseau humain. Nous manquons de relations authentiques stables et durables. Tous ces facteurs ont une influence négative sur la stabilité des relations familiales : nous nous connaissons souvent à partir de *chats* et nous rompons la relation par un message *WhatsApp*.

La mission de l'Église dans cette situation d'urgence est de soutenir les familles, en particulier celles qui sont en difficulté, afin qu'elles ne se sentent pas exclues de la vie communautaire. Les communautés ecclésiales ont l'obligation morale de concevoir pour les fidèles en situation de crise, séparés ou divorcés, des itinéraires adaptés aux circonstances individuelles, où l'amour de la vérité et la vérité de l'amour se rejoignent dans un horizon théologique et pastoral [4]. Il n'est pas possible de penser à l'accompagnement sans penser à l'intégrité corporelle-spirituelle de la personne.

Il faut, par ailleurs, distinguer les situations de crise, les situations difficiles et les situations irrégulières. La situation des époux qui ont vu leur mariage échouer, mais qui n'ont pas contracté une nouvelle union est objectivement différente de la situation de ceux qui se sont remariés après un divorce ou de ceux qui ont recommencé à vivre ensemble [5].

2. Aspects de la « blessure » du lien conjugal

Dans la pastorale des couples mariés, les expressions suivantes sont souvent utilisées pour parler des fidèles séparés et divorcés :

— *Familles blessées* : le réseau de relations est mis en évidence (conjoints, enfants, familles d'origine, communauté).

3. Z. BAUMAN, *L'amour liquide. De la fragilité des liens entre les hommes*, Hachette Pluriel Éditions, Paris, 2010.

4. C. ROCCHETTA, *Luci di speranza per i legami feriti*, « *Famiglia oggi* » 36 (2014.5) 28-33 (en particulier p. 29).

5. *Idem*, *Vite riconciliate. La tenerezza di Dio nel dramma della separazione*, Edizioni Dehoniane Bologna, Bologna 2009.

— *Liens blessés* ou *amour blessé* : la sphère affective ou psychologique est au centre.
— *Couples blessés* : la dualité des sujets impliqués est mise en relief.

On peut aussi parler de l'accompagnement des *conjoints blessés* ou de l'accompagnement des *couples de conjoints blessés.* Si cette dernière expression peut sembler générique, elle devient concrète si elle assume la spécificité de la conjugalité, comme caractéristique particulière du lien matrimonial par rapport aux autres liens. Ici, un « *je* » et un « *tu* » deviennent un « *nous* », sur lequel se fonde une relation unique, indissoluble, fidèle et ouverte à la vie dans l'amour mutuel.

Ceci ayant été précisé, nos développements concerneront l'accompagnement de l'homme et de la femme qui, après l'élection mutuelle librement faite au moment du mariage, ont subi une fracture, une blessure de leur alliance matrimoniale.

Il arrive souvent que la rupture d'un mariage n'ait pas été souhaitée, mais plutôt acceptée avec résignation, voire subie. Cela modifie l'intensité de la perception de la déchirure de la relation, tant de la part du conjoint pris individuellement qu'au niveau de la relation duale — du couple — et détermine également la manière dont celui qui accompagnera ces conjoints essaiera d'*atténuer* ou de *guérir* la blessure. L'action pastorale devra être plus intense, plus significative, pour le conjoint qui a subi la séparation comme quelque chose qui n'aurait pas dû se produire dans sa vie conjugale et qui ressent donc plus intensément la douleur et l'abandon.

Il existe différentes dimensions de relations blessées, d'amour blessé, de conjugalité blessée. Il est donc légitime de se demander si la blessure du lien conjugal n'est due qu'à la seule rupture du mariage ou si, au contraire, il serait préférable de parler des blessures ayant leur origine dans la vie conjugale.

En effet, l'expérience montre que la blessure incurable causée par une séparation ou un divorce est la conséquence de blessures qui n'ont pas été traitées pendant la vie conjugale, dans la gestion quotidienne de la relation, quand manquaient déjà les éléments caractéristiques d'un *bon* mariage en raison d'une volonté insuffisante ou d'une incapacité des époux à gérer les conflits de la vie domestique. Nous ne pouvons pas non plus sous-estimer les fragilités que la famille respire dans la vie sociale, au travail, dans l'expérience de sa propre foi, dans les relations humaines. Tous ces aspects affectent également le mariage et la solidité de la relation entre les époux.

La rupture d'un mariage est toujours la conséquence de quelque chose qui n'allait pas bien auparavant dans la vie du couple. C'est pourquoi la pastorale et l'accompagnement des familles doivent travailler à un niveau préventif afin d'éviter d'avoir à intervenir après la rupture d'un mariage. L'action préventive est plus nécessaire que l'action curative.

Le pape François nous donne des indications précises dans le chapitre VI d'*Amoris laetitia*[6], intitulé *Quelques perspectives pastorales.* Les numéros 231 à 241 sont précisément consacrés aux crises et aux difficultés que les époux rencontrent au cours de leur vie conjugale. Après avoir donné quelques indications sur la préparation au mariage, le Saint-Père aborde la dynamique de la vie conjugale, en illustrant les moments critiques : c'est là que la pastorale familiale doit prendre les devants, car c'est dans les petites choses du quotidien que se produisent les premières blessures qui, si elles ne sont pas traitées, engendrent des blessures toujours plus grandes qui peuvent conduire à la désintégration de la vie conjugale. Il est nécessaire d'accompagner les époux dans ces phases critiques de leur mariage, en les aidant à restructurer leur dynamique relationnelle de manière positive[7].

L'avertissement de François est particulièrement clair : « Il faut aider à découvrir qu'une crise surmontée ne conduit pas à une relation de moindre intensité, mais conduit à améliorer, affermir et mûrir le vin de l'union »[8] ; et plus loin il ajoute : « il convient d'accompagner les conjoints pour qu'ils puissent accepter les crises qui surviennent, les affronter et leur réserver une place dans la vie familiale. Les couples expérimentés et formés doivent être disponibles pour accompagner les autres dans cette découverte, de manière que les crises ne les effraient pas ni ne les conduisent à prendre des décisions précipitées. Chaque crise cache une bonne nouvelle qu'il faut savoir écouter en affinant l'oreille du cœur »[9].

Dans le langage courant, le terme de crise est associé à une situation d'échec. Mais si l'on se réfère à son étymologie — du grec *krino*, qui signifie *distinguer, choisir, juger, interpréter, demander*[10] — la crise pourrait être un moment dramatique plein de possibilités de croissance dans lequel le couple, sous la pression de difficultés qui provoquent une souffrance intense, discute de lui-même, remet en question son propre passé et cherche un nouveau chemin pour l'avenir. S'ouvre alors la voie de la recherche des moyens pour améliorer la relation conjugale.

6. FRANÇOIS, Exhortation apostolique post-synodale *Amoris laetitia*, 19 mars 2016.
7. ROCCHETTA, *Luci di speranza per i legami feriti*, p. 33.
8. FRANÇOIS, *Amoris laetitia*, n° 232.
9. *Ibid.*
10. *Diccionario Manual Vox Griego-Español*, Vox, Bibliograf, Barcelone 1999, p. 356.

3. Accompagner par l'écoute

Dans la relation d'aide, l'écoute est un élément fondamental, et pour pratiquer l'écoute, il faut apprendre à être discret [11]. Saint Thomas d'Aquin met la discrétion en relation avec l'humilité. En effet, dans l'accompagnement pastoral, on ne doit pas avoir des solutions toutes faites, mais on doit savoir écouter.

L'écoute nécessite du silence, de la proximité, mais a aussi besoin d'une personne qui suscite l'envie de s'ouvrir, car sans confiance, rien de durable ne peut être construit [12].

Une *bonne* écoute nécessite un silence respectueux de la part de celui qui écoute afin d'observer et de prendre en charge le besoin en jeu. Il faut donner la parole à la souffrance, tout en restant attentif au langage non verbal : le visage, le corps. Observer, c'est aussi écouter les silences, comme en musique : dans la partition, les notes et les pauses — les silences — font partie de la pièce. Dans l'écoute, le silence fait aussi partie du dialogue.

Les ingrédients nécessaires à la pratique de l'écoute sont les suivants :

- *La bienveillance*, qui nous permet de comprendre la personne en face de nous. Lévinas dirait que l'autre est un visage qui m'interroge et ne me laisse pas indifférent [13]. Le visage qui me regarde interroge ma conscience, m'amène à me demander qui je suis par rapport à l'autre.
- *La compassion*, qui permet de voir la souffrance, la fatigue, et aide à comprendre les comportements désagréables et agressifs qui découlent de cette souffrance. Il faut aller au-delà des apparences et lire la signification intérieure des gestes [14].
- *L'équanimité*, qui nous permet d'être impartiaux et de ne pas porter de jugement, de voir l'objectivité des faits [15]. Nous ne

11. E. MELONI, *Ascoltare nelle relazioni di aiuto. Competenze, condizioni, pratiche*, « *Consultori familiari oggi* » 25 (2017.1) 108-124 (en particulier p. 110).

12. *Ibidem*, p. 112.

13. E. LEVINAS, *Totalité et infini. Essai sur l'extériorité*, M. Nijhoff, La Haye 1984.

14. E. ZANETTI, *Porte aperte*, Ancora, Milano 2016 : « Chaque épreuve et difficulté de la vie s'accompagne de fortes connotations affectives. Il y a la déception amoureuse (dans la crise du couple ou dans la trahison réalisée ou subie) ; les pleurs du deuil (pour un éloignement, pour la rupture d'un projet de vie) ; il y a le sentiment de culpabilité qui imprègne la personne pour ce que l'on aurait pu faire et que l'on n'a pas voulu faire ; il y a le sentiment de péché pour avoir rompu une promesse, la promesse faite devant Dieu » (p. 24).

15. MELONI, *Ascoltare nelle relazioni di aiuto*, p. 118.

pouvons pas nous laisser emporter par le sentimentalisme, la subjectivation des circonstances. Nous devons éviter l'arbitraire, l'attitude purement émotive.

Dans *Amoris laetitia*, le Saint-Père exhorte à être présent et ouvert à l'écoute, mais il comprend la difficulté des époux à s'ouvrir à un dialogue sincère du cœur. Souvent, les époux « ne cherchent pas l'accompagnement pastoral parce qu'ils ne le sentent pas compréhensif, proche, réaliste et incarné. Essayons donc maintenant d'aborder les crises conjugales avec une approche qui n'ignore pas leur charge de douleur et d'angoisse » [16].

Le pape François a déjà mis en lumière cet amour qui sait accueillir la souffrance et la douleur dans son exhortation apostolique *Evangelii gaudium*. Il l'a fait en nous encourageant à ne pas choisir une voie purement moralisatrice, mais une pédagogie de l'amour de Dieu qui pardonne : « L'Église doit être le lieu de la miséricorde gratuite, où chacun peut se sentir accueilli, aimé, pardonné et encouragé à vivre selon la vie bonne de l'Évangile » [17].

Plus tard, dans *Amoris laetitia*, il a souligné que « savoir pardonner et se sentir pardonné est une expérience fondamentale dans la vie familiale » [18]. Mais la capacité de pardonner ne va pas de soi ; le pardon doit être élaboré et intériorisé pour pouvoir ensuite circuler. Il nécessite plusieurs étapes avec des temps différents pour chaque sujet, et a besoin de l'aide et du réconfort des autres. À cet égard, toujours au numéro 236 d'*Amoris laetitia*, le Pape fait référence à « la collaboration généreuse de la famille et des amis, et parfois même d'une aide extérieure et professionnelle » [19].

Cependant, il existe des situations dans lesquelles, malgré les efforts déployés par les époux pour sauver le mariage, la séparation ne peut être évitée. Il arrive que l'un des époux décide de se séparer, même si l'autre n'est pas d'accord, parce qu'il a noué une relation extraconjugale ; ou bien la séparation devient inévitable pour des raisons de protection physique ou psychologique de son propre conjoint ou de ses enfants, ou encore en raison de l'incapacité psychologique de l'un des époux à remplir ses obligations conjugales. Les raisons qui conduisent à la séparation sont très variées [20].

---

16. FRANÇOIS, *Amoris laetitia*, n° 234.
17. *Idem*, *Evangelii gaudium*, n° 114.
18. *Idem*, *Amoris laetitia*, n° 236.
19. *Ibid.*
20. Dans *Amoris laetitia* n° 241, nous lisons : « Dans certains cas, la valorisation de sa propre dignité et du bien des enfants exige de mettre des limites fermes aux prétentions excessives de l'autre, à une grande injustice, à la violence ou à un manque de respect qui est devenu chronique ».

4. Bénéficiaires de l'accompagnement

Au n°242 d'*Amoris laetitia*, il est fait référence aux personnes « séparées, divorcées, abandonnées ». La casuistique des cas concrets est très large, ce qui permet de comprendre la complexité du sujet et la difficulté parfois rencontrée pour mettre en œuvre des parcours d'accompagnement spécifique. Cependant, comme insiste le Pape François dans le même numéro, un *discernement particulier* est indispensable pour l'accompagnement pastoral de ces différentes situations.

Sans entrer dans des questions d'ordre moral, nous examinerons brièvement qui sont les bénéficiaires de l'accompagnement :

— *Séparés* : il s'agit des époux qui ont décidé ou ont été contraints de suspendre leur vie commune. Ils restent mari et femme tant à l'état civil que pour l'Église et leur situation n'est pas *irrégulière* mais *difficile.*

— *Séparés et divorcés qui restent fidèles à leur engagement indissoluble* : elles sont de plus en plus nombreuses à choisir de rester fidèles à leur mariage et à se sanctifier dans un esprit de sacrifice par le dévouement à leurs enfants, le pardon et le témoignage de vie. Il est essentiel d'accompagner ces personnes de manière appropriée, car elles représentent un signe vivant de la fidélité du Christ-Époux à l'Église-Épouse (*2 Co* 11,2; *Ep* 5,25-27) et témoignent du caractère indissoluble du mariage chrétien.
Saint Jean Paul II a indiqué dans *Familiaris consortio* que « la communauté ecclésiale doit les soutenir dans une telle situation et leur apporter estime, solidarité, compréhension et aide concrète, afin qu'ils puissent rester fidèles, même dans la situation difficile dans laquelle ils se trouvent »[21].

— *Divorcés* : ce sont des époux qui ont obtenu le divorce auprès du tribunal de l'État et qui sont donc libres de tout lien civil. Pour l'Église, en revanche, ils restent mari et femme. Ces personnes divorcées sont considérées par l'Église au même titre que celles qui sont simplement séparées, et leur situation est considérée comme *difficile.*

21. Saint JEAN PAUL II, Exhortation apostolique post-synodale, *Familiaris consortio*, 22 novembre 1981, n° 83.

— *Séparés ou divorcés qui vivent en couple ou sont remariés civilement* : leur situation est nettement différente. Leur drame, plutôt que de se sentir seuls, est de ne pas pouvoir être admis à l'absolution et à la communion eucharistique en raison du lien antérieur. Le Magistère définit leur situation comme *irrégulière*, ce qui n'implique pas un jugement sur les personnes et leur conscience, mais un état de vie en opposition objective avec le lien permanent du sacrement de mariage.
Benoît XVI affirme dans *Sacramentum caritatis* que « les personnes divorcées et remariées [...] continuent d'appartenir à l'Église, qui les suit avec une attention particulière, avec le désir que, dans la mesure du possible, ils cultivent un style de vie chrétien par la participation à la Sainte Messe, même sans recevoir la Sainte Communion, l'écoute de la Parole de Dieu, l'adoration eucharistique, la prière, la participation à la vie communautaire, le dialogue avec un prêtre ou un directeur spirituel de confiance, le dévouement aux œuvres de charité, la pénitence et la tâche d'éduquer leurs enfants » [22].
Dans *Amoris laetitia,* le pape François nous rappelle qu'ils font partie de l'Église et ne sont pas excommuniés. La non-admission aux sacrements ne signifie pas qu'ils ne sont pas aimés de Dieu ou qu'ils sont en dehors de l'Église (n° 243). Dans ce cas, un bon accompagnement ne peut pas dispenser d'un discernement personnel et pastoral adéquat des différentes situations mentionnées dans l'exhortation au n° 298.

— *Séparés et divorcés qui ont entamé un procès de nullité devant un tribunal ecclésiastique* : ces situations sont également traitées au n° 244 d'*Amoris laetitia.* Rappelant le motu proprio *Mitis Iudex Dominus Iesus* [23], le Pape François rappelle la nécessité de mettre à la disposition de ces personnes et des couples en crise un service diocésain lié à la pastorale familiale pour l'information, le conseil et la médiation, également en vue de l'enquête préliminaire d'un éventuel procès en nullité. Très souvent, la demande de nullité découle du désir de consolider une nouvelle union, non seulement d'un point de vue civil, mais aussi d'un point de vue religieux. Elle peut aussi avoir pour origine le désir de s'approcher des sacrements. Dans d'autres cas, elle est initiée avec l'illusion que le procès pourra *annuler* tout ce qui a été vécu dans le mariage précédent.

22. Benoît XVI, Exhortation apostolique post-synodale *Sacramentum caritatis*, 22 février 2007, n° 29.

23. François, motu proprio *Mitis Iudex Dominus Iesus* sur la réforme du procès canonique pour les causes de déclaration de nullité de mariage dans le Code de droit canonique, 15 août 2015.

Il est nécessaire de souligner que dans tous les cas, il y a toujours des blessures ouvertes, des difficultés, des sentiments de culpabilité envers les enfants, envers les familles d'origine, voire envers soi-même. Il est nécessaire d'approfondir de nombreux aspects existentiels — surtout au niveau moral, spirituel et psycho-affectif — qui dépassent le procès juridico-canonique. Les situations que ces fidèles peuvent représenter sont vraiment très variées.

— *Séparés et divorcés avec enfants* : *Amoris laetitia* demande qu'une attention particulière soit portée à cette catégorie de fidèles. Tout d'abord, il faut les aider à être de bons parents, en les accompagnant pour que leurs enfants ne deviennent pas les otages de leur fragilité. En raison d'une séparation ou d'un remariage, ces enfants doivent parfois commencer à vivre dans un nouveau noyau familial, ce qui ajoute de nouvelles difficultés [24].
Une réalité doit être soulignée : les deux conjoints restent parents même après le divorce ; ils se sont séparés l'un de l'autre, mais pas de leurs enfants. L'accompagnement doit guider les conjoints séparés à se rappeler que le bien des enfants reste primordial et dépasse toute critique ou désaccord personnel. Dans certains diocèses, on envisage la possibilité d'initier un accompagnement pour les adolescents ou les jeunes enfants afin de les aider à surmonter les fragilités et les difficultés liées à la situation familiale. Un autre objectif non moins important est de les aider à vivre leur affectivité avec confiance et à développer une capacité à vivre positivement dans une relation amoureuse.

Outre le discernement dans la sphère extérieure — effectué avec un accompagnateur spirituel et avec d'éventuels professionnels (avocats, psychologues, conseillers familiaux, etc.) — le discernement au for de conscience est également nécessaire. *Amoris laetitia* rappelle que « c'est un itinéraire d'accompagnement et de discernement qui guide ces fidèles dans la prise de conscience de leur situation devant Dieu. L'entretien avec le prêtre, dans l'intériorité, contribue à la formation d'un jugement correct sur ce qui entrave la possibilité d'une participation plus complète à la vie de l'Église et sur les étapes qui peuvent la favoriser et la faire grandir » *(Rapport final* 2015, n° 86) [25].

---

24. François, *Amoris laetitia*, n° 245.
25. *Ibidem*, n° 300.

5. Lignes d'action pour un accompagnement pastoral efficace

En reprenant le numéro 300 d'*Amoris laetitia*, qui rappelle que l'accompagnement ne peut se passer d'un discernement visant à prendre conscience de sa situation devant Dieu, on peut identifier trois niveaux d'action.

a) Accompagner en motivant

Dans notre vie quotidienne, nous faisons des choix qui peuvent être difficiles à réaliser lorsqu'ils sont particulièrement exigeants. Pour que les fidèles prennent conscience de l'opportunité de se faire accompagner, il est important de prévoir des moments de prière et de réflexion, ainsi qu'une attention adéquate à leurs besoins.

L'accompagnement doit se développer sur le moyen et le long terme, au moins un semestre, car les personnes qui viennent nous voir ont un bagage existentiel qu'elles ont besoin de partager. Ce sont des personnes qui cherchent une nouvelle motivation pour continuer la vie qu'il leur appartient de vivre.

Pour les agents pastoraux, *accompagner en motivant* signifie créer une proximité tout en assurant la confidentialité. Les témoignages de situations similaires sont très utiles, car ils permettent aux personnes de s'identifier au fait que leur propre histoire est racontée.

Cette atmosphère cordiale favorisera la persévérance dans le parcours d'accompagnement. Ils pourront partager avec les agents pastoraux et d'autres personnes se trouvant dans la même situation leur propre expérience d'un mariage chrétien malheureusement interrompu et la nécessité de relire leur propre vie à la lumière de la foi, afin de retravailler leur propre expérience existentielle (passé-présent-futur) [26].

b) Accompagner en discernant

Le discernement tend à mettre en lumière la vérité des faits, tant dans leur dimension objective que subjective. La prise de conscience de la vérité des faits demande du temps et de la patience, car les aspects les plus profonds du conflit intérieur doivent émerger, ce qui ne se produit pas immédiatement. Il sera nécessaire de s'interroger

26. ZANETTI, *Porte aperte*, p. 25.

sur toutes les blessures subies, y compris celles antérieures au mariage ayant échoué. Cela permet de faire un discernement sur chaque moment de sa vie.

À ce stade, le plus grand défi est de transformer un échec en une opportunité de croissance et de maturité humaine et religieuse. La personne séparée, divorcée ou remariée qui demande à être accueillie à nouveau dans l'Église est avant tout une *personne en relation*, en particulier en relation avec Dieu[27].

L'accompagnement doit donc analyser non seulement la situation objective, mais aussi la possibilité pour le sujet de s'ouvrir à un sens transcendant de la vie, d'adhérer dans la foi à une certaine espérance qui se réalise à travers les différentes sources de grâce que le Seigneur met entre les mains de l'Église pour faire grandir la foi dans le Christ Seigneur.

c) Accompagner en réconciliant et en intégrant

Il n'est pas rare dans ces situations que l'amour et les promesses initiales du mariage aient fait place à la colère, au ressentiment et à la déception, au point que le pardon est considéré comme presque impossible.

L'objectif de cette phase est de faire mûrir une nouvelle capacité d'aimer et de pardonner, ce qui implique de se mettre dans la perspective de l'autre avec cette *pietas* qui permet de comprendre la fragilité des autres. Dans le pardon, il y a la compassion, qui est la conscience que nous partageons les erreurs de la fragilité humaine.

Le premier pas est la réconciliation avec soi-même, avec son *ex-conjoint* et, ne l'oublions pas, avec Dieu, avec lequel il a pu y avoir une certaine distance dans les moments les plus difficiles.

À ce stade, l'accompagnement doit faciliter un changement spirituel par une prise de conscience de son propre être dans la société et dans l'Église et de la manière dont on est appelé à vivre. L'expérience peut se transformer en un témoignage qui aide d'autres couples[28].

27. *Ibidem*, p. 29.
28. *Ibidem*, p. 33.

6. Exemple d'expérience pastorale avec les familles blessées : le diocèse de Trévise

Le diocèse de Trévise, suffragant du Patriarcat de Venise, a développé un programme d'accompagnement des familles blessées qui existe depuis plus de dix ans. Deux parcours de formation et de spiritualité sont proposés[29].

a) Séparés et divorcés vivant dans la fidélité à leurs vœux conjugaux

L'itinéraire se déroule à moyen et long terme, sur deux ans, et se fonde sur une pastorale *avec* et *pour les* fidèles séparés. Il part du principe que l'Église ne peut se passer de la famille fondée sur le mariage.

Dans la famille, l'amour des époux rayonne comme une image de l'amour du Christ pour l'Église et de l'amour de Dieu pour l'humanité. Toute histoire qui naît d'un amour véritable, mais qui traverse ensuite des difficultés, voire des échecs, est une histoire habitée par Dieu, qui ne rompt jamais sa promesse d'amour, mais qui reste fidèle et n'abandonne jamais personne.

Sur la base de cet amour fidèle et indissoluble, les participants persévèrent dans la fidélité aux engagements familiaux et aux obligations chrétiennes, même après la séparation et le divorce.

L'itinéraire, né à titre expérimental en 2005, a une structure biennale, avec des rencontres mensuelles pour approfondir l'expérience de la séparation à la lumière du Christ et de l'Église. Il repose sur trois piliers : la vocation à l'amour, le sacrement du mariage et la mission. Il s'adresse aux personnes séparées et divorcées qui n'excluent pas la possibilité de rester fidèles au sacrement du mariage.

La typologie des participants et leur situation familiale sont très variées : certains sont arrivés à la séparation et au divorce après dix ou quinze ans de mariage, d'autres après seulement deux ou trois ans. La motivation de la demande d'accompagnement est souvent le besoin de se sentir à nouveau accueilli pour vivre une nouvelle relation de foi avec le Seigneur.

Il s'agit de personnes « qui ont besoin d'une attention pastorale adéquate, ainsi que d'une action spécifique d'écoute, d'accueil et

29. Le contenu de ces développements est basé sur un court texte produit pour le diocèse de Trévise par M. ZANATTA, S. DALLE FRATTE, *Luci di speranza per la famiglia ferita*, Grafiche Dipro, Roncade 2007.

d'aide affectueuse, ce qui n'exclut pas la difficulté de pressentir quel chemin pastoral intérieur est adéquat pour soutenir spirituellement la personne dans sa situation particulière »[30].

Le programme commence par un premier entretien dont l'objectif est la *formation de la conscience* pour aider la personne à écouter et à discerner la voix de Dieu.

C'est un moment de dialogue, de clarification, de proximité et d'apaisement de la colère. Ils se sentent souvent jugés par leurs amis et leur famille. Leur témoignage est un témoignage de foi qui nous fait comprendre que même dans la douleur, un cœur blessé cherche la face de Dieu.

Au début, ils cherchent des réponses immédiates à la souffrance, à la colère, aux doutes, craignant de ne pas être compris. À la fin de la période biennale, beaucoup ont une plus grande conscience de leur propre réalité et de leur propre mariage ; ils se sentent réconciliés avec Dieu et avec les autres.

Il arrive souvent que les participants ne comprennent pas vraiment le sacrement du mariage au départ et qu'en cours de route, ils approfondissent leur compréhension de sa beauté. Plusieurs deviennent des témoins pour ceux qui se préparent au mariage ou pour des couples qui traversent des moments difficiles.

La prière est aussi vécue d'abord avec fatigue et avec beaucoup d'interrogations qui mettent en évidence le désir de se réconcilier avec l'Église. Certaines personnes rejoignent diverses formes de spiritualité (Medjugorje, Renouveau de l'Esprit, groupes de prière) pour se sentir acceptées, parfois de manière imparfaite. Ce sont des étapes nécessaires et inévitables dans un processus de guérison intérieure.

b) Parcours de formation et de spiritualité avec ceux qui sont dans une nouvelle union

La raison de la recherche de cette forme d'accompagnement est souvent la souffrance que la séparation et le divorce ont causée aux conjoints, qui se sentent jugés par le regard méfiant de la communauté.

La décision de rompre le mariage précédent peut être vécue comme une libération, surtout par ceux qui en ont pris l'initiative. Cependant, elle n'est pas sans douleur, surtout pour ceux qui ont été abandonnés. Comme les baptisés, les divorcés et les remariés font partie de l'Église, il est nécessaire de promouvoir une mentalité non pas critique, mais accueillante et proche de ceux qui ont été abandonnés ou

---

30. *Ibidem*, p. 17.

qui se sont éloignés. Nous avons besoin d'une communauté qui soit vraiment le Corps du Christ.

Au cours de l'itinéraire, le mariage précédent est relu à la lumière de l'Évangile, ce qui conduit à une réflexion sur la nouvelle union. C'est une occasion idéale pour vérifier la validité du mariage précédent et la possibilité de procéder à une déclaration de nullité. Le contenu est à définir d'année en année en fonction des besoins qui se présentent. Il y a quatre réunions annuelles de trois heures chacune.

Le principe fondamental est de rester proche, d'accompagner en silence et de respecter le temps des personnes. Chaque rencontre s'ouvre et se termine par un moment d'accueil, suivi d'une prière, d'une discussion sur un thème précis et d'un travail en binôme où chacun s'écoute et s'interroge en tant qu'il est chrétien. Les sessions ont lieu le dimanche et comprennent une célébration eucharistique.

Dans de nombreux cas, ce programme a été la première occasion pour les couples divorcés et remariés de se sentir intégrés dans la communauté. Le témoignage d'autres couples et la réflexion communautaire ont apaisé et contribué à une meilleure compréhension de l'actualité du message évangélique.

Contrairement à ce que l'on pourrait penser, la souffrance due au manque d'accès aux sacrements n'est pas ressentie de manière obsessionnelle dans la plupart des cas. Il a également été utile de clarifier le point de vue canonique sur la signification de la nullité du mariage et sur le déroulement des procès.

Afin de faire connaître et de diffuser le programme, il est souvent demandé aux participants d'inviter les prêtres de leur paroisse à l'une des réunions. En outre, des rencontres sont organisées, ouvertes à tous ceux qui souhaitent approfondir les questions liées aux familles blessées.

Miséricorde et justice dans la pastorale du mariage. Chapitre VIII d'*Amoris laetitia*

Miguel A. Ortiz*

1. La miséricorde est la plénitude de la justice

DANS CES PAGES, nous examinerons la raison d'être de la discipline concernant l'admission aux sacrements, en essayant de lire le chapitre VIII d'*Amoris laetitia*[1] à la lumière des principes qui régissent la pastorale du mariage dans le magistère du pape François et dans la perspective de la dimension de justice présente dans le mariage.

Nous ne prétendons pas résoudre la question, mais proposer une clé de lecture. Dans les situations dites « irrégulières », il y a une question morale à laquelle il faut répondre au cas par cas. Mais il y a une question de justice qui est la raison d'être de cette discipline. Pour celle-ci, je me réfère aux travaux des professeurs Carlos J. Errázuriz et Javier Otaduy[2].

Le point de départ est l'interdépendance entre la miséricorde et la justice, comme le fait François dans *Amoris laetitia* en suivant un

---

* Professeur de droit matrimonial canonique à l'Université pontificale de la Sainte-Croix. Dans ces pages, je reprends en grande partie les considérations exposées dans M.A. ORTIZ, *La Misericordia, pienezza della Giustizia*, in AA.VV., *Studi in onore di Carlo Gullo*, Vol. III, Libreria Editrice Vaticana, Città del Vaticano 2017, 295-311.

1. FRANÇOIS, Exhortation apostolique post-synodale *Amoris laetitia*, 19 mars 2016.

2. C.J. ERRÁZURIZ M., *La perspectiva del derecho y la justicia intraeclesial ante los desafíos actuales sobre el matrimonio y la familia*, « Ius canonicum » 55 (2015) 9-26 ; *Idem*, *Matrimonio y justicia objetiva en la comunión eclesial : un aspecto del discernimiento pastoral propiciado por Amoris laetitia*, « Ius canonicum » 56 (2016) 731-738 ; J. OTADUY, *"Dulcor misericordiae". Justicia y misericordia en el ejercicio de la autoridad canónica. I. Historia"*, « Ius canonicum » 56 (2016) 585-619 ; *Idem*, *"Dulcor Misericordiae". Justicia y misericordia en el ejercicio de la autoridad canónica. II. El capítulo octavo de Amoris laetitia*, « Ius canonicum » 57 (2017) 153-201.

texte de saint Thomas : « Il est vrai [...] que la miséricorde n'exclut pas la justice et la vérité, mais nous devons surtout dire que la miséricorde est la plénitude de la justice et la manifestation la plus lumineuse de la vérité de Dieu » [3].

Ces mots de l'exhortation expriment la conviction que les exigences de la justice et de la miséricorde ne sont pas opposées l'une à l'autre, mais qu'elles se requièrent l'une l'autre.

Une vision assez répandue du rapport entre miséricorde et justice consiste à y voir la recherche de solutions techniques pour réduire les difficultés des fidèles ou pour tempérer la rigidité de règles abstraites qui, précisément en raison de leur formulation désincarnée, seraient étrangères aux besoins réels des personnes.

Cette vision trop fréquente du rapport entre la miséricorde et la loi implique une vision déformée de l'une et de l'autre. La miséricorde servirait à panser les plaies sans traiter la maladie. Pour reprendre les termes du pape François, il s'agirait d'une « miséricorde trompeuse [qui] panse les blessures sans d'abord les guérir et les soigner, qui traite les symptômes et non les causes et les racines » [4].

Pour sa part, le droit serait considéré comme un ensemble de normes positives ou de pratiques ecclésiastiques, pas nécessairement liées aux desseins miséricordieux de Dieu : des préceptes qui serviraient à garantir la certitude des relations sociales indépendamment des besoins des fidèles, ou bien à apporter une flexibilité dans un sens purement subjectif, déconnecté des exigences de la justice.

En revanche, une vision équilibrée de la relation entre les deux doit être basée sur la considération que les vertus (à la fois la miséricorde et la justice) aident une personne à atteindre son but ultime. Certes, la miséricorde conduit à la compassion pour les besoins des autres et, si nécessaire, à l'octroi d'exceptions aux normes humaines générales. Mais ces exceptions ne peuvent être injustes, elles ne peuvent contredire un droit de la personne ou de l'institution qui va au-delà de la norme humaine, lorsqu'il empiète sur des exigences fondées sur la loi divine.

La miséricorde est d'ailleurs vertueuse dans la mesure où elle conduit à la justice. Dans ce domaine, la justice doit être comprise dans un sens large qui inclut la charité et l'appel à la sainteté, comme nous aurons l'occasion de le rappeler plus loin [5].

---

3. FRANÇOIS, *Amoris laetitia*, n° 311. L'expression se trouve dans la *Summa Theologicae*, I, q. 21, art. 3, ad 2 : « *Ex quo patet quod misericordia non tollit iustitiam, sed est quaedam iustitiae plenitudo* ».

4. FRANÇOIS, *Discours de clôture de la IIIe Assemblée extraordinaire du Synode des évêques*, 18 octobre 2014.

5. C'est le leitmotiv de mes réflexions dans M.A. ORTIZ, *La pastorale dei fedeli divorziati risposati civilmente e la loro chiamata alla santità*, dans C.J. ERRÁZURIZ M., M.A. ORTIZ (eds.), *Misericordia e diritto nel matrimonio*, Edusc, Roma 2014, p. 99-129.

La véritable compassion miséricordieuse exige le respect et la promotion du droit comme juste, et n'a rien à voir avec un sentimentalisme non vertueux, qui pourrait conduire à des solutions incompatibles avec ce qui est juste en vertu du droit divin ou du droit humain légitime.

2. L'indissolubilité, le mariage et l'eucharistie. Communion conjugale, eucharistique et ecclésiale

La conviction de l'Église sur le caractère indissoluble du mariage, l'une des plus grandes contributions du droit de l'Église à la culture juridique, est à la base de la doctrine et de la pratique avec lesquelles les divorcés et les remariés doivent être pris encharge pastoralement [6]. L'indissolubilité n'est ni une norme extrinsèque au mariage ni un simple idéal à atteindre : c'est un don qui fait partie de la manière dont s'accomplit la vocation naturelle à l'amour.

La réponse de Jésus à la question des pharisiens sur la répudiation montre clairement que la raison d'être de l'indissolubilité réside précisément dans le fait que c'est Dieu qui unit l'homme et la femme, qui deviennent *une seule chair* ; cela a été prévu « dès le commencement » (Mt 19, 1-9 et parallèles). Si la force du lien dépendait de la volonté des époux, cela resterait un souhait, un idéal. Mais non : c'est Dieu qui accorde le don de l'indissolubilité. De là découle non seulement son irrévocabilité (Dieu ne retire pas ses dons), mais aussi sa *faisabilité* : c'est Dieu qui donne l'accomplissement et qui soutient la réponse fidèle des époux. En effet, la considération de l'indissolubilité comme un don implique aussi l'assurance que, même dans les moments difficiles (en particulier dans le cas des fidèles abandonnés par leur conjoint ou dans le cas des divorcés remariés), il est possible de rester fidèle à la propre condition d'époux devenus *une seule chair*.

Mais le « caractère définitif » de l'union conjugale (indissolubilité) n'est pas seulement donné et soutenu par Dieu (c'est-à-dire de l'extérieur), mais fait partie de la dynamique même de la réalité du mariage, ainsi que l'exprime le pape François : « l'image de Dieu est le couple marié : l'homme et la femme ; pas seulement l'homme, pas

6. J. GAUDEMET, *Le mariage en Occident. Les mœurs et le droit*, Cerf, Paris 1987, p. 59 et 65.

seulement la femme, mais les deux. C'est l'image de Dieu : l'amour, l'alliance de Dieu avec nous sont représentés dans cette alliance entre l'homme et la femme. Et cela est beau. Nous sommes créés pour aimer, à l'image de Dieu et de son amour. Et dans l'union conjugale, l'homme et la femme réalisent cette vocation sous le signe de la réciprocité et de la communion de la vie plénière et définitive » [7].

L'union entre l'homme et la femme dans le mariage révèle l'amour de Dieu et le contient. Mais entre le mariage et l'amour de Dieu pour nous, il y a bien plus qu'une ressemblance ou une image, il y a un lien, pour ainsi dire, constitutif : le mariage « reflète un grand mystère : la relation établie par le Christ avec l'Église, une relation nuptiale (Ep 5, 21-33) » [8].

D'où le lien étroit entre le mariage et l'Eucharistie, deux sacrements qui se signifient mutuellement. Ils ne peuvent être compris que l'un par rapport à l'autre. Les époux forment une seule chair, qui signifie la chair du Christ qui se donne : le mystère même du Corps du Christ, dont naît l'Église et qui est offert dans l'Eucharistie. Le mariage, en tant que première révélation de l'amour sponsal du Christ, renvoie à la signification de l'Eucharistie : en sachant ce qu'est le mariage, nous pouvons approcher la profondeur de l'amour du Verbe pour nous, dont le don de soi, réalisé dans le mystère pascal, s'actualise dans l'Eucharistie. C'est pourquoi *Familiaris consortio* peut affirmer que « l'Eucharistie est la source même du mariage chrétien. En effet, le sacrifice eucharistique représente l'alliance d'amour du Christ avec l'Église, dans la mesure où elle est scellée par le sang de la croix (Jn 19, 34) » [9].

La communion ecclésiale exige, par ailleurs, qu'il n'y ait pas de contradiction entre la condition familiale et la participation au sacrement de l'Eucharistie, sacrement de la communion. Il existe en effet une relation étroite entre la communion conjugale et eucharistique, et le mystère de l'Église, Épouse du Christ. Le mariage et la famille ont une dimension de communion qui conduit au centre visible de la communion, qui est le Christ lui-même donné dans l'Eucharistie. La célébration du mariage est un signe qui rend présent l'amour fidèle du Christ pour nous en tant qu'Église domestique [10]. Par conséquent, lorsque ce lien est rompu, la communion ecclésiale est blessée. La communion ecclésiale — don de Dieu et responsabilité des fidèles — comprend et exige l'harmonie entre les deux aspects, et comporte une dimension indubitable de justice intra-ecclésiale.

---

7. FRANÇOIS, *Audience générale*, 2 avril 2014.

8. *Ibid.*

9. Saint JEAN PAUL II, Exhortation apostolique post-synodale *Familiaris consortio*, 22 novembre 1980, n° 57.

10. CONCILE VATICAN II, Constitution dogmatique *Lumen gentium*, 21 novembre 1964, n° 11 ; *Idem*, Décret *Apostolicam actuositatem*, 8 novembre 1965, n° 11 ; saint JEAN PAUL II, *Familiaris consortio*, n° 21.

Cette perspective permet d'envisager la question de l'admission aux sacrements non pas en termes purement disciplinaires ou moraux, mais en termes de justice et de communion ecclésiale [11]. Une approche purement disciplinaire ou basée sur la situation de péché dans laquelle se trouve le fidèle risque de conduire à une impasse. Si l'on se concentre uniquement sur la situation de péché — en laissant de côté le rapport à la justice — on ne voit pas pourquoi elle ne pourrait pas être pardonnée au même titre que les autres péchés. Par conséquent, le refus d'accès à la communion se heurterait à la miséricorde divine.

Un regard sur la justice, en revanche, offre de nombreuses indications sur la manière de résoudre la question : entre mari et femme, il existe une exigence élémentaire de justice, qui est précisément la reconnaissance mutuelle en tant qu'époux, avec les obligations qui s'ensuivent.

Les comportements qui découlent de la donation réciproque entre époux constituent des biens auxquels chaque époux a droit. Les devoirs qui découlent de ces droits peuvent être violés par divers comportements. La personne qui se remarie civilement après un divorce peut le faire avec la conscience de violer un devoir de justice, ou avec la douleur d'avoir été abandonnée par son conjoint, ou encore avec une attitude superficielle qui ne saisit même pas la gravité de l'engagement pris. Mais dans tous les cas — indépendamment de l'évaluation morale que chacun mérite — il y a une violation externe du lien matrimonial présumé valable dans l'ordre externe et social.

La pratique pastorale prévue pour ces cas et la limitation de l'accès aux sacrements n'est pas due à une sanction disciplinaire, encore moins à un jugement sur les personnes ou à la présomption de l'Église que tous les fidèles sont en état de péché mortel : la situation morale des personnes n'est jugée que par Dieu, qui connaît les profondeurs du cœur. Non, la raison d'être de l'interdiction réside dans la situation objective dans laquelle ils se trouvent, en raison du comportement des fidèles qui contredit les exigences de la communion ecclésiale requises par la condition conjugale préexistante [12]. L'Eucharistie constitue le signe de l'amour sponsal indissoluble du Christ pour nous ; un amour qui est objectivement contredit par le « signe violé » par les époux qui ont rompu leur expérience conjugale et vivent une seconde union.

En d'autres termes, dans la situation des divorcés remariés civilement, il existe une situation qui nuit à leur communion ecclésiale,

11. Sur ce point, ERRÁZURIZ M., *La perspectiva del derecho y la justicia intraeclesial ante los desafíos actuales sobre el matrimonio y la familia*, p. 16-24.

12. « Leur état et leur condition de vie contredisent objectivement l'union d'amour entre le Christ et l'Église signifiée et réalisée par l'Eucharistie », saint JEAN PAUL II, *Familiaris consortio*, n° 84.

causée principalement par la discordance entre le statut (originel) d'époux (membre d'une Église domestique) et la situation actuelle dans laquelle il existe un comportement présenté comme marital.

Il est également vrai qu'il pourrait arriver que le mariage précédent ait été célébré de manière invalide, de sorte que le rapport initial ne serait qu'apparemment matrimonial. Mais dans ce cas, il y aurait toujours une grave violation de la communion ecclésiale, précisément dans la seconde célébration qui a eu lieu sans avoir obtenu la déclaration de nullité du mariage précédent, contrevenant ainsi à une loi ecclésiastique qui protège le bien commun et la communion ecclésiale.

3. « Accompagner, discerner et intégrer la fragilité ». Un nouveau regard sur les blessures familiales

a) Examiner chaque situation au cas par cas

Sans prétendre résoudre définitivement la question, je voudrais proposer une réflexion pour aider à interpréter et à appliquer les critères proposés par le Pape François. Je le ferai à la lumière de l'interrelation des deux vertus, la miséricorde et la justice, qui doivent aider les fidèles à atteindre la plénitude de la vie chrétienne [13].

Une réflexion préliminaire consiste à examiner la doctrine d'*Amoris laetitia* dans le cadre du magistère de l'Église sur le mariage et la famille. L'exhortation apostolique contient de nombreuses références (en particulier dans les n° 67-70) au *Catéchisme de l'Église catholique*, à la doctrine conciliaire et aux pontifes précédents. À cet égard, nous pouvons rappeler ce que François lui-même a écrit dans l'exhortation *Evangelii gaudium* sur la manière de transmettre le message chrétien : de même que toutes les vertus doivent être vécues en harmonie, de même « chaque vérité est mieux comprise si elle est mise en relation avec la totalité harmonieuse du message chrétien, et dans ce

13. ORTIZ, *La Misericordia, pienezza della Giustizia*, p. 301-311. Ces pages sont le fruit d'une réflexion menée avec le professeur Juan I. Bañares. Aussi J. GRANADOS, *"Amores heridos" : misericordia y fidelidad. Les indications du chapitre VIII de l'exhortation apostolique Amoris laetitia* (n° 291- 312), dans « Scripta Theologica » 49 (2017) 97-119 ; S. KAMPOWSKI, J. GRANADOS, J.J. PÉREZ SOBA, *Amoris laetitia. Accompagnare, discernere, integrare. Vademecum per una nuova pastorale familiare*, Cantagalli, Siena 2016 ; L. MARTÍNEZ SISTACH, *Come applicare l'Amoris laetitia*, Libreria Editrice Vaticana, Città del Vaticano 2017.

contexte toutes les vérités ont leur importance et s'éclairent les unes les autres » [14]. En d'autres termes, il n'est pas nécessaire de répéter sans cesse ce qui constitue la doctrine commune : le fait qu'un principe ou une doctrine ne soit pas explicitement affirmé ne signifie pas qu'il soit destiné à être nié.

Les trois principes que le Pape indique pour répondre aux besoins de ceux qui se trouvent dans ces situations (accompagner, discerner, intégrer) sont intimement unis. Ce sont des aspects ou des dimensions indivisibles de l'action pastorale proposée.

Nous avons déjà rappelé que les situations objectives dans lesquelles se trouvent les fidèles peuvent être très diverses. La variété des biographies, des histoires, des facteurs de conditionnement, etc. est immense. Par conséquent, il est toujours nécessaire de garder à l'esprit l'objectif final vers lequel tend l'adaptation appropriée à chaque situation, en tenant compte également du temps et de la grâce. Mais en même temps, il est nécessaire de traiter chaque personne en considérant que sa situation subjective peut être différente, peut-être surtout dans la culpabilité face à une situation irrégulière et dans sa disposition intérieure, comme nous le verrons. Dans ce sens, sans prendre pour argent comptant les formes de vie qui sont loin du mariage à la base, il faut essayer de voir quels sont les points valables et les dispositions favorables que l'on peut trouver dans chaque situation personnelle.

Dans certaines situations, il n'y a ni culpabilité ni faute morale, ou s'il y en a une, elle a été pardonnée ; dans tous les cas, il s'agit de difficultés particulières qui requièrent une attention spéciale, voire spécialisée [15].

Amoris laetitia reprend de *Familiaris consortio* la nécessité de discerner, parmi les circonstances objectives dans lesquelles se trouvent ces personnes, les *situations* dites *irrégulières* (expression qui peut être trompeuse) : « Les pasteurs, par amour de la vérité, sont tenus de bien discerner les situations. En effet, il y a une différence entre ceux qui ont sincèrement cherché à sauver leur premier mariage et qui ont été injustement abandonnés, et ceux qui, par une faute grave, ont détruit un mariage canoniquement valide. Enfin, il y a ceux qui

14. FRANÇOIS, Exhortation apostolique *Evangelii gaudium*, 24 novembre 2013, n° 39.

15. Le Pape fait référence, par exemple, aux conjoints abandonnés et aux personnes divorcées qui n'ont pas contracté une nouvelle union civile (*Amoris laetitia*, n° 242) ; aux conjoints séparés (n° 241) ; à ceux qui se trouvent dans une situation de crise ou de conflit (n° 244) ; aux mariages mixtes et à ceux de différentes confessions (n° 247-8) ; ou aux familles monoparentales (n° 252). Dans ces cas, l'*accompagnement de la* communauté ecclésiale et — lorsqu'elle n'existe pas — la promotion de l'*intégration dans la* vie et l'activité de l'Église sont essentiels. D'autre part, en principe, il semble que le *discernement* soit déjà donné dans la situation elle-même. C'est pourquoi, dans ces pages, je me concentrerai plutôt sur l'action pastorale auprès de ceux qui se trouvent dans des situations objectivement irrégulières.

ont contracté une seconde union en vue de l'éducation des enfants, et qui ont parfois la certitude subjective, en conscience, que le mariage précédent, irrémédiablement détruit, n'avait jamais été valide » [16].

La diversité des situations implique une évaluation morale différente, qui dépend également du comportement observé par les fidèles après la crise de l'union : « Les divorcés remariés doivent se demander comment ils se sont comportés envers leurs enfants lorsque l'union conjugale est entrée en crise ; s'il y a eu des tentatives de réconciliation ; quelle est la situation du conjoint abandonné ; quelles sont les conséquences de la nouvelle relation sur le reste de la famille et la communauté des fidèles ; quel est l'exemple que cette relation offre aux jeunes qui doivent se préparer au mariage ? » [17].

Cependant, il convient de clairement distinguer la responsabilité morale des décisions passées — la cause de l'échec du mariage, le divorce et le mariage civil ultérieur, le traitement du conjoint et des enfants, l'attitude à l'égard des responsabilités envers les enfants que l'on a pu avoir dans la nouvelle union, etc. — de la situation actuelle. Ce qui empêche la communion eucharistique, ce ne sont pas les erreurs et les péchés du passé (qui peuvent être corrigés et pardonnés), mais la volonté actuelle de vivre en contradiction avec la signification de la communion qu'ont le mariage et l'Eucharistie. C'est la situation actuelle, stable et notoire, de vivre en contradiction avec son propre mariage qui nuit aux exigences de la communion ecclésiale (indépendamment de la responsabilité morale et de l'éventuelle nullité réelle du mariage précédent), ce qui rend l'accès aux sacrements impossible tant que l'obstacle n'est pas levé.

b) Proposer un niveau élevé de sainteté également aux fidèles blessés.

Le point de départ essentiel est de cultiver une disposition favorable pour accueillir et seconder la grâce de Dieu. Il ne faut pas oublier que les personnes divorcées et remariées continuent à être des fidèles, avec des droits et des devoirs ecclésiaux.

Face à la question « que demandent les divorcés remariés à l'Église », une première réponse serait : ils demandent à être acceptés dans leur situation actuelle, à être admis aux sacrements, à effacer toute trace qui les différencie des autres fidèles. Je considère qu'une telle réponse serait plutôt superficielle, irréaliste et, en tout cas, n'irait pas au cœur du problème. Ceux qui se consacrent à la pastorale de ces fidèles savent que, plus qu'un « certificat de normalité », les fidèles demandent avant tout de la compréhension et de

16. Saint JEAN PAUL II, *Familiaris consortio*, n° 84.
17. FRANÇOIS, *Amoris laetitia*, n° 300.

l'aide pour éclairer leur expérience, leur situation actuelle, le chemin à parcourir.

Ainsi l'explique Jean-Miguel Garrigues : « Mon expérience pastorale dans un pays comme la France m'a appris que les couples remariés composés de pratiquants réguliers sont en fait composés de croyants loyaux, cohérents avec la foi, et ne demandent donc pas à s'approcher de la communion. En conséquence, soit ils demandent à l'Église d'examiner l'éventuelle nullité d'un précédent mariage, car ils ont honnêtement des raisons sérieuses de le considérer comme nul, soit ils choisissent la voie de la continence, soit ils acceptent de suivre leur propre chemin sans les sacrements dans une vie qui, malgré tout, est souvent pieuse. Ils savent que la grâce de Dieu ne se limite pas aux sacrements et ils parviennent à trouver un accompagnement pastoral de qualité. Quant à ceux — et ils sont les plus nombreux — dont la pratique religieuse n'est que sporadique et surtout sociologique, ils ne sont pas d'abord motivés par le désir de s'approcher du sacrement de communion, puisqu'ils vont rarement à la messe et mènent une vie sacramentelle quasi inexistante. Leur désir est que l'Église donne une sorte de garantie de respectabilité morale à leur seconde union » [18].

Les fidèles dans cette situation restent des fidèles de l'Église. C'est pourquoi l'Église doit leur prodiguer ses soins, en les encourageant à vivre selon les exigences de l'Évangile, en leur proposant le même objectif que pour tous les baptisés : une « norme élevée » de sainteté, comme l'a souligné saint Jean Paul II dans la lettre apostolique *Novo millennio ineunte :* « Il est temps de proposer à nouveau à tous, avec conviction, cette *"norme élevée" de la vie chrétienne ordinaire.* Toute la vie de la communauté ecclésiale et des familles chrétiennes doit aller dans ce sens. Mais il est clair aussi que les chemins de la sainteté sont personnels et requièrent une *pédagogie de la sainteté* vraie et propre, capable de s'adapter aux rythmes de chaque personne » [19].

L'adaptation aux rythmes de chaque personne doit tenir compte des circonstances particulières de chacun. L'itinéraire des divorcés remariés part de la situation de contradiction entre leur condition et les exigences de la communion conjugale, eucharistique et ecclésiale, mais il doit tendre, comme celui des autres fidèles, à la plénitude de la participation à la vie ecclésiale et à l'objectif de la sainteté.

À l'exemple du Bon Pasteur, « tout en proposant toujours la perfection et en invitant à une réponse plus complète à Dieu, l'Église doit accompagner avec attention et soin ses enfants les plus fragiles,

---

18. J. M. GARRIGUES, "Le mariage entre croyants : un engagement consacré pour une mission ecclésiale", conférence au Colloque "*Fides-foedus.* La fede e il sacramento del matrimonio", organisé par l'Institut pontifical Jean Paul II pour les études sur le mariage et la famille, 3 avril 2014. La traduction est la nôtre.

19. Saint JEAN PAUL II, Lettre apostolique *Novo millennio ineunte*, 6 janvier 2001, n° 31.

marqués par un amour blessé et déplacé, en leur redonnant confiance et espérance, comme la lumière d'un phare dans un port ou une torche portée parmi les gens pour éclairer ceux qui se sont égarés ou qui se trouvent au milieu de la tempête (*Relatio Synodi* 2014, n° 28) » [20].

Accompagner avec attention et soin signifie avant tout connaître en profondeur la situation objective et surtout les personnes concrètes. Il est nécessaire de savoir non seulement dans quelle mesure leur amour est « blessé ou a disparu », mais aussi dans quelle mesure les fidèles en sont conscients, dans quelle mesure ils sont capables de percevoir leur responsabilité et dans quelle mesure ils sont prêts à se réconcilier pleinement avec Dieu et avec l'Église. Il ne faut pas oublier que, parfois, la difficulté à percevoir les étapes à franchir est due à une mauvaise disposition ou à une faiblesse de la volonté, qu'il convient de fortifier. C'est pourquoi, tout au long du processus, la pastorale doit « éclairer la direction perdue » et, en même temps, éveiller en eux la « confiance et l'espérance » dont ils ont besoin pour s'approcher de la lumière et accepter l'offre d'accompagnement.

Il est clair que nous n'entendons pas parler ici d'une présence institutionnelle qui accompagnerait les fidèles se trouvant dans ces circonstances, mais de la présence de tout fidèle qui, par son exemple et ses paroles, peut devenir proche et manifester à ceux-ci la fraternité chrétienne. Souvent, au moins dans un premier temps, le mouvement de retour des fidèles qui se sont éloignés de la pratique religieuse commencera ou sera accompagné précisément par d'autres fidèles du même milieu social, à travers les relations ordinaires de famille, de travail, d'amitié, etc. C'est ce que François appelle de façon imagée la « pastorale du corps à corps » [21].

Accompagner signifie être aux côtés de la personne tout au long du processus et demeurer avec constance quoiqu'il arrive, en prenant appui sur tout ce qui peut être positif.

Dans l'exhortation apostolique post-synodale, François reprend un texte de la *Relatio Finalis* du Synode de 2014 qui souligne à juste titre que « toutes ces situations doivent être affrontées de manière constructive, en cherchant à les transformer en opportunité pour un cheminement vers la plénitude du mariage et de la famille à la lumière de l'Évangile. Il s'agit de les accueillir et de les accompagner avec patience et douceur » [22].

En bref, l'*accompagnement* implique la compréhension, la prise en compte des aspects objectifs de la situation et des aspects subjectifs des personnes, afin de les aider à *discerner* et à décider des

20. FRANÇOIS, *Amoris laetitia*, n° 291.
21. *Idem*, *Audience avec le Mouvement de Schoenstatt à l'occasion du 100e anniversaire de sa fondation*, 25 octobre 2014.
22. *Idem*, *Amoris laetitia*, n° 294, citation complète de *Relatio Synodi* 2014, n° 43.

pas à faire et de leur rythme d'intégration. L'accompagnement pastoral cherchera avant tout à susciter de bonnes dispositions, le désir de suivre la volonté de Dieu, plutôt que de recevoir un « certificat » de régularité de la part des autres fidèles. Il les aidera à être honnêtes avec eux-mêmes pour faire les pas qu'ils peuvent faire dans leur situation concrète et à *vouloir voir* ce que le Seigneur attend d'eux.

c) Aider à discerner la volonté de Dieu dans chaque situation

On pourrait dire que l'étape intermédiaire entre la compréhension correcte de l'*accompagnement* et le développement du *discernement* se trouve dans la prise en compte adéquate de la complexité souvent présente dans l'histoire, dans les circonstances du moment et de l'intériorité des fidèles qui s'y trouvent.

« Si l'on tient compte de l'innombrable diversité des situations concrètes [...], on peut comprendre qu'il ne faut pas attendre du Synode ou de cette Exhortation une nouvelle norme générale de type canonique, applicable à tous les cas. Il ne peut y avoir qu'un nouvel encouragement à un discernement personnel et pastoral responsable des cas particuliers » [23]. La tâche du *discernement* commence par la prière et par la connaissance et l'analyse du cas concret et des fidèles concernés, afin qu'ils puissent découvrir et suivre la volonté de Dieu pour eux dans leur situation concrète.

Il ne s'agit pas d'une spéculation purement théorique, mais d'une réflexion qui part des conditions des individus. Il ne s'agit évidemment pas d'inventer une norme morale ou de renoncer à l'universalité des principes moraux. Il s'agit plutôt d'aider les fidèles eux-mêmes à porter un jugement de conscience adéquat, en distinguant de manière appropriée la situation objective et la détermination du degré d'imputabilité — de culpabilité — attribuable au sujet. Bien entendu, cet engagement suppose de poursuivre l'accompagnement, en favorisant une disposition d'ouverture et d'examen de conscience, en facilitant une formation doctrinale et ascétique appropriée et en déterminant les moyens que le fidèle peut utiliser à tout moment pour se rapprocher de Dieu, ainsi que les moyens qui sont à sa disposition dans l'Église et dans la communauté ecclésiale qui l'accueille [24].

Dans l'action d'*intégrer*, il y a une relation intersubjective. D'une part, ceux qui se trouvent dans cette situation doivent avoir — ou se préparer à avoir — une attitude d'ouverture à Dieu et à l'Église qui souhaite les accueillir. D'autre part, les membres de l'Église doivent

23. FRANÇOIS, *Amoris laetitia*, n° 300.
24. *Ibidem*, n° 293.

les accueillir avec respect et affection, sans discrimination injuste. En outre, ils doivent — dans la mesure du possible — prendre l'initiative de faire en sorte que leurs frères et soeurs ressentent réellement la fraternité de la foi dans tout ce qui est objectivement compatible avec leur situation. Pour leur part, les pasteurs continueront à accompagner ces fidèles dans tout le processus, en cherchant à les éclairer pour qu'ils forment progressivement leur conscience et réforment les habitudes ou les conditions de vie qui sont objectivement en contradiction avec la loi de Dieu. Les pasteurs utiliseront également les moyens dont dispose la communauté ecclésiale pour faciliter l'accès de ceux qui se trouvent dans ces circonstances compliquées à tous les moyens compatibles avec leur situation.

Sur ce chemin de retour à la foi vécue et à la communauté ecclésiale, l'accueil et l'accompagnement de ces fidèles impliquent aussi de compter sur leurs contributions potentielles dans les divers domaines de l'activité pastorale de l'Église. En effet, en fonction de leur formation, de leur repentir et de leurs dispositions, et en évitant le risque de scandale qui peut surgir dans l'une ou l'autre tâche, ces fidèles devraient trouver des activités communautaires auxquelles ils peuvent participer. Cela facilitera une intégration plus rapide et plus profonde.

> « Il s'agit d'intégrer tout le monde, d'aider chacun à trouver sa propre manière de participer à la communauté ecclésiale, afin qu'il se sente l'objet d'une miséricorde "imméritée, inconditionnelle et gratuite". [...] Évidemment, si quelqu'un tient un péché objectif comme s'il faisait partie de l'idéal chrétien, ou veut imposer quelque chose de différent de ce que l'Église enseigne, il ne peut prétendre assurer la catéchèse ou prêcher, et en ce sens, il y a quelque chose qui le sépare de la communauté (Mt 18, 17). Il a besoin de réentendre l'annonce de l'Évangile et l'invitation à la conversion. Mais même pour lui, il peut y avoir une manière de participer à la vie de la communauté, que ce soit dans les tâches sociales, dans les réunions de prière ou de toute autre manière suggérée par sa propre initiative, avec le discernement du pasteur » [25].

d) La formation de la conscience et la « loi de gradualité »

Dans certains cas, il sera nécessaire d'explorer les possibilités, si elles existent, pour que la situation elle-même soit ramenée au sa-

---

25. *Ibidem*, n° 297.

crement du mariage dans un délai approprié, grâce à une « pastorale miséricordieuse et encourageante » [26]. Cela pourrait être le cas, par exemple, dans les unions de fait, dans les « mariages à l'essai », etc., à condition qu'il n'y ait pas d'autre obstacle à la célébration du mariage. Bien sûr, il faudra tenir compte des personnes et des circonstances : il y a des cas où il n'est pas opportun de conseiller le mariage à ceux qui vivent ensemble en dehors du mariage. Il faut surtout tenir compte de la maturité et de la stabilité des personnes et de leur relation, de la faisabilité d'une union véritablement matrimoniale et sacramentelle, et — évidemment — de la préparation et des dispositions des personnes qui vivent ensemble [27].

Amoris laetitia reprend, par ailleurs, un principe moral traditionnel en rappelant, à juste titre, qu'il peut y avoir des actions immorales objectivement graves qui, sur le plan subjectif et formel, ne sont pas imputables ou pas pleinement imputables, en raison de l'ignorance, de la crainte ou d'autres circonstances atténuantes dont l'Église a toujours tenu compte [28]. Comme nous l'avons noté plus haut, à la lumière de cette possibilité, on ne peut pas affirmer que celui qui vit dans une situation matrimoniale « irrégulière » objectivement grave est nécessairement en état de péché mortel. « Un sujet, même s'il connaît bien la norme, peut avoir de grandes difficultés à comprendre "les valeurs inhérentes à la norme" (saint Jean Paul II, *Familiaris consortio*, n° 121) ou se trouver dans des conditions concrètes qui ne lui permettent pas d'agir différemment et de prendre d'autres décisions sans nouvelle culpabilité » [29].

Le principe « *de internis, neque Ecclesia iudicat* » a toujours été appliqué dans l'Église. Il est clair qu'il faut faire preuve d'une

26. *Ibidem*, n° 294. Il s'agit d'une citation complète de la *Relatio Synodi* 2014, n° 26.

27. FRANÇOIS, *Amoris laetitia,* n° 294.

28. À propos de ces conditions, le *Catéchisme de l'Église catholique* s'exprime avec force : « L'imputabilité et la responsabilité d'une action peuvent être diminuées ou même supprimées à cause de l'ignorance, de l'inadvertance, de la violence, de la peur, des habitudes, des affections désordonnées et d'autres facteurs psychologiques ou sociaux » (n° 1735). Dans un autre paragraphe, il se réfère à nouveau aux circonstances qui atténuent la responsabilité morale et mentionne longuement « l'immaturité affective, la force des habitudes contractées, l'état de détresse ou d'autres facteurs psychiques ou sociaux (n° 2352). C'est pourquoi un jugement négatif sur une situation objective n'implique pas un jugement sur l'imputabilité ou la culpabilité de la personne impliquée (CONSEIL PONTIFICAL POUR LES TÉMOINS LÉGISLATIFS, *Avis sur l'admissibilité à la communion des divorcés et des divorcés remariés*, 24 juin 2000, n° 2) » (FRANÇOIS, *Amoris laetitia,* n° 302).

29. *Ibidem*, n° 301 : « Il est vrai que, comme l'a souligné la récente exhortation (*Amoris laetitia,* chap. VIII), en ce qui concerne le mariage et la famille à l'époque actuelle, il y a souvent des raisons de penser que ces comportements sont fortement influencés par la fragilité, l'ignorance, les pressions environnementales, etc. Cependant, il faut rappeler que, dans cet aspect, la discipline ecclésiastique est totalement objective, elle ne juge pas le degré de culpabilité, mais cherche à protéger et à promouvoir les exigences extérieures de la communion dans l'Église, qui sont fondamentales pour le bien des âmes de tous les fidèles, y compris ceux qui se trouvent dans de telles situations » ; ERRÁZURIZ M., *Matrimonio y justicia objetiva en la comunión eclesial*, p. 735.

extrême prudence dans ce domaine, tout en essayant d'éclairer la conscience de chaque fidèle dans une tâche qui exigera souvent une certaine gradualité, tant dans l'enseignement de la doctrine que dans la tolérance — voire l'acceptation — d'une situation imparfaite chez un fidèle qui, malgré cela, montre des signes de bonnes dispositions et une volonté de poursuivre le processus de conversion. Il ne s'agit cependant pas de laisser le fidèle dans une erreur grave et coupable, mais de rythmer les œuvres nécessaires à la conversion en fonction de la compréhension progressive et des forces naturelles, ainsi que des grâces actuelles que Dieu ne manquera pas d'accorder [30].

Comme l'a rappelé Jean Paul II, la loi de gradualité n'est pas une « gradualité de la loi » [31], comme si certains fidèles étaient exemptés de l'appel à la sainteté ou douteraient du pouvoir de la grâce de conduire tout le monde à la plénitude de la vie chrétienne. Le Pape François souligne qu'il s'agit d'une « gradualité dans l'exercice prudentiel des actes libres chez les sujets qui ne sont pas en mesure de comprendre, d'apprécier ou de pratiquer pleinement les exigences objectives de la loi. En effet, la loi est aussi un don de Dieu qui montre le chemin, un don pour tous sans exception qui peut être vécu avec la force de la grâce, même si chaque être humain "avance peu à peu dans l'intégration progressive des dons de Dieu et des exigences de son amour définitif et absolu dans l'ensemble de la vie personnelle et sociale" (saint Jean Paul II, *Familiaris consortio*, n° 9) » [32].

30. Par conséquent, « dans la pastorale de ces fidèles, il faut aussi tenir compte du fait qu'il semble très difficile à ceux qui vivent une seconde union d'avoir une certitude morale subjective de l'état de grâce, puisque ce n'est que par l'interprétation de signes objectifs que cet état peut être connu par leur propre conscience et par celle du confesseur. En outre, il convient de distinguer entre une véritable certitude morale subjective et une erreur de conscience que le confesseur a l'obligation de corriger, comme on l'a dit plus haut, dans la mesure où, dans l'administration du sacrement, le confesseur n'est pas seulement père et médecin, mais aussi maître et juge, toutes tâches qu'il doit certainement accomplir avec la plus grande miséricorde et délicatesse, et en recherchant avant tout le bien spirituel de ceux qui s'approchent du confessionnal », A. RODRÍGUEZ LUÑO, *Amoris laetitia : Doctrinal guidelines for pastoral discernment*, `http://www.eticaepolitica.net/famiglia/AmorisLaetitia.pdf` (09.01.2020).

31. Saint JEAN PAUL II, *Familiaris consortio*, n° 34.

32. FRANÇOIS, *Amoris laetitia*, n° 295 ; « Évidemment, il faut encourager la maturation d'une conscience éclairée, formée et accompagnée par le discernement responsable et sérieux du Pasteur, et proposer une confiance toujours plus grande dans la grâce. Mais cette conscience peut reconnaître non seulement qu'une situation ne répond pas objectivement aux exigences générales de l'Évangile. De même, elle peut reconnaître sincèrement et honnêtement que c'est, pour le moment, la réponse généreuse qu'on peut donner à Dieu, et découvrir avec une certaine assurance morale que cette réponse est le don de soi que Dieu lui-même demande au milieu de la complexité concrète des limitations, même si elle n'atteint pas encore pleinement l'idéal objectif » (*ibidem*, n° 303). Le Pontife Romain souligne ensuite que la gradualité doit toujours être orientée vers l'idéal, qui non seulement tend vers, mais constitue un but atteignable et réalisable : « Rappelons-nous que ce discernement est dynamique et doit toujours rester ouvert à de nouvelles étapes de croissance et à de nouvelles décisions qui permettront à l'idéal de se réaliser plus pleinement » (*ibidem*, n° 303). Une autre question est celle de savoir ce qui peut être permis ou ce qui doit être reporté à un moment donné.

Il ne s'agit donc pas de changer ou de suspendre la loi ; la conscience ne peut certainement pas légitimer une action contraire à la loi divine, et l'on ne peut pas non plus admettre que la faiblesse humaine dispense de son accomplissement. Il s'agit plutôt de savoir agir avec charité et miséricorde sans considérer comme égales toutes les circonstances, toutes les normes morales, tous les temps et toutes les échéances. « Puisqu'il n'y a pas de gradualité dans la loi elle-même (saint Jean Paul II, *Familiaris consortio*, n° 34), ce discernement ne peut jamais faire abstraction des exigences de vérité et de charité de l'Évangile proposées par l'Église » [33]. La gradualité ne consiste pas en une « dispense » de la conversion, mais en une prise en compte des différentes étapes, temps et chemins dans la maturation du processus personnel de chaque fidèle pour arriver à cette conversion.

En effet, il y a des questions sur lesquelles, pour diverses raisons, il n'y a pas de place pour la tolérance. Dans la question de l'accès à l'absolution sacramentelle (avant la communion), il n'y a pas de place pour la tolérance parce que l'accomplissement des conditions nécessaires ne dépend pas de l'Église ou du ministre, mais du fidèle. L'Église ne peut se substituer aux actes du pénitent nécessaires à l'absolution sacramentelle, car elle ne peut remplacer ni le repentir personnel ni la finalité que cette contrition manifeste objectivement.

La gradualité, en revanche, apportera la constance dans l'accompagnement, la patience, la formation et — surtout — la promotion de l'espérance, en essayant de faciliter les petits pas qui aideront le fidèle à être en mesure de recevoir l'absolution sacramentelle en temps voulu. Il y a des questions pour lesquelles — s'il existe une bonne volonté sous-jacente d'avancer progressivement vers une vie chrétienne droite — il n'est pas nécessaire d'exiger d'un seul coup ce que l'on n'est pas encore en mesure de donner ; mais on ne peut pas non plus donner — seulement avec cette volonté initiale — ce que l'on n'est pas encore en mesure de recevoir [34].

---

33. *Ibidem,* n° 300. Il s'agit d'une citation complète du *Rapport final* 2015, n° 86. Le texte continue : « Pour cela, il faut garantir les conditions nécessaires d'humilité, de réserve, d'amour pour l'Église et pour son enseignement, dans la recherche sincère de la volonté de Dieu et avec le désir de parvenir à une réponse plus parfaite à celle-ci », *Rapport final* 2015, n° 86. Ces attitudes sont fondamentales pour éviter le risque grave de messages erronés, comme l'idée que certains prêtres peuvent rapidement accorder des « exceptions », ou qu'il existe des personnes qui peuvent obtenir des privilèges sacramentels en échange de faveurs.

34. En ce qui concerne les conditions nécessaires pour recevoir l'Eucharistie, « il *ne s'agit pas d'une question purement disciplinaire*, qui peut être réglée par des normes prudentielles fondées sur des motifs d'opportunité. Il s'*agit de la vérité du juste, et donc de la doctrine même de l'Église sur le mariage et la famille, non pas comme une déclaration abstraite, mais comme l'expression d'une réalité vivante, qui inclut réellement une dimension de justice* », ERRÁZURIZ M., *Matrimonio y justicia objetiva en la comunión eclesial*, p. 736-737.

4. Conclusion. L'intention sincère de vouloir suivre la doctrine du Magistère et l'accès aux sacrements

L'histoire concrète ou la situation à un moment donné (surtout pour le bien des enfants qu'ils ont eus) peut faire que, dans certains cas, il soit difficile d'exiger la séparation physique du couple ou même qu'il soit conseillé de continuer à vivre ensemble, ainsi que le propose le Magistère. Dans ces circonstances, cependant, la volonté de ne pas cohabiter et de prendre les mesures nécessaires pour éviter le scandale est requise. Dans certaines situations, ils ne peuvent pas se séparer même s'ils ne sont pas des époux, mais ils ne peuvent pas s'unir (conjugalement) précisément parce qu'ils ne sont pas des époux.

« La réconciliation dans le sacrement de pénitence — qui ouvrirait la voie au sacrement de l'Eucharistie — ne peut être donnée qu'à ceux qui, repentants d'avoir violé le signe de l'alliance et de la fidélité au Christ, sont sincèrement disposés à un mode de vie qui ne contredise pas l'indissolubilité du mariage. Cela signifie concrètement que lorsqu'un homme et une femme pour des raisons sérieuses — comme, par exemple, l'éducation des enfants — ne peuvent remplir l'obligation de la séparation, "ils s'engagent à vivre dans la pleine continence, c'est-à-dire à s'abstenir des actes propres aux époux" (saint Jean Paul II, *Homélie pour la clôture du Sixième Synode des Évêques,* 25 octobre 1980) »[35].

Comme nous l'avons vu précédemment, il est important de « reconnaître sincèrement et honnêtement que c'est, pour le moment, la réponse généreuse qu'on peut donner à Dieu, et découvrir avec une certaine assurance morale que cette réponse est le don de soi que Dieu lui-même demande au milieu de la complexité concrète des limitations, même si elle n'atteint pas encore pleinement l'idéal objectif »[36].

Cela ne signifie pas que la situation objective de contradiction avec la volonté de Dieu ait changé de manière substantielle, mais

35. Saint JEAN PAUL II, *Familiaris consortio,* n° 84.

36. FRANÇOIS, *Amoris laetitia,* n° 303 : « Le discernement doit nous aider à trouver des voies possibles pour répondre à Dieu et pour grandir au milieu des limites. En croyant que tout est blanc ou noir, nous fermons parfois le chemin de la grâce et de la croissance, et nous décourageons les voies de sanctification qui rendent gloire à Dieu. Rappelons-nous qu'un petit pas, au milieu des grandes limites humaines, peut être plus agréable à Dieu que la vie extérieurement correcte de ceux qui passent leurs journées sans affronter de grandes difficultés », FRANÇOIS, *Evangelii gaudium,* n° 84. « La pastorale concrète des ministres et des communautés ne peut pas ne pas intégrer cette réalité », FRANÇOIS, *Amoris laetitia,* n° 305.

que chaque phase du processus de repentir et de la volonté de lutter doit être encouragée et respectée, sans prétendre exiger soudainement toute la repentance, alors qu'il y a peut-être encore un manque de formation et de prière pour prendre une juste conscience de sa propre situation et de son état objectif.

Le prêtre qui accompagne et aide à discerner les pas que le fidèle est en mesure de faire avec l'aide de la grâce s'efforcera d'éveiller dans son âme l'intention de vivre conformément à la solution esquissée : maintenir la cohabitation s'il y a des raisons sérieuses, en évitant les actes propres aux époux et le scandale de la communauté. Il ne peut le dispenser de cet objectif, même s'il lui est difficile de l'atteindre pour le moment. Il l'encouragera à « vouloir vouloir », à avoir au moins un « désir de vouloir », en demandant la lumière et la force de l'Esprit Saint.

Si l'intention de vivre en accord avec l'objectif proposé est sincère — même si l'on prévoit des difficultés pour la réaliser, par exemple à cause de la disposition différente de l'autre partie — on pourra les admettre aux sacrements [37]. Comme on le voit, la clé réside dans la sincérité du fidèle, lequel doit être accompagné sur ce chemin — qui est réalisable même s'il implique la présence de la croix — et qu'il parcourt en faisant confiance à l'aide de la grâce.

Il convient de rappeler ce que Jean Paul II écrivait en 1996 : « Si nous soutenions la décision de ne plus pécher uniquement ou principalement par nos propres forces, avec une prétendue autosuffisance, presque avec un stoïcisme chrétien ou un nouveau pélagianisme, nous trahirions cette vérité sur l'homme à laquelle nous nous sommes référés, comme si nous déclarions au Seigneur, plus ou moins consciemment, que nous n'avons pas besoin de Lui ». Il faut rappeler, par ailleurs, que « l'existence d'une intention sincère est une chose, et que le jugement de l'intelligence sur l'avenir en est une autre : il est en effet possible que, même fidèle à l'intention de ne pas pécher, l'expérience du passé et la conscience de la faiblesse présente laissent naître la crainte de nouvelles chutes ; mais tout cela ne remet pas en cause l'authenticité de l'intention lorsqu'à cette crainte s'ajoute la volonté, soutenue par la prière, de faire ce qui est possible pour éviter le péché » [38].

37. En réalité, il s'agit d'une solution similaire à celle adoptée pour les personnes en danger immédiat de péché : la sincérité de la conversion, l'intention de lutter et l'aide de la grâce permettent d'administrer l'absolution même s'il n'est pas exclu que le fidèle retombe dans le péché.

38. Saint JEAN PAUL II, *Lettre au Cardinal Baum à l'occasion d'un cours sur le droit interne organisé par la Pénitencerie Apostolique,* 22 mars 1996. Card. Antonelli, pour sa part, résume l'attitude du confesseur en ces termes : « Le prêtre confesseur peut rencontrer une personne divorcée et remariée qui croit sincèrement et intensément en Jésus-Christ, qui mène un style de vie engagé, généreux et sacrificiel, qui reconnaît que sa vie de couple ne correspond pas à la norme évangélique, mais qui considère qu'elle ne

En tout cas, même si les divorcés considèrent qu'ils n'ont pas (encore) la force de prendre la décision de la continence, l'Église ne les abandonne pas. Au contraire, dans de telles circonstances, elle doit multiplier ses soins, en leur offrant les moyens de salut auxquels ils ont accès, dans l'espoir qu'ils cultiveront un style de vie chrétien [39], confiants qu'« ils peuvent obtenir de Dieu la grâce de la conversion et du salut s'ils persévèrent dans la prière, la pénitence et la charité » [40].

En définitive, sans changer la norme morale, nous devons essayer de comprendre et d'aider continuellement les fidèles qui se trouvent dans des situations irrégulières, en leur facilitant le chemin de la conversion, même s'il semble ardu ou lointain. « L'homme a un besoin intime de rencontrer la miséricorde de Dieu, aujourd'hui plus que jamais, pour se sentir radicalement compris dans la faiblesse de sa nature blessée, et surtout pour faire l'expérience spirituelle de cet Amour qui accueille, vivifie et ressuscite à une vie nouvelle » [41].

commet pas de péché en raison des difficultés qui l'empêchent d'observer la continence sexuelle. De son côté, le confesseur l'accueille avec cordialité et respect ; il l'écoute avec une attention bienveillante, cherchant à considérer les multiples aspects de sa personnalité. De plus, il l'aide à améliorer ses dispositions, afin qu'il puisse recevoir le pardon : il respecte sa conscience, mais lui rappelle sa responsabilité devant Dieu, qui seul voit le cœur de la personne ; il l'avertit que sa relation sexuelle est en contradiction avec l'Évangile et la doctrine de l'Église ; il l'exhorte à prier et à s'engager à parvenir progressivement à la continence sexuelle, avec la grâce de l'Esprit Saint. Enfin, si le pénitent, même s'il prévoit de nouvelles chutes, montre une certaine disponibilité à faire des pas dans la bonne direction, il lui donne l'absolution et l'autorise à accéder à la communion eucharistique, mais sans causer de scandale (généralement dans un lieu où il n'est pas connu, comme le font déjà les personnes divorcées et remariées qui s'engagent à pratiquer la continence). Dans tous les cas, le prêtre doit suivre les indications données par son évêque », E. ANTONELLI, *Tra regole ed eccezioni, un difficile equilibrio*, `http://chiesa.espresso.repubblica.it/articolo/1351334.html` (09.01.2020).

39. « Les personnes divorcées et remariées, malgré leur situation, continuent d'appartenir à l'Église, qui les suit avec une attention particulière, avec le désir que, dans la mesure du possible, elles cultivent un style de vie chrétien par la participation à la Sainte Messe, même sans recevoir la Sainte Communion, par l'écoute de la Parole de Dieu, l'adoration eucharistique, la prière, la participation à la vie communautaire, le dialogue avec un prêtre ou un directeur spirituel de confiance, l'engagement dans des œuvres de charité et de pénitence, et le devoir d'éduquer leurs enfants », BENOÎT XVI, Exhortation apostolique post-synodale *Sacramentum Caritatis,* 22 février 2007, n° 29.

40. Saint JEAN PAUL II, *Familiaris consortio*, n° 84.

41. *Idem*, *Discours à la Famille de l'Amour Miséricordieux*, 2 janvier 1981.

Discernement des éventuelles causes de nullité

Héctor Franceschi*

1. Remarques préliminaires

PUISQUE CE CHAPITRE s'adresse à ceux qui travaillent dans le domaine de la pastorale du mariage, au lieu d'énumérer simplement les causes de nullité, je préfère parler tout d'abord de la préparation de la cause dans le contexte d'une pastorale unitaire de la famille. Je me concentrerai en particulier sur le motu proprio *Mitis Iudex Dominus Iesus*[1], qui a réformé le procès matrimonial et a inclus dans son *règlement intérieur* l'enquête dite préjudicielle ou pastorale, qui concerne de manière très spéciale les opérateurs de la pastorale familiale, en particulier pour les situations difficiles ou de crise.

À cet égard, la première question est la suivante : existe-t-il une dichotomie entre le droit et la pastorale dans la manière de traiter les manquements et les éventuels motifs de nullité du mariage ?

Pour répondre, je voudrais aller aux racines, aux attitudes nécessaires pour que la nouvelle législation soit appliquée dans le bon esprit, comme un véritable accompagnement juridique et pastoral. Une exigence fondamentale est que l'enquête préalable à la présentation d'une éventuelle cause de nullité soit toujours menée avec l'amour de la vérité, afin de réaliser ce que le pape François a indiqué au chapitre VIII d'*Amoris laetitia* : *accompagner, discerner et intégrer la fragilité* dans chaque cas concret.

* Professeur de droit canonique à l'Université pontificale de la Sainte-Croix et juge au Tribunal de première instance du Vicariat de Rome et au Tribunal de première instance de l'État de la Cité du Vatican.

1. FRANÇOIS, motu proprio *Mitis Iudex Dominus Iesus* sur la réforme du procès canonique pour les causes de déclaration de nullité de mariage dans le Code de droit canonique, 15 août 2015.

Je crois qu'une urgence pastorale actuelle est précisément de prendre au sérieux l'enquête préjudicielle dans ses différentes dimensions : d'une part, comme un instrument valable de médiation dans les situations de crise ; mais aussi comme un conseil technique qui rend plus proche et plus réelle la possibilité de soumettre son propre cas au Tribunal ecclésiastique, dans les cas où l'on verrait des raisons d'introduire une cause de nullité. Il ne s'agit pas d'élargir les motifs de nullité d'un mariage ou de faciliter la procédure. Je suis convaincu que le *message* du Pontife, clairement exprimé dans le *Proemium* de *Mitis Iudex*, est précisément de rendre les procès, quelle que soit leur forme, plus simples, plus rapides et plus accessibles à tous les fidèles qui, de manière raisonnable, croient que leur mariage pourrait être nul.

Dans la première partie de ce chapitre, j'analyserai les textes magistériels qui, à mon avis, ont préparé la voie à la réforme menée par le pape François. Ces textes nous aideront à comprendre la logique et l'herméneutique du renouveau dans la continuité selon lesquelles nous devons interpréter et appliquer à la fois la réforme du procès et les défis que François nous a proposés dans *Amoris laetitia*. J'aborderai ensuite un point que je considère fondamental pour surmonter la dichotomie qui, selon certains, existe entre la pastorale et le droit : la juste compréhension de la *salus animarum* comme fin ultime de toute l'action de l'Église et, d'une manière particulière, de son ordre juridique. Je m'arrêterai ensuite sur le *règlement de procédure* de *Mitis Iudex* et, dans la dernière partie, j'expliquerai les chapitres sur la nullité dans le Code de droit canonique.

2. L'inclusion des procès matrimoniaux dans la pastorale du mariage

Les documents que je vais présenter ont en commun deux intentions :

— souligner la dimension intrinsèquement pastorale du travail des tribunaux, qui implique souvent aussi un changement d'attitude : la conversion des institutions dont parle le pape François ;
— trouver les moyens pour que les tribunaux, en tant qu'institutions, soient plus proches des fidèles et contribuent non seulement à la recherche de la vérité sur les mariages examinés,

mais mettent aussi leur vaste expérience à la disposition de la pastorale, afin de prévenir les invalidités de mariage grâce à une préparation approfondie des époux. En effet, la prévention de la nullité, plutôt que sa déclaration, est l'un des meilleurs services que l'on puisse rendre au mariage et à la famille.

a) Instruction *Dignitas connubii*

Les premiers mots de l'introduction à *Dignitas connubii* justifient la publication de l'Instruction par la grande importance reconnue au mariage et à la famille dans l'action pastorale : « La dignité du mariage, qui chez les baptisés "est image et participation de l'alliance d'amour entre le Christ et l'Église" (Concile Vatican II, *Gaudium et spes*, n° 48 d), exige que l'Église promeuve le mariage et la famille fondée sur lui avec la plus grande sollicitude pastorale et, par tous les moyens possibles, qu'elle les protège et les défende » [2].

Ensuite, en parlant du procès matrimonial, le document met en garde contre une vision subjectiviste, voire faussement pastorale, qui oppose la justice à la réalité interpersonnelle du mariage.

Il est donc totalement erroné d'opposer le bien de la personne à la défense du mariage, comme s'il s'agissait d'une institution qui doit être défendue en raison de son importance dans la vie de l'Église, même au détriment du bien de la personne. Il ne s'agit pas de cela, mais de la défense de la personne à travers la recherche de la vérité sur son état. Ce n'est que dans la vérité qu'il sera possible de dire quel chemin chaque personne doit suivre pour sa rencontre personnelle avec le Christ, but ultime de la vie de toute personne sur terre.

b) Discours à la Rote romaine du 28 janvier 2006

Le thème sera repris par le Pape Benoît XVI dans son premier discours à la Rote romaine le 28 janvier 2006, dans lequel il réfléchit précisément sur le rapport entre la pastorale et le droit dans les cas de nullité matrimoniale. Pour comprendre toute la portée de ce discours, il faut tenir compte de ce que le Pontife lui-même écrira sur la nullité du mariage au n° 29 de son exhortation apostolique *Sacramentum caritatis* [3]. Le thème était en effet déjà présent dans son esprit lorsqu'il a prononcé ce discours, peu après le Synode des évêques sur l'Eucharistie.

---

2. CONSEIL PONTIFICAL POUR LES TEXTES LÉGISLATIFS, Instruction *Dignitas connubii*, à observer par les tribunaux diocésains et interdiocésains dans le traitement des causes de nullité de mariage, 25 janvier 2005, Introduction.

3. BENOÎT XVI, Exhortation apostolique post-synodale *Sacramentum caritatis*, 22 février 2007.

Le Pape Benoît XVI part précisément de l'opposition apparente que certains pourraient voir entre le « formalisme » de l'Instruction *Dignitas connubii* et les interventions du Synode sur l'Eucharistie concernant la pastorale des divorcés remariés civilement. Le Pontife s'interroge sur l'existence de deux lignes divergentes et sa réponse se réfère au « point de rencontre fondamental entre le droit et la pastorale : l'amour de la vérité » [4].

Il se réfère ensuite à la nature véritablement pastorale du procès : « tout système procédural devrait viser à garantir l'objectivité, l'opportunité et l'efficacité des décisions des juges » [5].

Il tente ensuite d'apporter une réponse à partir d'un thème qui lui est cher : le rapport entre la raison et la foi. Il n'est pas surprenant que l'Église ait adopté ce procès comme moyen de connaître la vérité et de résoudre les conflits de manière plus humaine. Il évoque ensuite la spécificité du procès en nullité du mariage : « en effet, le mariage, dans sa double dimension, naturelle et sacramentelle, n'est pas un bien dont les époux peuvent disposer et, étant donné son caractère social et public, il n'est pas possible d'imaginer une quelconque forme d'autodéclaration » [6].

Expliquant le procès, il rappelle qu'il ne s'agit pas de poursuivre quelqu'un ou de prendre les biens d'une personne pour les donner à une autre, mais de déclarer la vérité.

Il revient ensuite sur le critère de la recherche de la vérité comme exigence d'une véritable pastorale, et rappelle que le principe de l'indissolubilité du mariage doit être à la base de tout procès en nullité : « il peut arriver que la charité pastorale soit parfois contaminée par des attitudes de complaisance à l'égard des personnes. Ces attitudes peuvent sembler pastorales, mais en réalité elles ne répondent pas au bien des personnes et de la communauté ecclésiale elle-même. En évitant la confrontation avec la vérité qui sauve, elles peuvent même être contre-productives par rapport à la rencontre salvifique de chaque personne avec le Christ. Le principe de l'indissolubilité du mariage [...] appartient à l'intégrité du mystère chrétien. Aujourd'hui, nous constatons malheureusement que cette vérité est parfois obscurcie dans la conscience des chrétiens et des personnes de bonne volonté. C'est précisément pour cette raison que le service que l'on pense rendre aux fidèles et aux époux non chrétiens en difficulté, en renforçant chez eux, peut-être seulement implicitement, la tendance à oublier l'indissolubilité de leur union, est trompeur. De cette façon, l'éventuelle intervention de l'institution ecclésiastique dans les causes de nullité risque de se présenter comme un simple constat d'échec » [7].

4. *Idem, Discours à la Rote romaine*, 28 janvier 2006.
5. *Ibid.*
6. *Ibid.*
7. *Ibid.*

Le Pape conclut en rappelant quelque chose qui, à mon avis, prépare et anticipe ce que son successeur réalisera avec *Mitis Iudex* et *Amoris laetitia*, lorsqu'il se réfère au fait que la véritable pastorale exige aussi que l'on fasse tout ce qui est possible pour bien faire son travail, ce qui devrait se traduire, entre autres, par les exigences suivantes : a) procès dans des délais raisonnables ; b) prévention de la nullité (en veillant sérieusement à la préparation des fiancés) ; c) effort pour obtenir la réconciliation et la convalidation dans les cas où c'est possible.

En conclusion, les deux préoccupations finissent par converger : celle de mieux mener les procès en nullité et celle d'aller à la rencontre — avec un zèle pastoral authentique — des fidèles qui souffrent.

c) Exhortation apostolique post-synodale *Sacramentum caritatis*

Je dois avouer que j'ai été surpris par le fait que, dans de nombreuses discussions sur la pastorale des fidèles divorcés et remariés, une comparaison directe est faite entre *Familaris consortio*, 84 et *Amoris laetitia*, chapitre VIII, comme si le sujet n'avait pas déjà été abordé dans d'autres documents du Magistère pontifical.

Au contraire, Benoît XVI s'est exprimé clairement sur cette question dans *Sacramentum caritatis* et a, dans une large mesure, anticipé ce que le pape François a développé par la suite. Après avoir confirmé la doctrine et la pratique de l'Église, il a insisté précisément sur la question de la nullité du mariage dans des termes similaires à ceux du discours étudié dans la section précédente [8].

Une fois de plus, le Pontife a souligné la relation inséparable entre la pastorale et le droit, ainsi que la nécessité pastorale délicate de rapprocher le travail des tribunaux des fidèles et de le rendre plus efficace dans son fonctionnement.

d) Brève référence aux travaux du Synode

Comme nous le savons tous, l'attention portée aux procès de nullité de mariage dépasse de plus en plus le cadre des spécialistes. Par exemple, les sentences des tribunaux ecclésiastiques ont une incidence sur la possibilité pour de nombreux fidèles d'accéder à la communion eucharistique. Cet aspect, déjà souligné par Benoît XVI au n° 29 de l'exhortation *Sacramentum caritatis*, explique pourquoi l'argument de la nullité du mariage est revenu à plusieurs reprises au cours du Synode sur l'Eucharistie et ensuite, avec beaucoup de force et non

8. *Idem*, *Sacramentum caritatis*, n° 29.

sans quelques conflits, lors des deux Assemblées synodales sur la famille en 2014 et 2015, précisément dans le contexte de la pastorale des divorcés remariés [9].

Il n'est pas nécessaire de s'attarder sur les points qui ont été soulevés lors des Synodes, sujets largement connus de tous. Ce qui ne fait aucun doute, c'est que le pape François, en réponse aux propositions de certains pères synodaux qui semblaient suggérer une sorte d'*administrativisation* de la déclaration de nullité, a voulu répondre — en précisant que la nullité n'est pas la solution dans de nombreux cas de personnes divorcées qui ont contracté un nouveau mariage civil — par la réforme des procès matrimoniaux qui a eu lieu entre les deux assemblées du Synode sur la famille.

e) L'indissolubilité du mariage dans *Mitis Iudex Dominus Iesus* et *Amoris laetitia*

Plusieurs références à l'indissolubilité de tout vrai mariage peuvent être trouvées à la fois dans le magistère du Pape François et dans le *Proemium* de *Mitis Iudex* lui-même.

Ce document, en traitant de la possibilité d'un juge unique dans les procès en général, affirme : « La constitution du juge unique en première instance, toujours un clerc, est laissée à la responsabilité de l'évêque qui, dans l'exercice pastoral de son propre pouvoir judiciaire, doit veiller à ce qu'aucun laxisme ne soit permis » [10].

Ensuite, lorsqu'il parle du *processus brevior,* il affirme : « Il ne m'échappe pas, cependant, combien un procès bref peut mettre en péril le principe de l'indissolubilité du mariage ; c'est précisément pour cette raison que j'ai voulu que, dans un tel procès, le juge soit l'évêque lui-même, qui, en vertu de sa charge pastorale, est, avec Pierre, le plus grand garant de l'unité catholique dans la foi et dans la discipline » [11].

Dans la continuité du Magistère pérenne de l'Église, le Pape François lui-même, dans son exhortation apostolique post-synodale *Amoris laetitia,* fait continuellement référence au bien de l'indissolubilité du mariage [12], un thème sur lequel il a également insisté dans sa ca-

---

9. Les actes des assemblées extraordinaires et ordinaires du Synode et un résumé des interventions peuvent être consultés dans : L. Baldisseri, *La vocazione e la missione della famiglia nella Chiesa e nel mondo contemporaneo*, Libreria Editrice Vaticana, Città del Vaticano 2016.

10. François, *Mitis Iudex Dominus Iesus*, *Proemio*, Critères fondamentaux, II.

11. *Ibidem*, IV.

12. Le Souverain Pontife tient compte de la mentalité divorciste si répandue en Occident au cours des derniers siècles, selon laquelle l'indissolubilité serait une absurdité juridique, un peu comme la quadrature du cercle, un fardeau et non un don : « L'indissolubilité du mariage — « ce que Dieu a uni, que l'homme ne le sépare pas » (Mt 19,6) — ne doit pas être comprise avant tout comme un "joug" imposé aux hommes, mais comme un "don" fait aux personnes unies par le mariage », *Idem, Amoris laetitia*, n° 62.

téchèse sur le mariage et, plus récemment, dans une conférence de presse dans laquelle il a rappelé ce qu'il a dit dans *Amoris laetitia* : « Le mariage est l'image de Dieu, l'homme et la femme en une seule chair. Lorsqu'il est détruit, l'image de Dieu est "souillée" ou "défigurée"» [13].

3. La pastoralité des procès matrimoniaux et la *salus animarum*

Prétendre que le nouveau procès est la réponse, comme certains l'ont dit, pour tous les cas de divorcés remariés civilement, est une instrumentalisation qui peut causer un grand préjudice non seulement aux fidèles qui ont recours aux tribunaux, mais à toute l'Église qui, depuis ses débuts, a été un témoin fidèle de la beauté de l'Évangile de la famille. Souvenons-nous de tous ceux qui ont défendu l'indissolubilité, même au prix de grands sacrifices et de persécutions, comme saint Thomas More et saint Jean Fisher. C'est un bien auquel nous ne pouvons pas renoncer si nous ne voulons pas détruire le mariage — comme cela s'est produit dans la grande majorité des systèmes civils — et trahir le trésor que le Christ nous a donné comme un dépôt à transmettre également aux générations futures.

Pour bien comprendre ce dont nous parlons lorsque nous nous référons à la dimension pastorale du procès matrimonial, il y a un concept fondamental qui doit être reçu dans son vrai sens, c'est celui de la *salus animarum* comme fin ultime de l'ordre canonique et, par conséquent, du procès de déclaration de nullité du mariage. À cet égard, je cite quelques mots très clairs de Paolo Bianchi : « Il me semble que ce n'est pas une erreur d'affirmer que le concept de *salus animarum* est essentiellement eschatologique : c'est-à-dire qu'il se réfère davantage au destin éternel de la personne qu'à sa situation historique en tant que *viator*. Ou plutôt, il se réfère à cette dernière dans la mesure où elle prépare la condition définitive, ce à quoi le concept se réfère. Ce que je veux dire, c'est qu'il faut éviter le risque d'une réduction terrestre (*absit iniuria verbis*) de la *salus animarum*, au sens de sa transformation en une simple "tranquillité de conscience", même en présence de choix objectivement contraires aux valeurs évangéliques. Pour raisonner par analogie sur le Fils de Dieu en tant

13. *Idem*, *Conférence de presse lors du vol de retour à Rome après le voyage apostolique en Géorgie et en Azerbaïdjan*, 2 octobre 2016.

qu'homme : il ne semble pas que le *salus animae* de Jésus ait été un choix de bien-être, de tranquillité de conscience, une option indolore. Le Seigneur nous enseigne que l'on atteint le salut eschatologique, *aliis verbis*, également par des voies douloureuses et mystérieuses, qui impliquent la réalité de la croix » [14].

4. L'enquête préliminaire ou pastorale et les centres de médiation familiale

Avant d'aborder l'étude de l'enquête dite préjudicielle ou pastorale, prévue par le *règlement intérieur* de *Mitis Iudex*, il m'a semblé opportun d'évoquer le contexte dans lequel cette enquête doit être menée. Il s'agit de l'accompagnement des couples et des personnes qui traversent une crise familiale ou dont le mariage a échoué.

Selon ces *règles*, les diocèses ou les groupements de diocèses peuvent créer une structure stable pour guider les fidèles dans les situations de crise ou de rupture conjugale [15]. Ce centre, composé de médiateurs familiaux dûment formés, aurait pour tâche d'aider les conjoints à travers un processus qui peut être résumé comme suit [16] :

— La première étape consiste à rappeler aux époux les valeurs chrétiennes du mariage, en les encourageant à affronter les difficultés avec l'aide du prêtre de la paroisse ou d'autres partenaires d'inspiration chrétienne. La séparation ou l'invalidité

14. P. Bianchi, *Quale futuro per la doppia sentenza conforme*, in Aa.Vv., *La doppia conforme nel processo matrimoniale. Problemi e prospettive*, Libreria Editrice Vaticana, Città del Vaticano 2003 , p. 173-174 ; également E. Baura, *Pastorale e diritto nella Chiesa*, in Pontificio Consiglio per i testi legislativi (a cura di), *Vent'anni di esperienza canonica, 1983-2003. Atti della Giornata accademica tenutasi nel XX anniversario della promulgazione del Codice di diritto canonico, Aula del Sinodo in Vaticano*, 24 gennaio 2003, Libreria Editrice Vaticana, Città del Vaticano 2003, p. 159-180, note 39.

15. Ces services avaient déjà été proposés en divers endroits avant *Amoris laetitia* : Conférence épiscopale italienne, *Direttorio di pastorale familiare per la Chiesa in Italia. Annunciare, celebrare, servire il "Vangelo della famiglia"*, Fondazione di Religione "Santi Francesco di Assisi e Caterina da Siena", Roma 1993, n° 204-206 ; Benoît XVI, *Sacramentum Caritatis*, n° 29 ; Synode des évêques, *Relazione finale*, Edizioni Dehoniane, Bologna 2015, n° 79-82. Après le motu proprio, la promotion de ces services a également été encouragée dans : Tribunale Apostolico della Rota Romana, *Sussidio applicativo del Motu proprio Mitis Iudex Dominus Iesus*, Libreria Editrice Vaticana, Città del Vaticano 2016, p. 13-15.

16. J. Llobell, *Sulla liceità della domanda di nullità matrimoniale*, in G. Dalla Torre, C. Gullo, G. Boni (a cura di), « *Veritas non auctoritas facit legem* ». *Studi di diritto matrimoniale in onore di Piero Antonio Bonnet*, Libreria Editrice Vaticana, Città del Vaticano 2012, p. 317-329.

éventuelle ne doit être envisagée qu'après avoir fait tout ce qui est possible pour la réconciliation. Il faut rappeler aux époux qu'ils peuvent toujours compter sur l'aide de la grâce divine — même si cela implique un effort sacrificiel — et sur les différents agents pastoraux.

— À ce stade, il convient également de leur expliquer que, malgré les difficultés, leur mariage peut encore être valide et qu'il serait donc préférable d'essayer de résoudre leur crise (aussi profonde soit-elle) afin de parvenir à une réconciliation.

— Si l'un des conjoints ou les deux insistent néanmoins sur la nullité de leur mariage, ils doivent être encouragés à demander la convalidation ou la guérison *in radice.*

— Ce n'est que lorsque le conjoint insiste pour porter l'affaire devant le tribunal que le conseiller posera des questions pertinentes afin d'évaluer s'il existe ou non des motifs permettant de soutenir raisonnablement la demande de nullité du mariage. Dans l'affirmative, il peut les orienter vers le tribunal compétent ou vers des avocats ecclésiastiques ou d'autres spécialistes du droit canonique qui peuvent évaluer le cas. Pour de nombreux croyants qui ont connu une histoire d'échec conjugal, il est important de vérifier si leur mariage a été invalide. Le Synode des évêques a clairement souligné la nécessité d'accompagner les fidèles sur ce chemin « en leur redonnant confiance et espérance » [17].

— L'avocat, quant à lui, pourra vérifier s'il existe ou non des éléments, ou au moins un *fumus boni iuris* (indices d'un fondement légitime) pour une déclaration de nullité du mariage. Tout le travail de vérification en vue d'une déclaration de nullité est basé sur la présomption de sincérité absolue [18]. Par conséquent, cette enquête pastorale doit impliquer des spécialistes de différents domaines, chacun pouvant apporter une contribution professionnelle aux différentes étapes de l'enquête, qui, comme nous l'avons dit, fait partie intégrante de la pastorale ordinaire du mariage.

— S'il n'y a pas d'avocats — ce qui est le cas dans la grande majorité des pays — des prêtres ou des laïcs ayant une formation et une expérience canoniques suffisantes peuvent aider à la rédaction de la demande.

— Dans les cas où il est impossible de rétablir la vie commune, le médiateur familial évitera les conflits et aidera les parties à distinguer les problèmes inhérents à leur crise du bien des

17. SYNODE DES ÉVÊQUES 2015, *Rapport final*, n° 55.

18. P. BIANCHI, *Quando il matrimonio è nullo ? Guida ai motivi di nullità matrimoniale per pastori, consulenti e fedeli*, Ancora, Milano 1998, p. 17.

enfants, en leur rappelant leurs devoirs de parents même en cas de séparation ou d'invalidité.

— En outre, en cas de séparation, le médiateur peut proposer aux conjoints de continuer à se rencontrer, afin de laisser la porte ouverte à une éventuelle réconciliation.

À ce propos, je veux souligner que le rôle de la pastorale familiale, même dans les cas où la nullité est possible, ne peut pas se limiter à intenter le procès devant les tribunaux. Le juge, avant d'admettre un cas, doit s'assurer qu'il n'y a pas de possibilité de réconciliation ou, si c'est le cas, de validation ou de guérison du mariage probablement nul [19]. Sauver une union, surtout lorsqu'il y a des enfants, est un bien plus grand. La possibilité réelle de rétablir la vie commune peut être conclue avec plus de facilité lorsque les agents pastoraux ont effectué leur travail de manière approfondie et professionnelle.

Souvent, surtout si les problèmes ont été abordés avant qu'ils ne deviennent insolubles, l'aide et la médiation peuvent sauver des mariages qui seraient autrement voués à l'échec [20].

Un thème différent est celui des personnes qui demandent l'aide des pasteurs alors qu'elles se trouvent déjà dans une situation d'échec suivie d'un divorce, puis d'une nouvelle union célébrée civilement. Là aussi, le curé et les spécialistes doivent savoir accompagner ces personnes, car chaque situation est différente et on ne peut pas dire *a priori* que certaines situations sont totalement irréversibles.

Il est clair que le médiateur familial canonique, en plus des compétences requises du médiateur travaillant dans la sphère étatique, doit avoir une bonne connaissance des principes fondamentaux de l'anthropologie chrétienne.

En conclusion, je crois que l'esprit qui doit guider l'enquête préjudicielle et le conseil technique dans la pastorale familiale unitaire sont ceux indiqués par le pape François dans le chapitre VIII d'*Amoris laetitia*, c'est-à-dire *accompagner, discerner et intégrer*. Ce n'est que dans cette perspective qu'il sera possible d'inclure la médiation dans la pastorale familiale ordinaire [21].

---

19. CIC, c. 1675.

20. J. Escrivá-Ivars, *Matrimonio y mediación familiar. Principios y elementos esenciales del matrimonio para la mediación familiar*, Rialp, Madrid 2001, p. 49-50 ; P. Bianchi, *L'accompagnamento della famiglia, soprattutto in situazioni di crisi*, in M.A. Ortiz, C.J. Errázuriz Mackenna (a cura di), *Misericordia e diritto nel matrimonio*, Edusc, Roma 2014, p. 67-74. Je m'appuie également sur certaines idées sur la médiation étudiées dans la thèse de doctorat d'Antonietta Lombardo, *La mediazione familiare*, soutenue en 2016 à l'Université pontificale de la Sainte-Croix, dirigée par moi-même. A. Lombardo, *La mediazione familiare*, Rome 2017.

21. Sur les différentes orientations que la consultation préalable pourrait prendre, conformément à ce que nous avons dit jusqu'à présent, je trouve très intéressant : M. Mosconi, *La fase previa all'introduzione del libello e la consulenza tecnica*, in H. Franceschi, M.A. Ortiz (a cura di), *Ius et matrimonium II. Temi processuali e sostanziali alla luce del Motu Proprio Mitis Iudex Dominus Iesus*, Edusc, Rome 2017, p. 65-96, spécialement 74-77.

5. Préparation de la cause de nullité dans le champ d'une pastorale familiale unitaire

Dans cette partie, je présenterai les règles relatives à l'enquête préjudicielle ou pastorale. J'essaierai également de souligner le risque de la considérer de manière réductrice — et même utilitaire — comme une simple préparation à la demande de nullité et, dans certains cas, à la décision d'utiliser le *processus brevior*.

Pour que la réforme ne reste pas un simple texte écrit, il est fondamental de mentionner que les époux n'ont généralement pas la formation technique adéquate pour évaluer si les éléments nécessaires à la présentation d'une cause de nullité existent ou non dans leur cas. Comme l'affirme Mosconi : « Ne pas affronter cette difficulté pourrait en fait conduire à nier la possibilité même d'introduire une cause de nullité, au détriment du droit des fidèles à recourir au for ecclésiastique, consacré par le canon 221 §1 » [22].

Tout cela devient évident quand on pense à la complexité technique d'un procès en nullité et aux moyens nécessaires pour rapprocher la pastorale ordinaire de la famille et du mariage de l'activité des tribunaux [23].

Le fait est que trois ans après la réforme, à quelques exceptions près, les tribunaux sont encore « loin des fidèles » et le pourcentage de cas de mariages ratés ou de divorces civils de baptisés qui sont ensuite portés devant les tribunaux ecclésiastiques reste très faible, presque insignifiant [24]. C'est pourquoi je crois qu'il y a une urgence pastorale à prendre au sérieux l'enquête préjudicielle dans ses différentes dimensions, comme nous l'avons vu dans la section précédente.

À mon avis, l'enquête pastorale mentionnée dans les articles 1 à 5 du *règlement intérieur* de *Mitis Iudex* est précisément un point de connexion fondamental entre l'accompagnement pastoral des situations difficiles et le travail des tribunaux. Cela ne signifie pas qu'avec le début du procès canonique, la pastorale se termine et que la justice commence. Rien n'est plus éloigné de mon esprit. Je suis convaincu qu'il ne peut y avoir de véritable pastorale sans respect de la dimension intrinsèque de la justice dans la réalité du mariage, pas plus qu'il ne peut y avoir de « justice ecclésiale », une action des tribunaux, qui ne tienne pas compte de la vérité des choses : ce ne serait ni une

22. *Ibidem*, 66.
23. *Ibidem*, 68.
24. *Ibid.*

véritable justice ni une véritable pastorale. Comme l'a rappelé Benoît XVI dans son discours à la Rote romaine en 2006, ce qui unit la justice et la pastorale dans le travail des tribunaux et dans toute action pastorale et familiale, c'est « l'amour de la vérité ».

Cette vue d'ensemble nous aidera également à éviter une vision réductrice de la pastorale des divorcés et remariés et des mariages en difficulté. Le risque est grand si nous ne faisons pas une lecture attentive du *règlement intérieur* en tenant compte, dans le même temps, de ce que le pape François a écrit dans le chapitre VIII d'*Amoris laetitia.*

L'article 1 du *règlement intérieur* dispose : « L'évêque, en vertu du c. 383 §1, est tenu d'accompagner dans un esprit apostolique les époux séparés ou divorcés qui, en raison de leur condition de vie, ont éventuellement abandonné la pratique religieuse. Il partage donc avec les curés (c. 529 §1) la sollicitude pastorale à l'égard de ces fidèles en difficulté ». La sollicitude *pastorale* va bien au-delà de l'évaluation de l'existence ou non d'un motif de nullité du premier mariage des divorcés remariés. Chaque cas est différent, comme le Pontife ne se lasse pas de l'affirmer. C'est une chose de quitter sa propre famille pour se marier civilement avec une autre personne, et c'en est une autre, après avoir été abandonné dans le passé, de construire une nouvelle relation stable dont sont issus des enfants, pour ensuite, redécouvrant une vie de foi, vouloir s'approcher à nouveau du Seigneur [25]. Par conséquent, la sollicitude pastorale ne peut pas ignorer les particularités du cas concret pour discerner la manière adéquate d'aider chaque fidèle.

Je suis convaincu que ce n'est qu'en tenant compte de ce qui a été dit sur la recherche de la vérité comme service aux fidèles que nous pourrons comprendre toute la portée de la recherche pastorale, avec toutes ses dimensions et ses possibilités, sans la réduire à une simple évaluation de l'existence ou non d'un motif possible de nullité. De cette manière, les pasteurs et les spécialistes qui accompagnent les fidèles qui traversent une crise matrimoniale, ou qui se sont séparés, ou qui sont divorcés — qu'ils se soient remariés ou non — pourront trouver le lien entre la pastorale unitaire du mariage, l'enquête pastorale et l'éventuelle préparation et présentation du libelle de la requête en nullité. Autrement, nous courons le risque d'instrumentaliser les causes de nullité comme le principal moyen de résoudre la situation des divorcés et des remariés.

L'article 3 du *Règlement de Mitis Iudex* parle expressément de l'enquête pastorale lorsqu'il affirme que « La même enquête sera confiée par l'Ordinaire du lieu à des personnes jugées aptes, dotées d'une compétence non seulement juridique, mais aussi canonique. Il

25. FRANÇOIS, *Amoris laetitia*, n° 298.

s'agit en premier lieu du curé propre ou de celui qui a préparé les époux à la célébration des noces. Cet office de consultation peut également être confié à d'autres clercs, consacrés ou laïcs approuvés par l'Ordinaire du lieu »[26].

Sur ce point, la question se pose de savoir quelles seraient les personnes appropriées, c'est-à-dire suffisamment qualifiées pour évaluer la solution à adopter dans le cas d'espèce. En d'autres termes, quelles seraient les personnes en mesure de décider s'il convient d'entamer un processus de médiation, de réconciliation ou, le cas échéant, de rechercher une cause de nullité. À cet égard, Mosconi affirme que, bien qu'il ne s'agisse pas d'une enquête judiciaire, qui nécessiterait une formation qualifiée pour travailler dans les tribunaux, « elle ne peut être menée [...] par n'importe quel agent pastoral, aussi généreux soit-il, mais requiert des connaissances et des compétences adéquates dans le domaine canonique [et en outre] il faut tenir compte non seulement des aspects techniques liés à l'éventuelle nullité, mais aussi de tout ce qui façonne l'itinéraire humain et religieux des fidèles et leur relation avec l'Église »[27].

Les articles 4 et 5 du *règlement de procédure* concernant la phase pastorale, partant du principe que dans certains cas spécifiques les possibilités proposées dans les articles précédents ne seront pas réalisables et qu'il y aura des raisons de soupçonner une éventuelle nullité, établissent ce que devrait alors être le rôle de l'enquête pastorale :

> « **Art. 4.** L'enquête pastorale recueille des éléments utiles pour l'éventuelle introduction de la cause par les conjoints ou leur patron devant le tribunal compétent. On cherchera à savoir si les parties sont d'accord pour demander la nullité.
>
> **Art. 5.** Une fois rassemblés tous les éléments, l'enquête se termine avec le libelle, qui sera à présenter, le cas échéant, au tribunal compétent ».

Bien qu'il soit indiqué qu'elle sera normalement effectuée par le curé lui-même ou par le prêtre qui les a préparés au mariage, il me semble clair qu'ils ne peuvent le faire que s'ils ont une formation canonique adéquate. Dans le cas contraire, l'enquête préjudicielle au sens strict devrait être confiée à des personnes expertes en droit canonique matrimonial. En effet, il semble difficile pour quelqu'un qui n'a pas une formation adéquate dans cette science d'évaluer s'il y a un soupçon de nullité ni de préparer le libelle, d'établir les motifs de nullité, de savoir quel serait le tribunal compétent et de décider si les conditions

26. FRANÇOIS, *Mitis Iudex Dominus Iesus*, Règlement intérieur, art. 3°.
27. MOSCONI, *La fase previa*, p. 77.

pour demander le *processus brevior* sont réunies ou non[28]. Comme l'affirme Arroba Conde, « la compétence canonique qui ne peut manquer à ceux qui effectuent l'enquête préliminaire pourra également aider le couple en crise à considérer certains aspects qui peuvent sauver leur relation et qui ont peut-être été moins considérés dans d'autres domaines (par exemple, les services de médiation familiale, certainement compétents dans l'aspect psychologique et relationnel, peuvent accorder moins d'attention aux ressources extraordinaires qui proviennent de la foi, en premier lieu le pardon chrétien) »[29].

6. Brève présentation des différentes causes de nullité du mariage

Sous cette dernière rubrique, je présenterai brièvement une liste des différents motifs qui peuvent rendre un mariage nul. Je me concentrerai sur leurs principales caractéristiques et sur la raison pour laquelle ces situations, circonstances, qualités, etc. rendent un mariage nul. En définitive, il s'agit de raisons de droit naturel ou, dans certains cas, de droit positif en vigueur dans l'Église, qui déterminent qu'un mariage donné n'a pas été célébré de manière valide, c'est-à-dire qu'il était nul dès le moment de sa célébration. C'est pourquoi il a toujours été souligné que les jugements affirmatifs de nullité ont un caractère *déclaratif*.

Le consentement matrimonial ne suffit pas à faire naître le lien matrimonial : en plus d'être naturellement suffisant, il doit également être juridiquement efficace. Il existe plusieurs conditions — issues du droit naturel ou du droit positif — dont l'absence pourrait empêcher la naissance du lien matrimonial. L'absence de l'une d'entre elles peut affecter la validité du consentement et le rendre insuffisant, ou parfois naturellement suffisant, mais inefficace en raison de l'absence de l'une de ces conditions. La doctrine traditionnelle a résumé les causes de nullité du lien matrimonial dans les catégories suivantes :

a) *ex parte personae* : existence d'un empêchement incapacitant ou d'une incapacité psychique. Celle-ci ouvre les canons du consentement matrimonial, mais peut également être qualifiée de cause

28. MOSCONI, *La fase previa*, p. 88-89.

29. M. ARROBA CONDE, *Le proposte di snellimento dei processi matrimoniali nel recente Sinodo*, in L. SABBARESE (a cura di), *Sistema matrimoniale canonico in synodo*, Urbaniana University Press, Città del Vaticano 2015, p. 78.

de nullité qui affecte non seulement le consentement, mais aussi la personne qui doit le donner.

b) *consensus ex parte* : vices ou défauts de consentement, tels que la simulation, la crainte sérieuse, la fraude ou certains types d'erreurs.

c) *ex parte formae* : pour manque ou défaut de la forme canonique.

Nous étudierons les principales causes de nullité de mariage en suivant cette tripartition classique et en citant les canons qui les réglementent. Lorsque nous parlons des motifs ou de causes de nullité, nous nous référons à la raison qui a rendu le mariage nul. Pour approfondir d'un point de vue juridique et pastoral chacun des motifs, le livre de Paolo Bianchi, déjà cité [30], est très utile ; à mon avis, il est si clair et profond qu'il est utile aussi bien pour les canonistes que pour les pasteurs et les personnes non spécialisées en droit matrimonial qui travaillent dans l'enquête préjudicielle ou pastorale établie par *Mitis Iudex*.

a) *Ex parte personae*

i. Incapacité psychique de donner un consentement valide

Il est réglementé par le c. 1095, selon lequel : « Sont incapables de contracter mariage les personnes : 1° qui n'ont pas l'usage suffisant de la raison ; 2° qui souffrent d'un grave défaut de discernement concernant les droits et les devoirs essentiels du mariage à donner et à recevoir mutuellement ; 3° qui pour des causes de nature psychique ne peuvent assumer les obligations essentielles du mariage ».

Ce canon trouve son origine dans le droit naturel et dans le caractère irremplaçable du consentement personnel comme seule cause efficace possible du lien conjugal. Aujourd'hui, c'est la cause de nullité la plus fréquente devant les tribunaux des pays latins et anglo-saxons. Cependant, elle est sujette à des abus lorsque la simple existence d'un problème psychologique mineur est utilisée pour justifier la déclaration de nullité pour incapacité consensuelle. À cet égard, je recommande vivement la lecture des discours de saint Jean Paul II à la Rote romaine en 1987 et 1988, qui expliquent très bien ce motif de nullité.

30. P. Bianchi, *Quando il matrimonio è nullo ? Guida ai motivi di nullità matrimoniale per pastori, consulenti e fedeli*, Ancora, Milano 1998.

ii. Les empêchements au mariage (c. 1083-1094)

Les empêchements sont des situations, des circonstances, des qualités, des relations, etc. qui empêchent la célébration valide du mariage ; certains sont dus aux exigences de la nature même du mariage, d'autres à une disposition du droit positif qui, pour protéger un bien spécifique considéré comme fondamental, établit la nullité d'un mariage qui contrevient à ces règles sans une dispense accordée par l'autorité compétente. Les canons sont les suivants :

— Âge (c. 1083) :

> « L'homme ne peut contracter validement un mariage avant l'âge de seize ans, ni la femme avant l'âge de quatorze ans. §2. La Conférence des évêques a la faculté de fixer un âge supérieur pour la célébration licite du mariage ».

Dans la grande majorité des pays, les conférences épiscopales ont fixé à 18 ans l'âge minimum pour une célébration légitime.

— Impuissance : (c. 1084) :

> « §1. L'impuissance antécédente et perpétuelle à copuler de la part de l'homme ou de la part de la femme, qu'elle soit absolue ou relative, dirime le mariage de par sa nature même. §2. Si l'empêchement d'impuissance est douteux, en droit ou en fait, le mariage ne doit pas être empêché ou, tant que le doute subsiste, il doit être déclaré nul. §3. La stérilité n'empêche ni ne dirime le mariage, restant sauves les dispositions du canon 1098 ».

L'impuissance se réfère à l'impossibilité d'accomplir le premier rapport conjugal consommé *selon un mode humain*, par lequel les époux deviennent *une seule chair*, comme l'explique le canon 1061 §1.

— Lien matrimonial antérieur (c. 1085) :

> « §1. Attente invalidement mariage la personne qui est tenue par le lien du mariage antérieur, même non consommé. §2. Même si un premier mariage est invalide ou dissous pour n'importe quelle cause, il n'est pas permis d'en contracter un autre avant que la nullité ou la dissolution du premier mariage ne soit établie légitimement et avec certitude ».

Il ressort de ce canon qu'il existe un empêchement lorsque le mariage précédent était valide, bien que, pour des raisons de prudence et de sécurité juridique, la preuve de la nullité soit requise par les moyens établis par le droit avant d'autoriser la célébration d'un mariage ultérieur.

— Disparité des cultes (c. 1086) :

> « §1. Est invalide le mariage entre deux personnes dont l'une a été baptisée dans l'Église catholique ou reçue dans cette Église, et l'autre n'a pas été baptisée. §2. On ne dispensera pas de cet empêchement sans que soient remplies les conditions dont il s'agit aux canons 1125 et 1126. §3. Si, au moment où le mariage a été contracté, une partie était communément tenue pour baptisée ou si son baptême était douteux, il faut, selon le c. 1060, présumer la validité du mariage, jusqu'à ce qu'il soit prouvé avec certitude qu'une partie a été baptisée et non pas l'autre ».

Le bien protégé par la norme dans ce cas est clairement la foi du baptisé, qui est le plus grand bien et qui peut être mis en danger dans ces mariages. C'est pourquoi, pour accorder la dispense, on exige au préalable les mêmes garanties que pour les mariages mixtes (celui entre un baptisé catholique et un baptisé appartenant à une confession qui n'est pas en pleine communion avec l'Église) : la partie catholique doit promettre qu'elle écartera les dangers pour sa foi, qu'elle fera tout son possible pour que ses enfants soient baptisés et éduqués dans l'Église catholique, que l'autre partie sera informée de ces promesses et que les deux parties seront instruites des finalités et des propriétés essentielles de tout vrai mariage.

— Ordres sacrés (c. 1087) :

> « Attentent invalidement mariage ceux qui sont constitués dans les ordres sacrés ».

Cet empêchement concerne également les diacres, et pas seulement les prêtres et les évêques, et sa dispense est réservée au Saint-Siège. Il ne cesse pas avec la démission de l'état clérical, mais doit être dispensé pour pouvoir contracter validement le mariage.

— Vœu de chasteté (c. 1088) :

> « Attentent invalidement mariage les personnes qui sont liées par le voeu public perpétuel de chasteté dans un institut religieux ».

Comme on le voit, ce ne sont pas tous les vœux de chasteté qui deviennent un empêchement dirimant, mais seulement les vœux perpétuels prononcés publiquement dans un institut religieux au sens strict (c. 607). Si l'institut religieux est de droit pontifical, la dispense de l'empêchement est réservée au Saint-Siège.

— Le rapt (c. 1089) :

> « Aucun mariage ne peut exister entre l'homme et la femme enlevée ou au moins détenue en vue de contracter mariage avec elle, à moins que la femme, une fois séparée de son ravisseur et placée en lieu sûr et libre, ne choisisse spontanément le mariage ».

Le bien protégé par ce canon est évidemment la liberté de choix qui peut être mise en danger dans ces circonstances, indépendamment du fait qu'il y ait eu ou non des violences ou des craintes sérieuses (c. 1103).

— Crime (c. 1090) :

> « §1. Qui en vue de contracter mariage avec une personne déterminée aura donné la mort au conjoint de cette personne ou à son propre conjoint, attente invalidement ce mariage. §2. Attentent aussi invalidement mariage entre eux ceux qui ont donné la mort à leur conjoint par une action commune physique ou morale ».

Il est clair que la raison d'être du canon, outre la protection de la dignité du mariage, est de protéger le don de la vie. Cet empêchement comprend à la fois le conjugicide (tuer son propre conjoint pour en épouser un autre) et le conjugicide indirect (tuer le conjoint de quelqu'un pour l'épouser). Cet empêchement est encouru même si l'on n'est que l'auteur moral ou le commanditaire du meurtre.

— Consanguinité (c. 1091) :

> « §1. En ligne directe de consanguinité, est invalide le mariage entre tous les ascendants et descendants tant légitimes que naturels. §2. En ligne collatérale, il est invalide jusqu'au quatrième degré inclusivement. §3. L'empêchement de consanguinité ne se multiplie pas. §4. Le mariage ne sera jamais permis s'il subsiste quelque doute que les parties sont consanguines à n'importe quel degré en ligne directe ou au second degré en ligne collatérale ».

L'origine de l'empêchement est dans les liens du sang, mais pas exclusivement. Le bien protégé est ces relations familiales qui, en raison de leur spécificité même, ne peuvent être transformées en relations d'une autre espèce sans détruire la famille. Pour les liens les plus étroits, tels que les liens en ligne directe ou entre frères et sœurs, l'interdiction du mariage est pratiquement absolue. Pour cette raison, on dit que, bien que l'empêchement puisse faire l'objet de dispense, elle ne doit jamais être accordée s'il y a un doute sur le fait que les parties sont parent et enfant ou frère et sœur.

— L'affinité légale (c. 1092) :

> « L'affinité en ligne directe dirime le mariage à tous les degrés ».

L'affinité fait référence aux parents consanguins du mari ou de la femme, et les degrés sont calculés selon les mêmes critères que la consanguinité. En ligne directe, elle désigne les ascendants ou descendants du conjoint.

— Honnêteté publique (c. 1093) :

> « L'empêchement d'honnêteté publique naît d'un mariage invalide après que la vie commune a été instaurée ou d'un concubinage notoire ou public ; et il dirime le mariage au premier degré en ligne directe entre l'homme et les consanguins de la femme, et vice versa ».

La raison de l'empêchement est d'éliminer tout risque tenant à l'existence possible d'une parenté en ligne directe entre les deux personnes. Mais ce n'est pas la seule raison, car même si l'on avait la certitude de l'absence de toute consanguinité, il serait inconvenable d'admettre que le mariage puisse être conclu entre deux personnes ayant eu auparavant une relation similaire à celle d'un père et d'une fille, d'une mère et d'un fils, tout comme dans l'empêchement suivant, celui de la filiation légale résultant de l'adoption.

— La parenté légale (c. 1094) :

> « Ne peuvent contracter validement mariage entre eux ceux qui sont liés par la parenté légale issue de l'adoption, en ligne directe ou au second degré en ligne collatérale ».

À la différence des deux empêchements précédents, est aussi interdit le mariage jusqu'au deuxième degré de la ligne collatérale, c'est-à-dire entre frères et sœurs, qu'ils soient naturels ou adoptés. Les raisons sont les mêmes que celles invoquées pour l'empêchement de consanguinité.

b) *Consensus ex parte*

Il s'agit des causes de nullité qui se réfèrent à la cause efficiente du lien conjugal, le consentement personnel au mariage, auquel nul ne peut suppléer. Si le consentement n'est qu'une apparence vide, s'il a été forcé, s'il résulte d'une tromperie ou s'il est simulé, il ne sera pas valide, sous réserve que les conditions légales requises pour chaque cas soient remplies. Ces défauts ou vices se rattachent principalement à l'aspect intellectuel du consentement ou à son aspect volontaire. Outre le canon 1095, auquel nous avons déjà fait référence, il s'agit des causes de nullité suivantes :

— Ignorance du contenu minimal de l'objet du consentement (c. 1096) :

> « §1. Pour qu'il puisse y avoir consentement matrimonial, il faut que les contractants n'ignorent pas pour le moins que le mariage est une communauté permanente entre l'homme et la femme, ordonnée à la procréation des enfants par quelque coopération sexuelle. §2. Cette ignorance n'est pas présumée après la puberté ».

— Erreur sur la personne ou ses qualités (c.1097) :

> « §1. L'erreur sur la personne rend le mariage invalide. §2. L'erreur sur une qualité de la personne, même si elle est cause du contrat, ne rend pas le mariage invalide, à moins que cette qualité ne soit directement et principalement visée ».

— Erreur dolosive (c. 1098) :

> « La personne qui contracte mariage, trompée par un dol commis en vue d'obtenir le consentement, et portant sur une qualité de l'autre partie, qui de sa nature même peut perturber gravement la communauté de vie conjugale, contracte invalidement ».

Un exemple très clair, qu'envisage le législateur au canon 1084, §3, est la dissimulation de la stérilité pour obtenir le consentement de l'autre partie.

— Erreur déterminante de la volonté (c. 1099) :

> « L'erreur concernant l'unité ou l'indissolubilité ou bien la dignité sacramentelle du mariage, pourvu qu'elle ne détermine pas la volonté, ne vicie pas le consentement matrimonial ».

Le canon dispose que l'erreur sur les propriétés essentielles (c'est-à-dire l'unité et l'indissolubilité) ou sur la dignité sacramentelle du mariage n'est pas susceptible de fonder la nullité, à moins que cette erreur n'ait déterminé la volonté de la partie contractante, c'est-à-dire qu'elle est si profondément enracinée qu'elle a empêché la formation d'un véritable consentement au mariage (par exemple, si la personne s'est mariée parce qu'elle était pleinement convaincue que le mariage, quel que soit le mariage considéré, n'est pas indissoluble).

— Exclusion par acte positif de volonté (c. 1101) :

> « §1. Le consentement intérieur est présumé conforme aux paroles ou aux signes employés dans la célébration du mariage. §2. Cependant, si l'une ou l'autre partie, ou les deux, par un acte positif de la volonté, excluent le mariage lui-même, ou un de ses éléments essentiels ou une de ses propriétés essentielles, elles contractent invalidement ».

Il convient de s'arrêter sur ce canon, car, après le grave défaut du discernement, il est celui le plus fréquemment invoqué devant les tribunaux au soutien d'une demande de déclaration de nullité d'un mariage. En premier lieu, il vise l'exclusion totale du mariage (*matrimonium ipsum*), qui vide complètement le signe nuptial en rejetant explicitement le mariage, le lien ou la personne de l'autre en tant qu'époux; c'est ce qui se passe dans les « mariages blancs », qui sont conclus dans le seul but d'obtenir le droit de séjour ou la nationalité.

En second lieu, se trouve l'exclusion partielle lorsque, au moment de la célébration, par un acte positif de la volonté, un ou plusieurs éléments ou propriétés essentiels du mariage sont exclus. Dans ce cas, le signe nuptial est également faussé puisqu'il ne correspond pas pleinement à la volonté réelle de l'une ou des deux parties contractantes. Les cas les plus fréquents d'exclusion partielle sont l'exclusion des enfants et l'exclusion de l'indissolubilité, suivies de l'exclusion de la fidélité. Rappelons que la nullité ne dépend pas de la manière dont la vie conjugale est vécue, mais de ce qui a été réellement voulu au moment du consentement : une chose est d'exclure l'indissolubilité et une autre est de recourir au divorce parce que les choses ne se sont pas bien passées et que l'union a échoué.

— Condition (c. 1102) :

> « §1. Le mariage assorti d'une condition portant sur le futur ne peut être contracté validement. §2. Le mariage contracté assorti d'une condition portant sur le passé ou le présent est valide ou non, selon que ce qui est l'objet de la condition existe ou non. §3. Cependant la condition dont il s'agit au §2 ne peut être apposée licitement sans l'autorisation écrite de l'Ordinaire du lieu ».

Ce canon concerne le consentement subordonné à une condition. Il y a, en vérité, de moins en moins de causes de nullité pour ce motif. Non seulement parce que — comme on le voit au §3 — il n'a pas la faveur du législateur, mais surtout parce qu'en fait il n'est pas courant que deux personnes qui s'aiment au point de vouloir se marier soumettent la validité de leur mariage à une condition, qu'elle soit future, passée ou présente. Il existe des réserves qui dans la pensée ou la volonté peuvent ressembler à une condition, mais qui n'en sont pas au sens strict, car l'existence du mariage n'est pas subordonnée à cette exigence, qui bien que fortement souhaitée ne l'est pas au point d'en faire dépendre le mariage lui-même, son existence ou sa pérennité.

— Violence ou crainte grave (c. 1103) :

> « Est invalide le mariage contracté sous l'effet de la violence ou de la crainte grave externe, même si elle n'est pas infligée à dessein, dont une personne, pour s'en libérer, est contrainte de choisir le mariage ».

Ce canon défend le bien de la liberté de choix contre toute contrainte extérieure de nature à enlever la liberté minimale, mais nécessaire de choisir ce mariage avec cette personne particulière. Il est l'expression particulière du droit fondamental établi par le canon 219 : « Tous les fidèles jouissent du droit de n'être soumis à aucune contrainte dans le choix d'un état de vie ».

c) *Ex parte formae*

Une autre cause de nullité du mariage est l'absence ou le défaut substantiel de la forme canonique de la célébration du mariage. Comme nous le savons tous, le décret *Tametsi*[31] du Concile de Trente a établi pour les catholiques l'obligation de la forme canonique comme condition de validité du mariage. En d'autres termes, si le consentement n'est pas donné devant un clerc compétent — par son office ou par délégation — qu'il s'agisse d'un diacre, d'un prêtre ou d'un évêque, et devant au moins deux témoins communs, le mariage est nul. Cette loi a connu d'importantes modifications au cours des siècles, tout en conservant sa substance, à savoir le caractère obligatoire de la forme canonique pour une célébration valide.

Dans le Code actuel, la forme canonique est régie par les canons 1108 à 1123. Je ne citerai que quelques paragraphes pour illustrer ce qui a été dit précédemment. Pour plus de détails, je renvoie à ces canons et au livre de Paolo Bianchi.

31. Concile de Trente, décret *Tametsi*, 11 novembre 1563.

> c. 1108 : « §1. Seuls sont valides les mariages contractés devant l'Ordinaire du lieu ou bien devant le curé, ou devant un prêtre ou un diacre délégué par l'un d'entre eux, qui assiste au mariage, ainsi que devant deux témoins, mais toutefois selon les règles exprimées dans les canons suivants [...] ».
>
> c. 1111 : « §1. L'Ordinaire du lieu et le curé, aussi longtemps qu'ils remplissent validement leur office, peuvent déléguer aux prêtres et aux diacres la faculté, même générale, d'assister aux mariages dans les limites de leur territoire [...] ».
>
> c. 1117 : « La forme établie ci-dessus doit être observée si au moins l'une des parties contractant mariage a été baptisée dans l'Église catholique ou y a été reçue, restant sauves les dispositions du c.1127 §2 ».

Si la forme canonique fait défaut, il n'est même pas nécessaire d'engager un procès en nullité, car la nullité est évidente. C'est le cas lorsqu'un catholique célèbre son mariage uniquement civilement, selon la cérémonie d'une autre religion ou selon les traditions de certaines ethnies.

La question est différente lorsqu'il s'agit d'un vice de forme : dans ce cas, un procès est nécessaire pour déterminer la nullité, bien que parfois un procès documentaire soit suffisant. Un vice de forme serait, par exemple, que le prêtre ne soit pas compétent dans ce territoire, qu'il n'ait pas reçu la délégation du prêtre compétent, que la délégation générale n'ait pas été donnée par écrit, etc.

Dans tous les cas, lorsque tout a été fait de bonne foi, avec l'intention d'observer les normes de l'Église, il est possible d'invoquer ce que l'on appelle la « suppléance de la faculté d'assister au mariage » du canon 144, qui rendrait la célébration valide. Pour cette raison, il faut faire montre de prudence dans les causes de nullité pour défaut de forme canonique.

Enfin, il convient de souligner que même si une union a pu être déclarée nulle en raison d'un manque ou d'un défaut de forme, il faut tenir compte du fait que, souvent, des obligations naturelles sont nées de ces unions et doivent être respectées : par exemple, s'il y a eu des enfants. Dans ces cas, lorsque cela est possible, la solution la plus juste et la plus pastorale ne sera pas la déclaration de nullité, mais — en pensant au bien des époux, des enfants et de l'Église elle-même — la célébration ou la sanation.

7. Conclusion

L'enjeu est important. Nous ne pouvons nous contenter ni de l'aide des curés ni de l'envoi direct des cas aux vicaires judiciaires ou aux avocats des tribunaux, là où ils existent. Nombreux sont les aspects à prendre en compte dans l'enquête juridico-pastorale, entendue dans toutes ses dimensions.

Cela implique de faire appel à des personnes spécialisées dans les différents domaines de ce que le pape François a appelé l'art de l'accompagnement : pasteurs, conseillers familiaux, médiateurs familiaux, psychologues, experts en sciences juridiques séculières, canonistes, etc. Nous ne pouvons pas oublier que l'avenir de l'Église repose en grande partie sur la stabilité et la bonne santé des familles en tant qu'*Églises domestiques*. Ce serait donc une erreur d'essayer de résoudre toute crise du mariage par des sentences en nullité, car dans de nombreux cas, ce ne sera pas la vraie solution.

En outre, l'effort pastoral dont on a tant parlé lors des deux assemblées synodales sur la famille, puis dans *Amoris laetitia*, doit se concentrer davantage sur la prévention des crises et leur résolution dans la mesure du possible. À cette fin, il est nécessaire que l'Église s'adresse aux fidèles non pas lorsqu'il n'y a plus rien à faire, mais lorsque la situation est encore réversible. Une structuration de la pastorale post-matrimoniale qui permette aux nouveaux mariés d'être plus facilement accompagnés par la communauté ecclésiale, dès les premiers pas, pour l'édification de leur famille, et d'être soutenus dans les crises normales qui surviennent dans la vie du couple, sera d'une grande aide[32].

Il est, par ailleurs, nécessaire de prendre en compte non seulement les normes processuelles réformées, mais surtout la formation de ceux qui devront les appliquer. J'inclus ici, outre le personnel des tribunaux, ceux qui devront agir comme médiateurs entre les fidèles et le tribunal, c'est-à-dire les personnes qui devront effectuer l'enquête pastorale-juridique précédant l'introduction de la demande de nullité du mariage.

Toute loi, parce qu'elle est humaine, peut toujours être améliorée. L'expérience des premières années d'application de *Mitis Iudex* permettra de voir comment et dans quelle mesure il est possible de l'améliorer. En même temps, on ne peut ignorer que le meilleur système normatif peut aussi être appliqué de manière instrumentale et

32. FRANÇOIS, *Amoris laetitia*, n° 217-230.

incorrecte, faisant du procès de nullité l'“excuse” pour dissoudre les mariages ratés sans tenir compte de la vérité sur l'existence ou non d'un lien matrimonial valide. D'où l'urgence d'une formation adéquate — non seulement juridique, mais aussi théologique et anthropologique — sur la réalité du mariage de tous ceux qui, de diverses manières, interviennent dans les procès en nullité.

Je conclurai par quelques paroles de saint Jean Paul II qui, à mon avis, nous sont utiles pour donner une approche adéquate à la pastorale du mariage en situation de crise : « la recommandation qui jaillit de mon cœur aujourd'hui est de faire confiance à tous ceux qui vivent des situations aussi dramatiques et douloureuses. Nous ne devons pas cesser “d'espérer contre toute espérance” (Rm 4,18), car même ceux qui se trouvent dans une situation non conforme à la volonté du Seigneur peuvent obtenir le salut de Dieu, s'ils savent persévérer dans la prière, la pénitence et l'amour véritable » [33].

33. Saint Jean Paul II, *Discours au Conseil pontifical pour la famille*, 24 janvier 1997.

Table des matières

Structures éditoriales du groupe L'Harmattan

L'Harmattan Italie
Via degli Artisti, 15
10124 Torino
harmattan.italia@gmail.com

L'Harmattan Hongrie
Kossuth l. u. 14-16.
1053 Budapest
harmattan@harmattan.hu

L'Harmattan Sénégal
10 VDN en face Mermoz
BP 45034 Dakar-Fann
senharmattan@gmail.com

L'Harmattan Cameroun
TSINGA/FECAFOOT
BP 11486 Yaoundé
inkoukam@gmail.com

L'Harmattan Burkina Faso
Achille Somé – tengnule@hotmail.fr

L'Harmattan Guinée
Almamya, rue KA 028 OKB Agency
BP 3470 Conakry
harmattanguinee@yahoo.fr

L'Harmattan RDC
185, avenue Nyangwe
Commune de Lingwala – Kinshasa
matangilamusadila@yahoo.fr

L'Harmattan Congo
219, avenue Nelson Mandela
BP 2874 Brazzaville
harmattan.congo@yahoo.fr

L'Harmattan Mali
ACI 2000 - Immeuble Mgr Jean Marie Cisse
Bureau 10
BP 145 Bamako-Mali
mali@harmattan.fr

L'Harmattan Togo
Djidjole – Lomé
Maison Amela
face EPP BATOME
ddamela@aol.com

L'Harmattan Côte d'Ivoire
Résidence Karl – Cité des Arts
Abidjan-Cocody
03 BP 1588 Abidjan
espace_harmattan.ci@hotmail.fr

Nos librairies en France

Librairie internationale
16, rue des Écoles
75005 Paris
librairie.internationale@harmattan.fr
01 40 46 79 11
www.librairieharmattan.com

Librairie des savoirs
21, rue des Écoles
75005 Paris
librairie.sh@harmattan.fr
01 46 34 13 71
www.librairieharmattansh.com

Librairie Le Lucernaire
53, rue Notre-Dame-des-Champs
75006 Paris
librairie@lucernaire.fr
01 42 22 67 13

www.ingramcontent.com/pod-product-compliance
Lightning Source LLC
LaVergne TN
LVHW010937061026
849535LV00007B/2436